걱정 없는 삶

Originally published in English under the title

LETTING GO OF WORRY

by Linda Mintle

Copyright © 2011 by Linda Mintle

Published by Harvest House Publishers
Eugene, Oregon 97402
www.harvesthousepublishers.com

All rights reserved.

This Korean edition copyright © 2018 by Kyujang Publishing Company

걱정 없는 삶

린다 민틀 지음 | 전의우 옮김

규장

내 친구 닥터 린다 민틀이 귀한 책을 냈다. 《당신이 걱정에 관해 알고 싶었으나 불안해서 묻지 못했던 모든 것》이라고 제목을 붙여도 좋을 책이다.

꼭 당신 얘기 같은가? 이 달에 각종 청구서를 어떻게 해결했더라도, 다음 달에도 그럴 수 있을지 걱정이다. 이번 프로젝트를 잘 해냈더라도, 다음 프로젝트도 기대만큼 잘 해낼 수 있을지 걱정이다. 새로운 동네에 잘 적응할 수 있을지 걱정이다. 사람들이 나를 어떻게 생각하고 나에 관해 뭐라고 말할지 걱정이다. 걱정할 게 없다면, 내가 뭔가 놓친 게 아닌지 걱정이다.

나는 늘 걱정한다. 수년째 걱정에 두들겨 맞고 산다. 그러면서 나 자신을 탓했다. 걱정을 토로했다. 걱정이 되어 기도했다. 그러나 다람쥐가 쳇바퀴 돌듯 걱정의 쳇바퀴를 돌았다. 그때 지금 당신의 손에 들린 책 《걱정 없는 삶》을 읽어보라는 요청을 받았다.

닥터 린다는 걱정의 '생리학'을 이해하는 데 읽기 쉽고 실용적인 지침서를 내놓았다. 그녀는 걱정이란 삶의 환경을 통제하려는 시도임을 간파하도록 통찰력을 준다. 걱정은 사실 내가 나를 해롭게 하고 있는데도 내가 상황을 돕고 있다고 잘못 생각하게 한다. 걱정한다고 미래가 준비되는 게 아니다.

닥터 린다는 우리 자신을 돕는 데 사용 가능한 실제적인 아이디어를 제시한다. 읽어보면 알겠지만, 이 책은 정직하며 실제적이며 언제나 우리가 하나님과 그분의 말씀에서 발견하는 진리를 제시한다. 닥터 린다는 걱정을 떨치는 하나님의 도구들을 보여준다. 이것들을 대충 훑어보기만 할 것이 아니라 실제로 적용한다면, 걱정의 손아귀가 느슨해지고 만족이 자리 잡는 것을 곧 보게 될 것이다.

시작하라. 이 책을 사서 읽어라. 당신이 이 책을 읽고 걱정을 떨쳐버릴 때 당신의 삶이 달라질 것이다.

루스 그레이엄

CONTENTS

걱정이 밀려온다

2006년 11월, 제임스 김 가족은 추수감사절 휴가에 즐거운 여행을 떠났다. 네 식구는 캘리포니아의 집을 떠나 시애틀로 가서 가족을 만났다. 돌아오는 길에 골드 비치 해변의 호텔에서 하루 묵을 예정이었으나 웬일인지 이들은 골드 비치에 이르지 못했고, 여러 날이 지나도록 집에 돌아오지 못했다. 걱정된 가족과 친구들이 실종 신고를 했고, 지역 뉴스와 인터넷 뉴스 사이트들이 이들의 실종 소식을 전했다. 제임스와 그의 아내 캐티, 어린 두 딸(4세, 7개월)이 전국에 알려졌다. 수많은 시청자와 누리꾼이 이들의 생사에 깊은 관심을 보였다.

포틀랜드에서 골드 비치로 가는 길은 중간에 고도가 높고 꼬불꼬불하며 겨울에는 날씨가 변화무쌍해 길이 막히기 일쑤다. 여러 수색팀이 김의 가족이 거쳐 갔을 법한 길을 샅샅이 뒤지고, 작은 단서들을 끼워 맞춰 수색 범위를 좁혔다. 제임스 김의 친척들은 사설 헬리콥터까지 빌려 경찰의 수색을 도왔다. 날마다 이런 노력을 기울였는데도 한 주가 지나도 이들의 흔적은 전혀 발견되지 않았다. 친척들은 갈수록 겁이 나고 두려웠다.

실종 9일째, 캐티 김과 두 딸이 이들이 타고 갔던 자동차 곁에서 발견되었다. 구조대원들은 이들의 상태가 양호하다고 알렸다. 눈 덮인 산속에서 며칠을 자동차에 갇혀 있었음을 고려하면, 이들이 살아서 발견된 것은 기적이었다. 사람들이 기뻐했다!

뉴스에 따르면, 이들 가족은 출구를 놓친 후 옆길로 들어섰다. 겨울이면 대개 폐쇄되는 길인데, 하필 게이트가 파손되어 열려 있었던 것이다. 날씨 때문에 더 이상 갈 수가 없자, 이들은 아침에 누군가에게 발견되길 바라며 차 안에서 밤을 지냈다. 불행히도, 눈이 더 많이 내려 이들은 꼼짝없이 눈에 갇혔다. 밤마다, 시동을 켜 차 안을 덥혔다. 기름이 떨어지자, 타이어를 태워 추위를 견뎠다. 눈을 녹여 식수로 사용했다. 캐티 김은 가지고 있던 소량의 음식으로 두 딸을 먹였다.

무서운 시련이 며칠 계속되자, 제임스 김은 도움을 청하러 가기로 결정했다. 지도를 꼼꼼히 살폈다. 4마일쯤 가면 마을이 하나 있으니 거기로 가서 도움을 청하기로 했다. 추운 겨울 아침, 그는 가족에게 작별 키스를 하고 미지의 광야로 걸음을 옮겼다. 그는 그날 돌아오지 않았으나 남은 가족이 구조되었고, 그도 곧 발견되리라는 희망이 있었다.

실종 12일 만에, 제임스는 험한 골짜기에서 시신으로 발견되었다. 공무원들은 제임스가 살을 에는 추위에 10마일 넘게 걸었다고 판단했다. 부검 결과, 그는 저체온증으로 사망한 것으로 밝혀졌다.

제임스의 사망 소식이 여러 매체를 통해 빠르게 퍼졌다. 사람들은 희망과 절망의 이야기가 결국 비극으로 끝난 것에 크게 슬퍼했다. 그 동안 많은 사람이 이들의 안전을 위해 기도했으나, 친척들과 수색구조 팀의 영웅적인 노력에도 불구하고, 제임스는 차갑고 낯선 곳에서 삶을 마감했다. 보안관 대리는 제임스의 죽음을 알리며 고개를 숙이고 울었다. 목숨을 걸고 가족을 구하려다 서른다섯에 때 이르게 세상을 떠난 아버지의 용기에 모든 사람이 깊이 감동했다.

우리는 이들의 생사를 모른 채 그 친지들이 여러 날 얼마나 걱정하고 불안했을지 그저 상상할 수 있을 뿐이다. 온 나라가 슬퍼할 때, 그간 이들의 생사를 걱정했던 사람들은 삶이 불확실하다는 냉혹한 현실을 절감했다. 나는 이 실종 기사와 그간 사람들이 이들의 구조를 바라며 적어놓은 글들을 읽으면서 삶이란 눈 깜짝할 사이에 바뀔 수 있다는 생각을 했다.

어느 날, 제임스 김의 가족은 추수감사절을 기념하고 있었다. 다음 날, 이들은 생존을 위해 싸우고 있었다. 하루하루, 우리는 내일 일을 알지 못한다. 이러한 불확실성 때문에, 조심하지 않으면 걱정에 내몰린다. 설령 산에서 길을 잃지 않더라도, 하루하루 불안을 자아낼 불확실성은 차고 넘친다.

걱정, 삶의 불확실성에서 나온 부산물인가?

태어나는 순간부터 우리는 약하고 힘이 없음을 절감한다. 우리를 돌봐주고 안전과 사랑의 기본적 욕구를 충족시켜줄 다른 사람들에게 의지한다. 그러지 않으면, 불안을 느끼고 삶에는 걱정이 슬그머니 기어든다. 기본적인 욕구를 충족시켜주는 복을 받았을 때도 불확실성은 여전하다. 모든 환경을 통제하거나 미래를 알기란 애초에 불가능하다.

불확실성에 부딪히면 걱정이 찾아오기 마련이다(내가 엄청 걱정해봐서 잘 안다). 우리는 본능적으로 걱정한다. 제임스 김 가족이 겪은 비극을 겪지 않았더라도, 여전히 걱정을 자기 삶에 불러들인다. 삶의 가장 사소한 부분이 걱정을 수반하기도 한다. 삶의 불확실성을 어떻게 대하느냐가 중요하다.

매일 뭔가 걱정할 기회는 아주 많다. 그저 매일 반복되는 일상을 살아도 걱정거리를 숱하게 만난다. 나는 늦지는 않을까, 커피를 너무 마시는 건 아닐까 걱정한다. 딸이 빡빡한 일정에 몸이 상하지는 않을까, 어떻게 하면 아들에게 야채를 먹일 수 있을까 걱정한다. 남편은 아버지가 피부암을 앓았는데도 도무지 선크림을 바르려 하지 않는다. 우리 집 개가 늙어가면서 눈이 점점 나빠진다. 잠깐! 숨을 깊이 들이마셔라. 당신의 삶을 생각해보라.

우리는 학교 안전, 충치 치료, 축구팀 결성, 시간에 늦는 베이비시터를 걱정하고, 사장이 임금을 합당하게 올려줄지 걱정한다. 거듭거듭,

우리는 삶의 평범한 상황을 걱정스러운 순간으로 바꾼다. 불쾌한 일이 하나 일어나면, 온통 걱정이 늘어진다. 우리는 일상에 더 심각한 걱정들을 보태기도 한다. 이를테면, 나이 들어가시는 부모님을 어떻게 돌볼지 걱정하고, 국민연금 축소를 걱정하고, 실직이며 친구가 암 선고 받은 것을 걱정한다. 때마다 걱정할 일이 쌓여간다.

예를 들면, 지금 나는 뇌종양 수술을 앞둔 친구의 소식을 기다린다. 나는 종양이 악성일 것을 염려하고, 신경외과 의사가 엉뚱한 부위를 잘라내거나 마취과 의사가 마취제를 과다 투여하거나 심지어 수술 도중에 예상치 못한 문제가 일어날 것을 걱정할 수 있다. 결과는 내 걱정과 전혀 상관없이 뭐라도 잘못될 수 있고, 모두 다 잘 될 수도 있다. 그런데도 사람들은 대부분 걱정에 걱정을 더한다. 아주 엉뚱하게도, 걱정하면 나쁜 결과를 피할 수 있다고 믿는다.

세상 온갖 문제를 다 걱정해주고 싶다면 TV를 켜거나 인터넷뉴스를 읽기만 해도 된다. 테러로부터 안전할까, 유행하는 독감에 걸리지 않을까, 경제가 회복될까, 핵무기가 나쁜 사람들 손에 들어가지 않을까… 때로는 정보가 넘쳐나 머리가 빙빙 돈다. 나는 세계적 대혼란을 멈출 수 없다. 그러나 지구상의 온갖 재앙을 볼 때면 흥분되고 머리가 지끈거린다. 채널마다 완벽한 걱정의 향연을 벌이며, 내가 그 잔칫상에 앉기까지 그리 오래 걸리지 않는다. 또 다른 세상의 무질서가 차려져 나오고, 나는 디저트로 걱정을 주문한다!

걱정 없는 삶을 살기로 결정하라

우리는 걱정에 아주 익숙한 나머지, 걱정이 우리 삶에서 왜 그렇게 힘이 센지 잘 생각하지 않는다. 대부분의 일에서 자기가 할 수 있는 게 거의 없다는 사실에 체념한 것 같다. 걱정을 하면 적어도 내가 뭔가 하고 있는 것처럼 느껴진다. 그러나 우리가 하는 거라곤 자신을 비참하게 하는 것뿐이다. 우리가 원하는 행동을 하고 있는 게 아니다! 정직하라. 고민이 계속되는 삶을 원하는가? 그러나 우리는 무턱대고 걱정을 존재의 정상적인 부분으로 받아들이는 것 같다.

수년간 나는 걱정은 멈출 수 없는 것이라고 생각해서 나의 불안한 상태를 관리하는 법을 배웠고, 환자들에게도 똑같이 하도록 가르쳤다. 그러나 걱정의 뿌리를 보고 걱정이 왜 그렇게 강한지 이해할수록, 걱정을 삶의 동반자로 받아들이는 것은 잘못이라는 점을 더 깊이 깨달았다. 걱정은 관리할 대상이 아니라 그저 내쫓아야 할 대상이다!

불가능해 보이지만, 아무것도 불안해하지 않고 참 평안을 갖는 것은 가능하다. 그렇지 않다면 성경은 우리에게 그렇게 명하지 않았을 것이다. 이렇게 한다는 말은 걱정을 현대생활의 일부로 인정하기를 그쳐야 한다는 뜻이다. 나처럼, 당신도 핵심 신념들을 다시 생각해야 한다. 영원히 걱정과 함께 살아야 한다고 생각할 이유가 어디 있겠는가? 혹시 당신은 걱정을 하나님께 내어 맡기는 신뢰가 부족할지도 모르고, "…면 어쩌지" 같은 부정적 생각을 사로잡기 위해 도움이 필요할지도 모른다. 이러한 만족의 비결이 당신을 교묘히 피하고 있을지 모른다.

당신에게 도전 과제를 주겠다. 걱정 없는 삶을 살라. 나는 이 책을 쓰면서 이 도전 과제를 받아들였고, 지금 당신에게 쓰는 것을 적용할 기회를 많이 만났다. 약속하건대, 당신도 걱정을 떨쳐내는 법을 배울 수 있다. 걱정이 살며시 기어들 때, 당신은 걱정을 둘둘 싸서 보낼 수 있다.

지금 바로, 삶에 온갖 문제가 있지만 오늘과 내일이 스스로 돌볼 것이라는 조용한 확신을 가지고 이야기하는 당신의 모습을 그려보라. 만족은 성취할 수 있는 목표라는 것을 믿어라. 당신의 삶에서 걱정이 점령한 곳들을 함께 들여다보고, 과연 우리가 그곳(어떤 곳이든)을 걱정에 내주길 바라는지 결정하자!

어디를 걸을지 결정하라

걱정과 관련해, 안 좋아 보이는 것을 떨쳐버리고 가능한 것을 신뢰하는 법을 배워야 한다. 환경이 어렵더라도 걱정하지 않고 살 수 있다. 이것은 지금뿐 아니라 대공황이 극에 달했을 때도 사실이었다.

1929년 월스트리트가 무너진 후, 역사상 경제가 가장 암울했던 시대에 작사가 도로시 필즈(Dorothy Fields)는 걱정에 굴복하기를 거부하고 "On the Sunny Side of the Street"라는 낙관적인 노랫말을 썼다. 그녀가 전하는 긍정적이고 낙관적인 도전은 걱정을 뒤로하고 거리에서 햇살이 비치는 곳으로 나아가라는 것이다.

어디로 걸어갈지 결정하라. 당신은 당신이 처한 환경의 어둡고 침울한 자리에 머물 수도 있고, 희망을 붙들고 밝은 쪽을 바라볼 수도 있다. 밝은 쪽은 환경이 언제나 당신이 바라는 방향으로 전개되리라는 것이 아니다. 오히려 당신이 그런 환경에서라도 혼자가 아니라는 것이다. 삶의 숱한 도전에 직면할 때, 당신은 어려움을 견디며 걱정 없이 그 도전을 헤쳐나갈 수 있다.

문제는 찾아오기 마련이지만, 걱정할지 말지는 당신이 결정할 수 있다. 당신은 걱정을 뒤로하고 다시 걱정을 부르지 않을 수 있다. 부정적으로 살지 않고 거리의 햇살이 비치는 곳을 걸을 수 있다. 삶의 불확실성에 걱정과 불안으로 반응할지, 희망과 확신으로 반응할지 그 선택은 당신의 몫이다. 걱정과 이별하기로 결정한다면 절대 후회하지 않을 것이다. 널찍하고 자유로운 삶을 맞을 것이다.

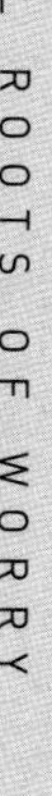

격정의 실체

걱정과 관심은 하늘과 땅 차이다.

걱정하는 사람은 문제를 보고,

관심 있는 사람은 문제를 해결한다.

해럴드 스테판

chapter 1

걱정 안 하는 사람이
어디 있다고?

"걱정은 누구나 다 하지 않아?"

그렇긴 해도, 이 말은 걱정이 우리에게 좋다는 뜻은 아니다! 엄마 잔소리처럼 들릴지 모르겠지만 그래도 말해야겠다. 모두가 걱정한다고 해서 나까지 걱정해야 하는 건 아니다. '걱정은 생겨나기 마련이고 멈추거나 통제할 수 없다'고 믿는 것은 잘못이다! 신체적, 정서적, 영적 건강은 걱정을 올바르게 다루는 데 달렸다.

알다시피, 걱정은 걱정을 먹고 산다. 걱정은 마음을 좀먹고 삶을 비참하게 하며 다른 데 투입할 많은 시간과 노력을 허비하게 한다. 걱정은 우리가 으레 불안과 낙담에 이르는 부정적인 길, 대부분이 피하고 싶어 하는 길로 가게 한다. 걱정과 관련된 사실을 바꿀 수는 없지만, 걱정하려는 결정은 바꿀 수 있다. 걱정이 우리의 생각을 침범하지만, 거기에 초점을 맞출지 말지는 우리가 결정할 수 있다. 그러므로 문제는 이것이다.

걱정은 기정사실로 받아들이고 관리하려 애써야 하는 것인가, 아니면 벗어날 수 있는 것인가? 벗어날 수 있다!

사실, 걱정을 관리하는 법을 배울 수는 있다. 걱정하는 시간을 매일 일과에 넣고, 걱정거리들을 기록하며, 걱정을 관리하려고 더욱 애쓸 수도 있다. 어떤 치료전문가라도 걱정은 관리할 수 있다고 말할 것이다. 이것이 우리의 일이다. 우리에게는 도구 창고가 있으며 거기에는 걱정 관리를 돕는 온갖 약물과 행동 전략이 보관되어 있다. 그러나 이것이 우리가 할 수 있는 최선인가?

더 나은 목표는 삶에서 걱정을 제거하고 평안과 만족의 삶을 기르는 법을 배우는 것이다. 개인적으로, 나는 걱정 없는 삶, 걱정하는 습관에서 벗어난 삶을 목표로 한다. 걱정 관리는 시간을 많이 잡아먹을 뿐더러 우울하게 한다. 나는 살면서 걱정 관리를 정말 많이 해보았다. 그러나 내 신앙의 관점에서 볼 때, 걱정 관리는 간통 관리와 같아서 둘 다 분명히 잘못이고 멈춰야 한다.

여느 습관처럼, 걱정도 버릴 수 있다. 그러려면 인내와 의지와 이해가 필요하다. 자기 몸에 주목하고, 생각을 점검하며, 감정을 면밀히 들여다보아야 한다. '걱정은 생겨나게 마련이며 걱정에 관해 우리가 할 수 있는 일은 전혀 없다'라는 생각에 도전한다는 뜻이다. 걱정에 관해 우리가 할 수 있는 일은 많으며, 이 책은 여기에 초점을 맞춘다.

걱정에 매달리는 이유 중 하나는 걱정이 하기 쉬운 일이기 때문이다. 걱정은 순간의 현실을 외면하게 해준다. 환상의 세계로 주의를 돌려서 잠시 현실과 단절하도록 해준다. 우리가 알지 못하더라도, 걱정할 때

한 가지 목적이 실현된다. 이런 까닭에 걱정이 그렇게 매력적인 것이다.

게다가, 우리는 대부분 걱정에 능숙하다. 지금껏 걱정할 기회가 아주 많다 보니 걱정이 일상의 자연스런 부분이 되었다. 모닝커피처럼, 걱정은 별생각 없이 정기적으로 반복하는 습관이 되었다.

둘 중 하나다. 당신은 걱정하고 걱정을 관리할 수도 있고, 아니면 걱정을 당신의 삶에서 제거하는 쪽을 택할 수도 있다. 선택은 당신의 몫이다. 이 책은 걱정 관리가 아니라 걱정 내려놓기에 초점을 맞춘다. 걱정을 전체적으로 살피고, 각 장 끝에 걱정을 떨치도록 돕는 과제를 제시할 것이다.

관심(concern)과 걱정(worry) 사이에는 확연하지는 않지만 중요한 차이가 있는데, 걱정과 이별하려면 먼저 그 차이를 이해해야 한다. 문제가 얼마나 많든, 문제에 관심을 갖는 것은 괜찮지만, 걱정하는 것은 별로 좋지 않다. 관심과 걱정은 다르다.

걱정이란 무엇인가?

걱정은 "목 졸라 죽이다"(to strangle)라는 뜻의 고대 독일어 부르겐(würgen)과 연관이 있다. 재미있는 생각이다. 어근이 이렇게 부정적이라면, 그 어떤 단어라도 우리에게 좋을 리 없다! 걱정은 우리 삶을 목 졸라 죽인다! 우리가 걱정할 때 분명히 이렇게 느낀다. 걱정은 "불안을 일으키는 그 무엇이나 그 누구, 불행의 근원"으로 정의된다. 여기에는 우리가 어떻게 느끼고 생각하는지 둘 다 포함된다.

이 단어의 의미가 세월이 흐르면서 약간 달라졌다. 1828년판 웹스터 사전은

"걱정하다"를 "방해하다(to disturb), 집적거리다(to tease), 괴롭히다(to harass), 지치게 하다(to weary)"로 정의했다. 현재의 웹스터 사전은 "괴롭히다(to harass), 성가시게 하다(to annoy), 귀찮게 하다(to bother)"라는 뜻이라고 말한다. 명사로서 걱정은 마음의 상태(불안, 고민, 염려, 근심)를 가리킨다. 바꾸어 말하면, 걱정은 마음의 상태를 포함하고, 우리의 정신 과정과 맞물리며, 불안한 느낌이나 불안한 상태로 이어진다.[1]

따라서 걱정은 생각하는 방식, 정신적 습관이다. 이러한 정신적 습관은 불안감으로 이어진다. 걱정은 전형적으로 결과가 불확실한 미래 사건에 초점을 맞춘다. 걱정꾼에게 미래는 잠재적으로 부정적이며, 그래서 불안을 일으킨다.

이러한 정의에 기초할 때, 걱정이 좋은 것들과 관련이 없다는 게 보이기 시작하는가? 목 졸라 죽이기, 낙담, 방해, 불안… 이런 것들은 우리의 행동이나 생각을 묘사할 때 사용하고 싶지 않은 단어들이다! 평안이나 고요와 연결되지 않는 단어들이 분명하다.

사자, 호랑이, 곰, 이런…

유명한 영화 〈오즈의 마법사〉에서, 여주인공 도로시는 마법사를 찾아 노란 벽돌길을 조심스럽게 내려간다. 소문에는, 사자들과 호랑이들과 곰들이 도로시 일행을 덮치려고 어두운 숲에 숨어 기다린다고 한다. 도로시가 관심을 보이며 묻는다. "너희 생각엔 우리가 맹수를 만날 것 같니?" 허수아비가 대답한다. "음, 그럴지도 모르지. 짚을 먹는 들짐승을 만나지 않을까?" 양철 나무꾼이 대답한다. "그런 짐승도 있을 거야. 하지만 대부분은 사자와 호랑이와 곰일 텐데." 낯선 땅에 도달한 도로시는 공격 위협이 얼마나 진짜고 얼마나 가짜인지 전혀 모른다. 도로시는 유명한 말로 대답한다.

"사자와 호랑이와 곰이라니, 이런…"

"이런…"(oh my…)이 관심이었는가 아니면 걱정이었는가? 관심과 걱정은 어떻게 다른가? 관심과 걱정 둘 다 생각을 포함하며, 에너지를 들여 중요한 문제에 집중한다. 그러나 이 둘은 뚜렷이 다르다.

관심은 정상이고 자연스럽다. 여정에서, 도로시는 낯선 땅에 와 있으며 알지 못하는 목적지를 향해 긴 여행 중이다. 도중에 무슨 일을 만날지 모르며, 질문한다. 반대로 걱정은 파괴하며, 건강하지 못하고, 번지수가 틀렸다. 걱정스러운 생각은 삶에서 부정적 부분과 "…면 어쩌지"에 초점을 맞춘다. 관심은 우리를 전진하게 하지만, 걱정은 옴짝달싹 못하게 한다. 걱정은 두려움에 얼어붙은 허수아비다. 허수아비는 길을 따라 내려가고 싶지 않다. 짚을 먹는 들짐승을 만나면 어쩌지?

관심은 허수아비에게 '짚을 먹는 들짐승이 있을지도 모르지만 그럴 법하지는 않고, 더 큰 목표(마법사를 찾는 일)가 있다'는 것을 일깨우며 그를 안심시키는 양철 나무꾼이다. 바꾸어 말하면 이렇다.

"허수아비, 너랑은 아무 상관이 없어. 네가 잡아먹힐 가능성은 아주 희박해. 그러니 괜한 걱정 그만하고 마법사를 찾을 생각이나 해!"

관심은 성숙과 성장에서 비롯된다. 관심은 필요를 돌아보고 충족하는 일을 포함한다. 현실을 보고, 공감하거나 연민을 느끼며, 다른 사람들을 돌보는 능력을 포함한다. 관심은 말한다. "우린 숲 속에 있으니 조심하자. 그렇다고 냉정을 잃으면 안 돼! 노란 벽돌길을 계속 따라 내려가고, 문제를 만나면 해결하자!" 도로시는 이것을 이해하고 일행이 행동하게끔 한다. 관심은 문제에 관해 뭔가를 할 생각으로 문제에 집중하게 한다. 그래서 우리의 통제 아래 있는 행동을 유발하고 문제를 해결하려 노력하게 한다.

반대로, 걱정은 핵심이 없고, 꼼짝 못하게 한다. 똑같은 문제를 비현실적 해결책이나 통제로 둘러싼다. 아주 빈번하게, 걱정은 불안을 낳는다. 사실, 걱정은 더 많은 문제를 일으킨다. 목표에서 멀어지게 하고, 목적지로 나아가는 길을 막으며, 계획을 방해하고, 내내 큰 혼란을 일으킨다.

걱정과 관심을 비교한 표를 살펴보라. 당신의 생각과 느낌을 점검하는 데 도움이 될 것이다.

걱정	관심
문제를 둘러싼다	문제를 해결한다
행동하지 못하게 한다	행동하게 한다
통제 불능이라고 느낀다	가능한 곳을 통제한다
문제를 회피한다	문제에 집중한다
계획을 방해한다	계획을 실행에 옮긴다

관심은 정상, 걱정은 제거 대상

관심과 걱정의 차이를 이해하면 자유로워진다. 삶과 사람들과 환경에 관심 갖는 것은 정상이다. 우리는 다른 사람들과 미래의 계획에 관심을 갖는다. 그러나 정상적 관심으로 무엇을 하느냐가 중요하다. 정상적 관심이 걱정의 시간이 되게 하려는 유혹이 있다. 다음 예화는 진정으로 관심을 갖는 사람과 걱정하는 사람이 어떻게 다른지 보여준다.

빌은 실직했을 때 참담했다. 돈 들어갈 데는 많고 먹여야 할 입도 적지 않은데 수입이 없으니 가족은 곧 문제에 부딪힐 게 뻔했다. 빌은 새 직장을 못 구하면 무슨 일이 일어날지 걱정하는 대신, 곧바로 새 일자리를 찾아 나섰다. 이력서를 새로 쓰고 여기저기 연락을 취하며 적극적이고도 긍정적으로 새 일자리를 찾아다녔다. 실직에 대한 적절한 관심은 그에게 자극제가 되었다. 그는 결과를 깨닫고 행동을 취했다. 이게 관심이 하는 일이다. 관심은 지금 여기에 초점을 맞추게 하며, 상황이 부정적이더라도 현실을 외면하지 않게 한다. 또한 우리가 계획하고 전진하도록 돕는다. 관심은 우리의 계획을 방해하지 않으며 우리를 옴짝달싹 못하게 하지도 않는다.

걱정하는 빌이라면 달랐을 것이다. 밤새 잠도 못 자고 두려움에 얼어붙어서 앞으로 잔뜩 빚지게 될 것을 상상하고, 내가 이렇게 저렇게 했다면 실직을 피할 수 있었을 거라고 생각할 것이다. 이런 걱정이 실직한 원인을 분명하게 드러내주고 새 직장을 구하려는 그의 행동을 바꿔놓았다면 그나마 생산적이었겠지만, 걱정하는 빌이 할 수 있는 거라곤 자신이 통제하지 못하는 부분들(얼어붙은 인력 시장, 자신의 나이, 젊은 동료들과 경쟁할 능력, 자신의 지출에 걸맞은 직장 구하기)에 집중하는 것뿐이다. 공포가 밀려들고, 자신에게 불리한 게 너무 많다고 믿을 것이다. 불안이 그를 엄습하고, 그는 걱정에 눌려 한 발짝도 나아가지 못할 것이다.

관심을 가지면 당신은 순간을 살되 삶의 현실을 무시하지 않는다. 문제와 도전을 보면서도 계속 전진한다. 그러나 걱정을 하면 문제와 도전에 갇혀 꼼짝도 못하고 한 걸음도 나아가지 못한다.

관심 다음은 걱정이 아니라 행동이다

우리의 목표는 걱정과 이별하는 것이다. 어떻게 해야 관심이 걱정으로 변하지 않는가? 관심과 걱정을 가르는 경계선이 있을까? 나는 있다고 믿는다. 따라서 자신이 언제 그 선을 넘었는지 반드시 알아야 한다.

예를 들어, 당신이 배우자와 싸웠는데 배우자가 이혼하겠다고 위협했다고 하자(이런 위협은 부부싸움에서 절대 해서는 안 되는 행동이다!). 싸움이 격해졌다. 그러나 당신은 마침내 잘 이겨냈다. 사과도 오갔고, 배우자는 이혼 얘기는 절대 진심이 아니었다고 했다. 순간 흥분을 못 이겨 상처 주는 말을 했던 것이다.

그다음 주에 또 다른 갈등이 일어난다. 그 순간, 당신은 지난번 싸움이 떠오른다. '남편이 이혼을 원하는 게 아닐까?' 그러나 당신은 그 생각에 골몰하지 않고 현재의 갈등을 해결하기로 결심한다. 이번에도 두 사람이 그럭저럭 갈등을 해결한다. 이번에는 이혼 얘기가 나오지 않았다. 그러나 당신은 지난번 싸움을 다시 떠올린다. '남편이 말은 안했지만 이번에도 이혼을 생각하고 있었을지 몰라. 나랑 그만 살고 싶은 거 같아. 그게 아니면 뭐겠어?'

당신의 생각은 정상적 관심에서 걱정으로 옮겨간다. 당신은 '마음 읽기' 때문에 불안을 느끼고 배우자와의 관계가 문제에 빠졌다고 생각하게 된다. 그래서 당신은 과거의 언급에 관해 묻는 대신에 무엇이 진심이고 무엇이 진심이 아닌지 곰곰이 생각하며 안달한다. 걱정이라는 정신 체조가 시작된다!

과거의 부정적 일에 눌러앉아 그 일이 되풀이될 거라 생각하지 않는 한, 그 부정적 일은 문제가 아니다. 어떤 일이 있은 지 오랜 후에도 그 일에서 부정적 생각이 떠나지 않을 때, 걱정이 생겨난다.

이 경우, 이혼 얘기에 대한 관심이 있었으나 그건 다 끝난 얘기고 과거 일이었다. 그러나 부정적 생각을 되살려내자 부부 관계에 대한 걱정이 일어났다. 만일 당신이 '이혼 얘기는 헛 나온 말인가, 작심하고 한 말인가? 혹시 도발하는 한 방식이었을까? 그것도 아니면 다른 무엇이었을까?' 하고 이혼 얘기의 잠재적 의미에 신경이 쓰인다면, 예방 전략은 배우자에게 과연 그 얘기가 진심이었는지 물어보는 것이다. 이혼 얘기가 당신의 마음에 상처를 주고 의심을 불러일으켰기 때문이다. 이것은 당신이 잠재적으로 걱정스러운 생각을 통제하기 위해 취하는 하나의 행동 단계이자 행동 방식이다. 아무런 행동도 취하지 않으면, 이혼 얘기가 스스로 살아나 걱정으로 바뀐다.

앞선 예를 분석해보면, 두 가지를 알 수 있다. 첫째, 과거 일이 되살아났다. 둘째, 그 일을 부정적인 쪽으로 생각하며, 그 말의 진의를 분명히 밝히는(문제해결 기술) 대신에 의심에 기대어 행동했다. 과거가 되살아나고 부정적인 쪽으로 생각할 때, 관심은 걱정으로 옮겨간다.

또 다른 예가 있다. 제니퍼는 살이 찌는 것을 알아차렸다. 바지가 꽉 끼었고, 심심할 때 뭔가를 먹었다. 제니퍼는 체중 증가에 관심을 두었고, 행동을 바꾸기로 결심했다. 심심할 때, 뭔가를 먹는 대신 크로스 퍼즐을 맞췄다. 그러자 생각이 먹는 데서 멀어졌다. 체중 증가에 대한 관심이 그녀로 행동하게 했고, 계획을 세우고 통제를 벗어났다고 느껴지는 부분에서 자신의 행동을 통제하게 했다.

제니퍼는 관심에서 걱정으로 쉽게 옮겨갈 수도 있었다. 이런 식이다. 살 빼는 게 얼마나 어려운지만 생각하는 것이다. 어쨌든 다이어트에 여러 번 실패해 살이 찌곤 했으니 예전의 실패에 매이고, 심심할 때 뭔가를 먹는 현재의 습관을 버리기가 얼마나 어려울지에 매일 수 있다. 다시 실패한다면? 살을 빼지 못한다면? 옷이 안 맞게 될 것이다. 이미 바지가 꽉 낀다. 암울하다. 불안이 커지면서 그녀는 뭔가를 하는 것에 절망감을 느낀다. 불안해서 한 발도 나아갈 수가 없다…. 기본적으로, 그녀는 이제 문제에서 빙빙 돌고 있고, 움직이지 않게 되고, 문제를 해결하지 못한다. 그녀는 낙담에 빠져 도움이 될 만한 그 어떤 전략도 세울 생각을 않는다. 과거의 실패에 집중하면 걱정만 키운다.

우리는 삶에서 사건들과 문제들과 사람들에게 관심을 가질 수 있는가? 물론이다. 우리의 관심사에 관해 하나님께 부르짖으며 깊은 감정을 느낄 수 있는가? 물론이다. 시편에 잘 나타나듯이, 다윗 왕은 정기적으로 이렇게 했다. 관심과 카타르시스는 걱정이 아니다. 걱정은 관심과 카타르시스를 넘어 줄줄이 문제로 이어진다. 한 마디로, 걱정은 뒤돌아보며 실패를 되찾아가고, 앞을 내다보며 더 나쁜 상황을 가정한다.

두려움은 걱정의 사촌

걱정은 자주 두려움과 연결된다. 걱정과 관심이 다르듯이, 걱정과 두려움도 다르다. 이 부분을 함께 생각해보자. 따뜻한 바다에서 수영을 하고 있는데 누군가 "상어다!"라고 소리친다. 이 순간, 두려움은 자연스런 반응이다. 두려움은 위험에 대한 자연스런 반응으로 우리 몸에 각인된 경고 체계다. 위험은 구체적이고, 때맞춰 재빨리 왔다가 사라지며, 우리의 감각을 예리하게 한다. 상어가 나타났을 때 두려움을 느끼는 것은 건강하다. 두려움은 경고처럼 작동하며, 자주 우리에게 행동을 촉구한다. 이 경우, 최대한 빨리 헤엄쳐 물 밖으로 나와야 한다!

걱정은 조작된 두려움의 한 유형으로, 일어날지도 모를 일을 다룬다. 예를 들면, 걱정은 다시 바다에서 수영할 때 일어난다. 이번에는 상어의 위험이 없다. 그런데도 상어가 있을까봐 걱정한다. 수영하는 내내 불안을 느끼며, 그럴 증거가 없는데도 뭔가 안 좋은 일이 일어날지도 모른다고 생각한다.

이런 경우, 물 뒤에 위험이 숨어 있을 수 있다고 생각하면 걱정이 일어난다. 바꾸어 말하면, 걱정이 두려움을 먹고 "…면 어쩌지"라는 생각을 마음에 덧붙인다. 생각은 현실에서 위험의 가능성으로 옮겨간다. 현재 위험이 없는데도, 마치 위험이 있는 것처럼 행동하고 생각한다. 걱정은 상어가 나타났던 때를 기억하고, 바로 지금 상어가 다시 나타날 수도 있다고 추정한다. 이렇게 되면 두려움이 되살아난다.

두려움이 걱정의 중심에 있을 때가 많다. 두려움은 "…면 어쩌지"라는 걱정의 사이클을 시작하게 한다. 상어가 숨어 있으면 어쩌지? 내가 물에 빠지면 어쩌지? 내가 빠르게 헤엄치지 못하면 어쩌지? 내가 곤경에 빠진 걸 아무도 못 보면 어쩌지? 끝이 없다. 걱정은 실제 위협이나 생각 속의 위험(두려움)을 취해 미래의 불확실성에 집중하는 도구로 삼는다. '난 차에 치이거나, 벼락을 맞거나, 주식 시장에서 돈을 잃을 수도 있어…' 끝이 없다. 두려움은 구체적 사건이나 경험으로 그 기원을 추적해낼 수 있지만, 걱정은 모호하며 제대로 정의되지도 않는다.

〈사이콜러지 투데이〉(Psychology Today)에 실린 기사에서, 전직 하버드대 교수 에드워드 할로웰(Edward Hollowell) 박사는 걱정을 "두려움의 특별한 형태"로 묘사했다. 그는 일단 예측과 기억과 상상과 감정을 더하면 단순한 두려움이 점점 복잡해진다고 설명했다.[2] 이러한 "두려움의 특별한 형태"는 시간과 에너지를 소모하며 정신과 육체의 건강을 위협한다. 그가 옳았다. 걱정을 해부해보면 대개 그 뒤에 두려움이 있다. 생각과 감정과 상상이 우리를 두려움으로 이끌어가도록 두면 그 두려움이 걱정으로 바뀔 수 있다.

걱정이 불안으로 이어지면

당신은 걱정과 불안이 그리 다르지 않다고 생각할지도 모른다. 나는 정도와 복잡함의 문제에서 이 둘을 다르게 본다. 불안은 육체적, 정서적, 행동적 요소를 갖는다. 불안하면 심장이 요동치고 손에 땀이 나며 혈압이 올라가고 동공이 팽창한다. 정신적으로, 불안은 부정적인 혼잣말과 부정적인 자동적 사고(automatic thoughts, 본인의 의지와 상관없이 부지불식간에 떠오르는 사고)를 포함한다. 행동적으로, 불안은 상황을 외면하고 회피하게 한다.

걱정은 불안의 정신적 부분으로 생각될 수도 있다. 걱정은 부정적 가능성을 고취하는 부정적 형태의 혼잣말이다. 위험과 위협에 대한 정상적 생각을 넘어, 우리를 옴짝달싹 못하고 낙담하게 하는 일종의 자기 학대이다.

걱정은 몸에서 불안으로 인한 흥분을 일으킨다. 이런 흥분 상태가 일정 기간 지속되면, 건강에 문제가 생기고, 꾸물거리게 되며, 관계가 스트레스를 받을 수 있다. 두려움과 마찬가지로, 만성 불안은 몸에 스트레스를 주고 일상생활을 방해하며, 우리의 기쁨을 앗아간다.

걱정을 방치하면 불안과 관련된 숱한 무질서로 이어질 수 있다. 걱정이 생활방식이 되고 삶의 다양한 부분을 포함하게 되면 범불안장애로 발전할 수 있다. 몸의 좋은 신호를 잠재적 질병으로 해석할 때, 건강에 대한 불안, 곧 심기증(心氣症)이 일어난다. 자기비판, 죄책감, 무능력감과 무력감, 비관주의의 형태를 띠는 걱정은 우울장애로 이어질 수 있다. 강박관념에 거슬리고 위협적인 강박 행동이 뒤따르는 것이 강박장애의 특징이다. 걱정이 통제 상실 및 두려움을 포함할 때, 공포를 느낀다. 트라우마를 겪은 후 더 많이 위험을 걱정하고 트라우마를 회상하면 외상 후 스트레스 장애로 발전할 수 있다. 창피와 사회적 수행에 대한 걱정은 그 정도가 심해져 사회불안장애나 사회공포증(대인 기피증)으로까지 발전할 수 있다. 마침내, 대상이나 사물에 대한 두려움은 개나 거미나 높은 곳을 두려워하는 특정 공포증으로 바뀌기도 한다.

여기 도전 과제가 있다. 당신의 몸이 자연스런 두려움이나 불안 상황에 어떻게 반응하는지 보라. 그러나 두려움이나 불안을 역기능 친구처럼 오래 방치하지 말라. 걱정스러운 생각들이 두려움에 기초하거나 불안을 일으키는 만성 문제가 되기 전에 그것들을 파악하라. 걱정과 관심, 두려움과 불안이 어떻게 다른지 파악하라. 걱정이 당신을 불안과 두려움의 상태로 이끌어가지 못하게 하라. 이 책의 나머지 부분은 당신이 이런 목표를 이루도록 도와줄 것이다.

걱정 버리기 처방전

몸 BODY

몸의 긴장을 점검하라.

심장이 빨리 뛰고 쿵쾅거리거나, 손바닥에 땀이 나거나, 숨쉬기가 어렵거나, 속이 더부룩하거나, 자주 화장실에 가거나, 설사를 하거나, 근육이 경직되거나, 두통이 있거나, 피로를 느끼거나, 잠을 못 자는 등… 당신의 몸에서 불안의 징후들이 나타나는가?

당신의 몸을 살펴서 스트레스, 불안, 두려움, 걱정과 함께 생겨나는 신체적 느낌을 파악하라.

마음 SOUL

당신의 관심사를 열거해보라. 당신을 성가시게 하거나 잠재적으로 걱정으로 변할 수 있는 것들 말이다. 24쪽의 표(걱정과 관심의 차이)를 이용해 당신의 각 관심사를 살피고 점검하라.

1. 이것은 관심인가, 아니면 걱정으로 바뀌었는가?

2. 이것은 내 통제 아래 있는 관심인가, 아니면 나의 통제를 벗어난 관심인가?

3. 이것이 나의 통제 아래 있다면, 나는 이것에 대해 무엇을 하고 있는가?

4. 이것이 나의 통제를 벗어나 있다면, 나는 이것을 걱정하지 않고 그대로 둘
   수 있는가?

당신의 목표는 이 책을 덮을 때쯤 이 목록을 비우는 것이다.

영혼 SPIRIT

당신의 관심사를 하나님께 내어놓아라. 신명기 31장 8절을 묵상하라.

여호와 그가 네 앞에서 가시며 너와 함께하사 너를 떠나지 아니
하시며 버리지 아니하시리니 너는 두려워하지 말라 놀라지 말라

주의 : 자신이 과도하게 걱정하거나 자신의 일상생활이 방해
를 받을 정도로 걱정한다고 느낀다면, 불안장애를 다루는 훈련
을 받은 정신건강 치료사를 만나보는 것을 고려해보라. 평가가 당신
의 걱정이 불안이 되었는지 결정하는 데 도움이 될 수 있다. 불안장애는
치료가 가능하며, 당신은 도움 받을 수 있다.

걱정은 흔들의자 같다.

당신에게 할 일을 주지만

당신을 아무 데도 데려가지 않는다.

글렌 터너

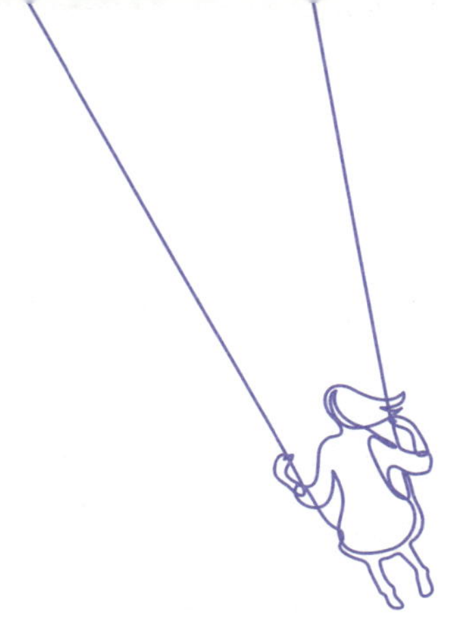

걱정 내려놓기가
특히 힘든 사람들

인생이 걱정거리를 너무 많이 줘서 우리는 잠시 걱정을 멈추고 무엇이 걱정인지 생각해볼 여유조차 없는 것 같다. 사실, 여러 요소가 걱정에 기여한다. 생물학, 삶의 환경, 경험들이 한몫한다. 그래서 걱정과 작별하기가 남들보다 어려운 사람들도 있다.

걱정을 부추기는 요인들

걱정 유전자

유전자가 걱정에 한몫한다. 대학입학시험을 준비하는 두 학생의 차이를 생각해보자. 한 명은 밤새 시험공부를 하고 아침에 녹초가 된 채 시험장에 앉았다. 다른 학생은 전날 밤 대충 훑어보고 잠자리에 들었으며 시험장에 차분하게 앉아 문제를 풀었다. 둘의 차이를 무엇으로 설명하겠는가? 이 경우, 생물학으로 설명된다. 앞의 학생은 다른 학생보다 걱정에 더 매여 있다.

유전자가 한몫하는 또 다른 경우가 있다. 두 사람이 파티에 갈 준비를 한다. 파티에는 대부분 모르는 사람들이 온다. 한 사람은 재미있는 사람들을 만날 생각에 신이 난다. 다른 사람은 무슨 말을 해야 할지, 자신 있게 행동할 수 있을지, 대화를 나눌 수 있을지, 낯선 사람들을 만나는 긴장을 견뎌낼 수 있을지 걱정이 태산이다. 파티에 어울리지 않게 입거나, 파티에서 결례를 범하거나, 음료수를 엎지르거나, 그 밖에 어떤 창피한 실수를 하면 어쩌지… 그날 밤의 불확실성에 한 사람은 에너지가 솟지만, 다른 사람은 거의 마비될 지경이다.

두 경우 모두 생물학의 중요한 역할을 보여준다. 불안해하는 성향(기억하라, 걱정은 자주 불안과 연결된다)을 타고난 사람들에게는 걱정꾼을 만들어내는 유전자 구성이 있다. 과학은 개인의 성격이 DNA에 암호로 저장되어 있다는 것을 증명했다. 이 암호들이 우리로 걱정하는 성향을 갖게 할 수 있다.

2007년, 예일대학 연구팀이 만성 걱정과 관련된 유전자 변이를 찾아내 '과도하게 생각하기'(overthinking)라고 이름을 붙였다. '걱정 유전자'(worry gene)는 부정적 생각들에 집착해 되새기는 성향을 예측하는 유전자 돌연변이의 결과다.[1] 사실, 걱정꾼들은 계획, 추론, 충동 조절과 관련된 뇌의 여러 부분이 더 많이 작동한다.[2]

뇌의 여러 부분이 하나의 회로로 연결되어 있다. 그 연결 방식이 위험과 위협적인 사건에 보이는 반응을 규정한다. 어떤 사람들은 이러한 회로가 더 활발하게 작동해 더 많은 불안과 좌절을 느낀다. 강박장애 진단을 받은 사람들이 그런 경우이다.

스웨덴과 독일 과학자들도 어떤 사람들에게 쉽게 극복되지 않는 두려움이 일어나는 것은 두 유전자 때문이라고 믿는다.[3] 과학으로 당신을 압도하지 않더라도, 핵심은 유전자 구성이 환경과 상호작용을 일으켜 어떤 사람들을 두려움과 불안에 더 민감하게 한다는 것이다.

이것을 알면 왜 자신이 걱정하는지를 덜 걱정하는 데 도움이 된다(당신이 걱정에 민감한 것을 걱정하길 바라는 것은 아니다!). 새로 발견된 이런 불안 유전자를 가진 사람들이라도, 걱정이 고개를 내밀려면 삶에서 큰 스트레스 사건들이 있어야 한다. 걱정하는 성향을 가졌다는 말이 자동적으로 치킨 리틀(Chicken Little, 월트디즈니 애니메이션에 등장하는 주인공. 갑자기 하늘에서 떨어진 무언가에 머리를 맞고는 하늘이 무너진다고 확신해 온 마을을 혼란으로 몰아간다―옮긴이)이 되리라는 뜻이 아니다! 그러나 당신은 더욱 의도적으로 걱정을 쫓아버려야 할 것이다.

부정적인 경험

걱정은 또한 환경에 오랜 시간 반응하면서 배울 수 있는 그 무엇이기도 하다. 삶은 예측이 불가능하다. 지진이 한 사회를 뒤흔든다. 가족 중 누군가가 암 선고를 받는다. 아들이 아프가니스탄에 간다. 갓 태어난 아기의 심장에 문제가 있다… 이런 어려운 경험들은 정상적 일상을 뒤흔들어 일상의 삶이 불확실하다는 사실을 일깨우고 걱정을 불러올 수 있다. 환경이나 어려운 순간이 확신을 뒤흔들 때, 걱정은 자연스런 반응일 수 있다.

나는 이것을 9. 11 직후에 알아차렸다. 비행 금지가 풀리고 며칠 후에 비행기를 타야 했는데, 비행기에 오르자 그날 탑승객들에게서 평소와 다른 분위기가 느껴졌다. 승객들은 같은 비행기에 오르는 사람들을 하나하나 유심히 살폈다. 전에 없던 모습이었다. 중동 사람의 외모를 한 승객을 특히 유심히 뜯어보았다. 자리에 앉아서도 여느 때와 달리 바짝 경계하며, 다른 승객들의 행동을 자세히 살피고, 혹시라도 불안한 낌새를 보이지 않는지 주시했다. 대부분 불안해 보였고 여느 때와 달리 조용했다. 내 옆에 앉은 여자는 비행기를 처음 타본다고 했는데, 잔뜩 겁에 질려 있었다. 통제할 수 없었던 9. 11 사건이 걱정을 한껏 키운 게 분명했다. 사람들은 최근에 일어난 테러 때문에 특히 취약하다고 느꼈다.

부정적인 인생 경험은 자신이 약하고 무력하다는 느낌을 일으켜서 우리를 더 걱정하기 쉽게 만든다. 이런 감정을 많이 경험하고 어떻게 처리해야 할지 모를수록 걱정하기가 더 쉬워진다.

예를 들어, 당신이 알코올중독자 아버지 밑에서 자랐다면 예측 불가능한 일을 수없이 겪었을 것이다. 어느 날은 아버지가 술이 잔뜩 취해 기분 좋게 집에 들어왔는데, 그다음 날에는 행패를 부릴지도 모른다. 하루하루, 도무지 예측할 수 없었고, 이러한 예측 불가능성 때문에, 어린 시절의 당신은 약하고 힘없는 처지였을 것이다.

당신이 학대를 경험했거나 가족 중 누군가 정신병자나 중독자였을 경우도 다르지 않다. 자신이 약하고 무력하다고 느낄수록 자신이 통제하고 있다고 느끼거나 현실을 회피하는 잘못된 방법으로 걱정을 더 쉽게 사용하게 된다.

통제 불가능한 상황

어떤 상황이든 통제 불능이라 느껴지면 걱정을 일으킬 수 있다. 주일학교 유치부 어느 반 아이들이 게임을 하는데, 교사는 아이들에게 풍선이 터질 때까지 그 위에 앉아 있으라고 했지, 풍선 위에서 엉덩이를 들었다 놨다 하면 풍선이 터진다는 말은 해주지 않았다. 풍선 하나가 터지자 몇몇 아이들은 깔깔댔으나 어떤 아이들은 놀라서 겁을 먹었다. 그중 몇 명은 얼마나 놀랐던지 그다음 주일에 그 반에 안 가겠다고 했다. 이 평범한 게임이 큰 소리에 민감하고 뻥 소리에 깜짝 놀라는 아이들에게는 너무 과한 것으로 드러났다. 이들은 게임이 통제 불능이라고 느꼈고, 걱정하고 겁을 먹었다.

자신의 통제를 벗어난 일상의 상황은 걱정을 일으킬 수 있다. 남편이 차가 막혀 저녁 시간에 늦는다. 아내가 집 앞에서 옷에 커피를 엎질러 직장에 지각한다. 십 대가 자신의 외모에 관한 말을 듣고 당황한다. 상사에게 아무 이유 없이 큰소리로 질책을 받는다. 상황이 통제 불능이라 느낄 때마다 자신이 약하고 무력하다는 느낌이 일어난다. 걱정은 여기에 반응하는 한 방법이다.

샤리는 차를 몰고 학교에서 집으로 돌아오다가 길을 잃고 어찌 해야 할지 몰랐다. 그녀는 낯선 곳에 와 있었다. 자신이 같은 길을 뱅뱅 돌고 있음을 깨달은 데다, 들어서야 할 도로를 찾지 못해 겁에 질리기 시작했다. 휴대전화는 그날 아침 침대 맡에 두고 나왔고, 차에는 네비게이션도 지도도 없었다. 기름마저 바닥을 드러내자, 그녀는 울기 시작했다. 자동차를 길가에 세웠으나 너무 겁이 나서 차에서 내리지도 못했다. 이제 어떻게 집에 가지? 불안감이 몰려왔다.

때마침 경찰이 지나다가 샤리를 발견하고 다가와 도와주었다. 그녀
는 마침내 집에 돌아올 수 있었으나, 자신이 그럴 수 있었던 것은 순전
히 우연이라고 느꼈다. 경찰이 때마침 나타나서 도와주지 않았다면, 오
도 가도 못했을 것이다. 샤리는 이제 운전대를 잡을 때마다 불안에 휩
싸였다. 얼마나 걱정이 심한지, 낯선 곳이라면 아예 가지 않으려 했다.
자신이 약하다는 이런 느낌을 키우면서, 차에 오를 때마다 만성적으로
걱정하는 습관에 빠졌다.

샤리처럼 우리는 종종 통제 불능 상황에 처한다. 문제를 해결하고 생
각을 통제하는 능력은 전적으로 걱정을 차단하는 일과 관련이 있다. 상
황을 잘 다루지 못할 때, 그대로 내버려두면 걱정이 상황을 통제한다.

트라우마

트라우마(trauma, 외상)에서 오는 불안도 걱정을 유발한다. 나의 경우
는 어떻게 트라우마 경험이 걱정을 일으킬 수 있는지 보여준다.

나는 7년간 불임, 유산, 어렵고 힘든 온갖 치료를 거쳐 마침내 임신했
다. 너무나 기뻤고 믿을 수 없을 만큼 기분도 좋았다. 그렇게 임신 6개
월째 접어들었는데 느닷없이 두려움에 사로잡혔고 감정이 마비되었다.
공포와 두려움이 갑자기 밀어닥치는 순간들을 감지할 수 있었다.

공포를 느끼는 환자들을 오랜 세월 치료해왔기 때문에 공포를 관리
하고 마침내 자신을 가라앉힐 수는 있었지만, 도무지 이해가 되지 않았
다. 이 임신은 내가 그렇게도 바라고 절실히 원한 것이었다. 이렇게 살
고 싶지는 않았기에, 나는 남은 3개월 동안 그 무엇도 내 기쁨을 앗아가
지 못하도록 해답을 찾기 시작했다.

치료 훈련과 경험 덕분에, 일반적으로 걱정의 뿌리에 상실이 있다는 것을 알았다. 걱정과 상실의 연결 고리를 발견하기가 늘 쉬운 것은 아니지만, 그래도 찬찬히 들여다보면 대개는 찾을 수 있다. 그래서 왜 이런 일이 지금 내게 일어나는 걸까? 생각했다. 나는 임신해서 행복했고 의기양양하기까지 했다. 7년 만에 처음으로, 상실이 아니라 생명을 생각했다. 내 삶에서 상실을 다뤘던 다른 경우들은 어땠는지 조금 더 깊이 파고들기 시작했다.

내가 열 살 때, 어머니가 암 선고를 받았다. 나는 암이 얼마나 심각한 병인지 잘 몰랐다. 어머니는 방사선 치료를 받는 동안에도 결근한 적이 거의 없고 암을 놀라운 힘으로 이겨내셨기 때문에, 나는 어머니가 죽을지 모른다고 생각하지 않았다. 어머니와 아버지는 죽음을 얘기하지 않았고, 암이란 그저 불편한 것인 양 꾸준히 삶을 얘기했다. 어머니는 기도와 꾸준한 치료를 통해 깨끗이 나았고 그로부터 40년 넘게 암 없이 건강하게 사셨다. 의사들은 기적이라고 했다. 나에게, 어머니의 치유는 하나님이 계시며 우리를 돌보신다는 강력한 신호였다. 상실이 우리를 피해갔다. 걱정할 필요가 없었다.

내가 고등학생 때, 작은오빠가 오토바이를 타다가 자동차에 치였다. 오빠는 혼수상태에 빠졌고 징후들이 불확실했다. 오빠 곁에 서서 꼼짝 않는 오빠의 몸을 보는데 무서웠다. 그러나 이번에도 우리 가족은 믿음에 의지했다. 여러 날 오빠의 침대에 둘러서서 기도했고, 오빠는 기적처럼 깨어났다. 하나님의 능력과 보호에 관한 또 하나의 간증이다. 깊은 상실일 수도 있었던 일이 축하할 일로 끝났다.

충격적인 일들이었지만, 하나님이 개입하셨고 결과는 긍정적이었다.

그래서 큰오빠가 베트남전에 참전할 때, 가족들은 이번에도 오빠를 지켜달라고 기도했다. 오빠가 베트남에서 복무하는 동안 임신한 새언니와 이제 걸음마를 하는 조카는 미국에 남아 있었다. 오빠가 돌아온 날은 그야말로 잔치 분위기였다. 차고에 깃발을 내걸었고 파티를 열었으며 감동적인 재회가 이뤄졌다. 하나님이 그 위험한 전쟁 내내 그분의 손으로 오빠를 지켜주셨다. 이번에도 우리는 큰 복을 받았다.

몇 달 후, 상황이 극적으로 바뀌었다. 나는 고등학교를 좋은 성적으로 마치고 미시간대학 법학부에서 입학 허가를 받아 미래를 간절히 고대하고 있었다. 가족들은 작은오빠의 결혼식을 준비하고 있었다. 여전히 장교로 복무 중이던 큰오빠는 전공한 생물학 분야와 관련해 몇몇 장교와 함께 월드투어에 참여하지 않겠느냐는 제안을 받았다. 큰오빠는 투어에 참여하면 작은오빠 결혼식에 참석하지 못하기 때문에 고민했다. 가족들은 큰오빠의 미래에 너무나 중요한 일이니 이번 기회를 놓치면 안 된다고 의견을 모았고, 큰오빠는 7주 여정의 투어에 올랐다.

6월 어느 날, 집에 돌아와 보니 한낮인데 아버지가 집에 계셨다. 나는 뭔가 크게 잘못되었다는 것을 직감했다. 부엌에서 장교 하나가 아버지 옆에 앉아 우리가 결코 듣고 싶지 않았던 소식을 전하고 있었다. 큰오빠가 실종되었다. 오빠가 탄 비행기가 인도 뉴델리 상공에서 추락했는데, 생존자 명단에 오빠는 없었다.

아버지는 출근해 있던 어머니에게 전화해 집으로 오라고 하셨다. 어머니는 부엌에 앉아 있는 장교를 보더니 "내 아들이 죽었어!" 비명을 지르고는 기절했다. 나는 등골이 오싹했고 깊은 외로움과 무력감을 느꼈다. 그러나 생각할 시간이 없었다. 새언니에게 오빠의 죽음을 알려야 했기 때문이었다.

둘째를 임신 중이던 새언니는 큰아이와 친정에 가 있었다. 나는 이 소식을 알리러 아버지와 작은오빠와 함께 차를 타고 갔다. 나의 일은 아버지가 소식을 전할 때 새언니를 살피는 것이었다. 새언니가 충격에 쓰러지면 곧바로 911을 불러야 했다. 아버지가 내 역할을 설명할 때, 두려움이 엄습했다. "나는 의사가 아니에요. 새언니가 유산을 하면 어떡해요? 나는 못 해요. 안 하고 싶어요." 그러나 시시콜콜 의논할 시간이 없었다. 불안이 밀려왔다.

새언니의 친정에 도착했다. 짧은 시간이었지만 그때가 전혀 기억나지 않는다. 기억나는 거라곤 거실 창문을 뚫고 들어와 새언니가 앉은 의자를 비추던 햇살뿐이다. 아버지가 새언니에게 그 소식을 알렸을 때, 나는 새언니의 태중에 있는 아기의 상태밖에 생각할 수 없었다. 새언니는 꼼짝하지 않았고 말도 하지 않았다. 나는 새언니가 충격을 받았다고 생각했다. 공허하고 두려움에 젖은 새언니의 표정이 내 기억에 영원히 새겨졌다. 나는 감정적으로 마비되었다. 아무것도 할 수 없다는 무력감으로 그 자리에 우두커니 서 있었다.

나중에 우리는 피에 젖은 큰오빠의 인식표와 유품을 받을 터였다. 시체도, 종결도, 작별 인사도 없었다. 어머니의 암을 고쳐주시고, 작은오빠를 혼수상태에서 깨어나게 하시고, 큰오빠를 전쟁에서 지켜주신 바로 그 하나님이 큰오빠가 탄 비행기가 추락하게 두셨다. 어떻게 이런 일이 있을 수 있을까? 이 충격적 상실이 내 삶을 바꿔놓았다. 나는 그때의 기억을 떠올릴 때 느꼈던 바로 그 공포를 수년이 흐른 지금, 내가 임신 6개월에 접어들었을 때 똑같이 느끼고 있었다.

나는 큰오빠의 죽음과 관련된 사건들을 이야기하다가, 전에 알지 못했던 것을 불현듯 깨달았다. 수년 동안 간과했던 것이 이제는 분명해졌다. 큰오빠가 죽었을 때, 둘째를 가진 새언니는 임신 6개월이었다. 내가 수년 전 새언니에게 남편의 죽음을 알려야 했을 때 느낀 바로 그 공포가 이제 나를 마비시키고 있었다. 새언니처럼, 나도 둘째를 가졌고 임신 6개월이었다. 나는 그간 이 둘을 연결하지 않았다. 그때까지, 나는 남편이 업무로 비행기를 탈 때마다 신경과민에 시달렸지만 이유를 몰랐다.

이제 이해가 되었다. 마음속 깊이, 나는 남편이 죽을까봐 두려웠다. 하나님을 신뢰하지 않았다. 나는 약했고 나쁜 일이 일어나지 않도록 막을 힘이 없었다. 눈물이 뺨을 타고 흘렀다. 하나님에 관한 내 생각이 비이성적이라는 것을 알았지만, 나의 경험 때문에 그 생각을 붙들고 씨름하고 있었다. 머리는 내게 하나님을 포기하지 말라고 말했지만, 가슴은 불안에 사로잡혔다. 솔직히, 나는 하나님이 그 순간 나를 지켜줄 것을 믿지 않았다. 수년간 나는 큰오빠의 죽음이 부당하다고 보았고, 이것이 '하나님은 신뢰할 수 없는 분'이라는 불신앙에까지 이르도록 방치했다.

나의 부정적 생각들은 두려움, 불안, 걱정의 감정을 불러 일으켰다. 아내가 임신 중일 때 큰오빠가 죽었으니, 내 남편도 그럴 수 있었다. 갑자기 나는 내가 여전히 두려움에 떨던 그 소녀, 하나님이 나를 보호해주지 못하실지 모른다며 걱정하던 그 소녀라는 것을 깨달았다. 나는 하나님이 우리 가족과 나를 버리셨다고 잘못 믿었다. 이런 생각들과 나의 신뢰 부족이 여러 해 나를 사로잡고 있다가 임신과 함께 겉으로 드러난 것이다.

고통을 직면하고 충분히 슬퍼하라

나의 사례는 생각과 신념이 어떻게 걱정을 유발하는지 보여준다. 이런 생각과 신념들은 우리가 늘 합리적인 것 같지는 않은 방식으로 느끼고 행동하도록 가만히 작동하는데, 우리는 이들이 무엇인지 잘 모를 때가 많다. 그런가 하면 어떤 경우, 우리는 자기 생각과 신념이 부정적이라는 것을 알면서도 상처를 입고 두려워서 거기에 굴복한다. 결과는 걱정이다. 트라우마가 이런 걱정스러운 생각들을 삶에 가져다 줄 수 있다.

예기치 못한, 너무나 충격적이고 힘겨운 상실을 겪을 때 슬퍼하지 못하거나 잘 다루지 않으면 미래에 대한 걱정으로 이어질 수 있다. 상실은 반드시, 온전한 감정 표현으로 슬퍼해야 한다. 상실과 관련된 여러 층의 감정과 생각은 수년에 걸쳐 다루어야 한다. 우리는 슬픔이 수반하는 고통스런 감정을 느끼고 싶어 하지 않기 때문에 비통해하기란 쉽지 않다.

그러나 비통의 과정을 거쳐야 받아들임에 이른다. 이 과정은 시간이 걸리고, 서둘러서 될 일이 아니다. 고통을 직면할 때 자신이 견뎌낼 수 있다는 것을 깨닫지만, 고통은 너무 아프다. 걱정은 그 아픔을 마비시킨다. 그러나 고통을 피하기보다 고통을 통과해야 끝이 난다.

아픔과 상처를 경험할 때는 불신앙과 의심이 우리의 생각에 기어들기 가장 좋은 때다. 그러므로 슬픔을 겪을 때 '우리의 생각을 사로잡는' 것이 중요하다. 이 부분은 나중에 살펴보겠다.

우리는 나쁜 일들을 통제할 수도, 그 일들이 일어나지 않게 막을 수도 없다. 그러나 나쁜 일들에 감정이 반응하는 방식은 통제할 수 있다. 상실을 회피하고 강한 체하며 슬퍼하지 않으려 하면, 우리는 옴짝달싹 못 하게 되기 쉽다. 슬퍼하고, 아픈 감정을 느끼고, 고통 견디는 법을 배워야 전진할 수 있다.

트라우마, 힘겨운 삶의 경험들, 유전적 요인이 겹쳐 강력한 걱정 칵테일을 만들어낸다. 걱정은 인지된 위험을 거부하는 방어벽으로 활용될 수 있으나 효과는 없다. 걱정하는 성향이 있어도 일은 일어난다.

그렇더라도, 걱정에 매달려 세상을 걱정스러운 눈으로 볼 수도 있고, 우리 생각이 걱정의 바다로 흘러들게 할 수도 있다. 무엇이 걱정을 일으키든, 우리는 달라질 수 있다. 걱정이 하루를 지배하느냐 아니냐는 트라우마와 환경과 상황과 문제에 어떻게 반응하느냐에 달렸다. 나처럼, 아마 당신도 걱정을 도맡아 하는 데 질렸을 것 같다.

걱정 버리기 처방전

몸 B O D Y

당신의 가족사와 유전 이력을 살펴보라. 당신은 대대로 걱정꾼의 후손인가? 당신에게 걱정하는 성향이 있다면, 당신은 희생자가 아니라는 것을 기억하고 더 의도적으로 걱정을 떨쳐버려야 한다.

마음 S O U L

당신이 상실이나 트라우마나 힘겨운 일들을 경험한 때를 생각해보라.

1. 당신은 그런 환경에 어떻게 반응했는가?

2. 그중에 어느 하나라도 당신의 삶에 걱정의 뿌리를 내렸는가?

3. 당신의 삶에서 상실과 관련해 해결되지 않은 슬픔이 있는가? 당신은 아직
   도 화가 나고, 낙담하며, 충격을 받고, 하나님과 거래하려 하는 등 슬픔의 과
   정에 갇혀 있는가? 아니면 슬픔의 감정을 다 겪어내고 상실을 털어버렸는
   가? 당신은 아픔을 직면했는가?

당신은 하나님이 트라우마나 어려움에 개입하시는 것에 관해 어떻게
생각하는가? 하나님을 비난하거나, 그분이 당신을 돌보지 않는다고
생각하거나, 그분이 당신을 그다지 사랑하지 않는다고 믿는가?
자신이 약하거나, 무력하거나, 통제하지 못한다고 느껴져 걱정하는
상황이 있다면, 그 상황을 놓고 기도하라. 불신이나 해결되지 않은 감
정이 있다면 드러내달라고 하나님께 구하라. 이것들을 하나님께 내어
놓고, 이런 상처를 치유해달라고 하나님께 구하며, 그 상황에 그분의
진리를 선포하라. 그런 후, 당신이 나아가 치유가 진행되도록 허용할
수 있게 상실을 슬퍼하라.

시편 23편을 묵상하라.

여호와는 나의 목자시니 내게 부족함이 없으리로다 그가 나를
푸른 풀밭에 누이시며 쉴 만한 물가로 인도하시는도다 내 영혼
을 소생시키시고 자기 이름을 위하여 의의 길로 인도하시는도
다 내가 사망의 음침한 골짜기로 다닐지라도 해를 두려워하지
않을 것은 주께서 나와 함께하심이라 주의 지팡이와 막대기가
나를 안위하시나이다 주께서 내 원수의 목전에서 내게 상을 차
려주시고 기름을 내 머리에 부으셨으니 내 잔이 넘치나이다 내
평생에 선하심과 인자하심이 반드시 나를 따르리니 내가 여호
와의 집에 영원히 살리로다

물에 빠진 사람들을 구해내

강둑 햇살 좋은 곳에 옮겨놓고

뜨거운 코코아와 머핀을 내주면

그들은 감기 걸리지 않을까

걱정하는 버릇이 있다.

존 제이 채프먼

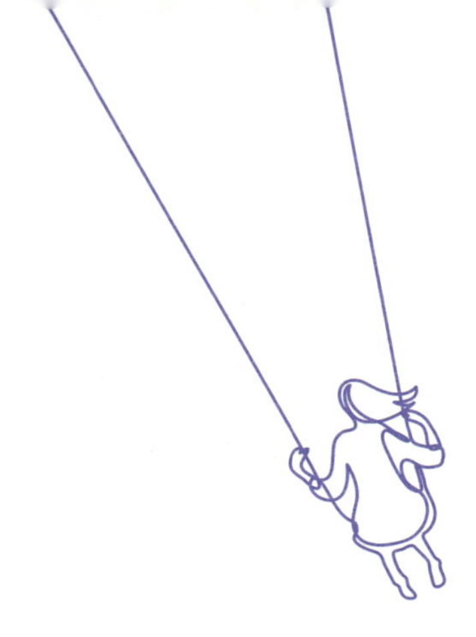

걱정꾼들의
이상한 믿음

정신 건강과 관련해 이런 옛말이 있다. 우리가 지금 하는 일을 하는 이유는 그 일이 편하고 친숙하며 그 일이 이상한 방식으로 우리에게 이롭기 때문이라는 것이다. 바꾸어 말하면, 우리가 나쁜 습관에 매이는 이유는 나쁜 습관이 오랜 친구이며 그 순간 우리를 돕기 때문이다. 그 습관이 우리에게 좋지 않거나 긍정적 결과를 내지 않을 수는 있지만, 대개 일종의 목적에 기여한다.

걱정의 경우 걱정을 제공하는 목적은 대개 걱정을 계속하게 하는 것이다. 걱정꾼들은 걱정함으로써 뭔가 얻는다고 믿는다. 걱정이 긍정적인 것이라고 믿으면, 그 결과가 전형적으로 불안인데도, 계속 걱정한다. 걱정에는 불안이 따르는데도, 걱정꾼들에게는 걱정이 유효하다.

걱정이 도움이 된다고 여기면, 걱정을 포기하기 어렵다. 예를 들어 '걱정하면 나쁜 일들이 일어나는 것을 멈출 수 있다'고 믿는다면, 걱정은 뭔가 유용한 일을 하고 있는 것이다. 걱정에 대한 이러한 긍정적 믿음은 나쁜 일들이 일어나려 할 때마다 효과를 드러낸다. 사실, 걱정은 나쁜 일들이 일어나는 것을 막지 못한다. 그러나 우리가 걱정하는 일의 대부분은 일어나지 않기에, 걱정이 뭔가를 하는 것처럼 보이는 것이다.

이제 걱정꾼들의 고백을 몇 가지 소개하겠다. 이 고백들은 왜 사람들이 걱정을 떨치기 힘들어하는지 그 이유를 밝히는 데 몇 가지 실마리를 제공할 것이다.

"걱정은 최악의 결과에 대비하도록 도와줘요"

크리스틴은 사랑하는 아들 마크가 학교에서 잘 지내도록 자신이 할 수 있는 일은 무엇이든 한다. 마크가 싸워서 교무실에 불려갔을 때, 크리스틴과 남편은 당연히 심란했다. 크리스틴의 남편은, 학교에서 싸우면 안 되지만, 아들이 또래에게 존중받기 위해 괴롭힘으로부터 자신을 방어해야 한다고 느꼈다. 크리스틴은 확신하지 못했다.

아들의 공격성이 심해질 수 있다고 우려한 크리스틴은 아들이 다시 싸울 경우 일어날 수 있는 모든 나쁜 상황에 대비하기 시작했다. 아들의 퇴학 가능성에 얽매일수록 그것은 더 현실적이 되었다. 걱정이 그녀를 완전히 사로잡았다. 그 정도가 어찌나 심했던지, 크리스틴은 고삐 풀린 생각을 다잡기 위해 치료사를 만날 약속까지 잡았다.

치료사가 크리스틴과 얘기했을 때 한 가지가 분명해졌다. 그녀의 마음에 걱정이 작동했다. 크리스틴은 일어날 수 있는 가능한 모든 부정적 상황을 상상할 수 있다면 부정적 결과에 대비가 된 것처럼 느꼈다. 걱정이 미래를 예견하고 나쁜 소식에 대비하는 데 도움이 되었기 때문에 그녀는 걱정하기를 계속했다.

크리스틴이 걱정에 매달린 이유는 걱정이 통제하는 척만 하기 때문이다. 우리도 어떤 상황에서 최악의 시나리오를 상상할 수 있으면 나쁜 소식에 대비하고 있다고 생각할지 모른다. 이것은 통제하는 것처럼 느껴지지만, 사실은 아니다. 설상가상으로, 나중에 일어날 수 있을 일을 예측하느라 많은 시간과 에너지가 낭비된다.

그러나 당신이 예측한 일이 일어나지 않을 가능성이 매우 높다. 〈임상 심리학과 심리 치료〉(Clinical Psychology and Psychotheraphy)에 실린 한 연구에 따르면, 사람들이 걱정하는 일의 85퍼센트는 절대 일어나지 않는다. [1] (이 사실만으로도 걱정이 부정적 결과를 막는다는 생각이 강해질 수도 있다.) 걱정한다고 미래를 더 잘 준비하는 게 아니다. 걱정은 실제로 당신의 문제해결 능력을 방해한다. 걱정이 당신으로 미래의 사건을 준비하게 하는가? 아니다.

"걱정은 부정적인 결과를 피하게 해줘요"

배리는 자기 일자리가 위태롭다는 것을 알았다. 몇 달째 보고서도 늦게 제출하고 생산성도 뒤처져서, 상사의 경고는 갈수록 잦아졌다. 생산량은 떨어졌고 회사는 인력 감축을 계획했다. 그래서 배리는 자신이 일자리를 잃을 거라는 생각에 사로잡혔고, 매일 같이 동료들에게 회사가 자신을 가장 먼저 해고할 거라고 했다. 그는 다음은 자신이 해고될 차례라고 믿었고, 너무 불안해 생산성이 훨씬 더 떨어졌다. 걱정은 그가 자신의 나쁜 업무 습관과 다른 일자리를 찾아야 할 것이라는 사실을 생각지 않도록 하였으나, 그의 몸을 차분히 가라앉히고 실직이라는 현실을 생각하지 않도록 도와주는 것처럼 보였다.

배리의 경우, 걱정은 도움이 되었다. 우리는 걱정이 불안을 낳고 몸에 스트레스를 준다는 것을 알고는 있지만, 과도한 걱정은 실제로 몸의 불안 징후를 줄일 수 있다. 걱정은 이런 식으로 작용한다. 걱정에는 부정적 생각들이 따른다. 걱정이 지나칠 경우, 이 걱정스러운 생각들은 배리가 부정적인 것(실직을 아내와 가족에게 알리는 일)을 생각하지 않도록 함으로써 고도의 불안을 막아준다. 그래서 직장에 대해 집요하게 걱정하고 그 걱정 때문에 일상적 수행이 더 형편없어질 때도, 걱정은 일어날 법한 현실을 상상하지 않게 막아준다. 걱정은 실제로 그가 직장에서 쫓겨나는 괴로운 상황을 외면하게 해준다.

두려운 상황을 외면하는 데 이용될 때, 걱정은 단기적으로는 두려움 관리에 기여한다. 그러나 실제로 장기적으로는 상황을 악화시킨다. 배리는 해고를 미루고 새 직장을 찾아야 하는 현실이 아니라 걱정에 모든 에너지를 쏟았다.

걱정을 부정적 결과를 회피하는 데 이용하는 배리 같은 사람들은 범불안장애로 이어질 가능성이 있다. 걱정은 매우 감성적인 문제를 회피하는 한 수단이며, 하나의 대응 방식이 된다. 이것은 결국 너무나 많은 불안을 일으켜 한 사람의 삶에서 거의 모든 분야에 파고들게 하는 대응 방식이다.

"걱정은 중요한 문제에 주목하는 관심의 표현이에요"

아이린은 손주가 여럿이다. 그녀는 손주들이 좋은 결정을 하도록 기도한다. 손녀 하나가 가족이 별로 달가워하지 않는 청년과 사귄다. 아이린은 손녀가 그 청년과 결혼해 끔찍하게 살까봐 너무 걱정돼서 손녀에게 그런 생각을 이야기했다. 둘의 관계를 걱정하며 하루하루를 보내고, 밤에 잠을 못 이룬다. 아들에게 자주 전화를 걸어 손녀와 그 청년의 관계를 확인한다. 손녀와 나누는 모든 대화는 온통 이 청년이 손녀의 삶에 남아 있을 때 일어날지 모를 부정적 결과에 집중된다.

손녀는 불만이다. 끝도 없는 할머니의 부정적 피드백에 감사가 되기는커녕 오히려 할머니를 멀리하고 싶다. 손녀는 할머니에게, 자신과 남자 친구의 관계를 걱정해봐야 전혀 도움이 안 된다고 여러 차례 말했다. 사실은, 할머니가 틀렸음을 증명하기 위해서라도 이 청년과 계속 사귀고 싶은 마음도 없지 않다.

아이린의 반응은 분명하다. "할머니가 널 걱정하는 건 네가 할머니에게 소중하기 때문이야. 내가 걱정하지 않으면 네가 걱정해야 할 거다!" 이 말은 걱정이 중요한 문제에 주목하게 해준다는 것이다. 손녀가 누구와 결혼하느냐는 중요하다. 할머니가 생각하기에, 자신이 걱정하지 않으면 그건 손녀의 삶에서 이 관계가 갖는 중요성에 관심이 없거나 그 중요성을 아주 낮잡아본다는 표시다.

걱정이 어떤 기능을 수행한다. 걱정은 이 문제가 중요하다고, 나는 이 문제를 걱정함으로써 이 문제가 얼마나 중요한지 네게 보여줄 거라고 말한다.

"걱정은 예측 가능한 문제를 해결하려는 시도예요"

리비의 부모님은 연로하여 여기저기 건강이 안 좋아져서, 35년을 살아온 집에 계속 살기 어렵게 되었다. 그러나 그 분들은 아무리 힘들어도 그 집에 그대로 살고 싶어 한다. 매일 새로운 도전이 찾아오는 것 같다. 아버지가 넘어져 다리를 다친다. 잔디 깎는 기계를 밀 때면 몇 번이나 멈추고 쉰다. 어머니는 당뇨 때문에 어지러움을 느끼고, 정기적으로 인슐린 관리를 점검 받아야 한다. 두 분 다 현관 계단을 오르기가 힘들다. 두 분이 잡고 일어설 수 있게 욕조에 가드레일이 필요하다… 목록은 끝이 없다.

리비는 이러한 일상의 도전과 요구에 보조를 맞추려 최선을 다하지만 늘 걱정에 시달린다. '혹시라도 한 분이 넘어져 일어날 수 없으면 어쩌지? 어머니의 혈당이 위험치로 떨어졌는데 아버지가 밖에서 잔디를 깎느라 못 보면 어쩌지? 두 분이 가드레일을 놓쳐 미끄러져 넘어지면 어쩌지?' "…면 어쩌지" 목록이 리비의 생각을 채운다. 그녀는 부모님에게 일어날 수 있는 모든 가능한 시나리오를 예측하며 하루하루를 보낸다.

자신이 모든 문제를 예측할 수 있다면 문제를 해결하고 나쁜 일이 일어나지 않게 막을 수 있을 것 같다. 문제해결은 대개 걱정의 해독제이지만, 일어나지도 않은 문제를 해결하려는 노력은 오히려 걱정을 낳고 진을 뺀다.

리비가 생각하기에, 자신은 결코 모든 문제를 만족스럽게 해결할 수 없다. 부모님을 위험에서 보호하길 바라며 그녀가 예상해야 할 새로운 시나리오나 잠재적 위험은 늘 있게 마련이다. 그녀가 부모님이 다칠 수 있다는 생각으로 죄책감에 시달리기 때문에, 걱정은 그녀의 문제해결을 돕는 것처럼 보인다. 그러나 문제는 일어나지도 않았고, "…면 어쩌지"라는 시나리오에 기반을 두고 있다. 리비가 모든 위험을 다 예측할 수는 없기에, 문제해결은 결코 끝나지 않으며 더 많은 걱정만 생길 뿐이다.

게다가, 설령 걱정이 문제를 해결하려는 시도이더라도, 걱정이 꼭 행동으로 이어지지는 않는다. 어떤 행동이 가져올 가능한 모든 부정적 결과를 예측하더라도 해결책을 모두 제시할 수는 없다. 어떤 문제는 해결 자체가 불가능하다.

"걱정이 동기를 부여해줘요"

중간고사 기간이다. 제나는 화학 성적이 C도 간당간당하다. 낙제를 면하려면 최소한 C는 받아야 하는데, 중간고사를 잘 못 봐서 걱정이 태산이다. 시험공부를 하는데 낙제할 거라는 생각이 자꾸만 든다. 시험을 잘 못 봐서 제적당할 거라는 생각에 도무지 집중이 안 되고 암기를 할 수가 없다.

제나는 함께 공부하자고 친구에게 전화를 걸어 이 시험이 자신에게 얼마나 중요한지 설명한다. 그러나 걱정스러운 생각에 계속 사로잡힌다. '낙제하면 어쩌지? 어떻게 하면 다른 과목에서 보충해 성적을 올릴 수 있을까? 부모님이 엄청 화내실 텐데. 어쩌다 성적이 이 지경이 되도록 두었을까?' 걱정이 꼬리를 물고 일어난다. 친구는 제나에게 그만하라고 말한다. 이게 공부에 무슨 도움이 되겠는가?

제나는 심호흡을 하고 실제로 이 부분을 생각한 후, 자신이 이상하게도 '시험 걱정이 나에게 잘 하도록 동기를 부여한다'고 믿는다는 것을 깨닫는다. 그녀는 좋은 성적을 받아야 한다는 데 집중할수록 더 큰 동기부여를 느낀다. 그러나 걱정은 시험 내용을 암기하는 그녀의 능력을 가로막는다. 걱정이 그녀에게 동기를 부여하는 것처럼 느껴질지 모르지만, 사실은 그녀의 학습 능력을 방해한다.

"걱정하면 내가 뭔가 하는 것 같아요"

토니와 론다는 결혼생활을 힘겹게 이어간다. 토니가 몇 년째 포르노 중독이라 론다는 걱정이 태산이다. '아이들이 알면 어쩌지? 친구들이, 더 안 좋게는, 목사님이 알면 어쩌지?' 비밀이 드러날까 두렵고, 자신이 남편의 문제를 걱정하면 뭔가 하는 것 같다.

그렇지 않다. 토니의 문제는 정면으로 다뤄야지, 걱정한다고 해결되지 않는다. 가장 좋은 방법은 남편과 대면하고 남편을 도와줄 사람들을 찾아보는 것이다. 론다는 포르노 문제의 결과를 걱정하는 게 적극적이라고 느낀다. 그녀는 현실을 부정하지만, 걱정은 아무런 도움이 되지 않는다. 사실, 이 문제를 놓고 남편과 대면하지 않으면, 남편은 이런 습관을 계속 유지하기가 더 쉬워진다.

론다는 남편의 문제에서 근원이 아닌 것들에 매달리기 시작한다. '어쩌면 내가 살을 빼거나 성생활에 더 관심을 보이려고 노력하면 남편이 포르노에서 손을 뗄지도 몰라. 어쩌면 내가 아주 좋은 아내는 아니었는지도 몰라.' 그녀는 걱정을 하면, 자신의 통제를 크게 벗어났다고 느껴지는 상황에서 자신이 적어도 뭔가를 하고 있다고 느껴진다는 것을 인정한다. 정말 그럴까? 절대 아니다.

토니는 심각한 중독에 빠졌다. 론다가 걱정만 하고 행동하지 않으면 아무것도 달라지지 않는다. 토니는 대면이 필요하며, 자기 문제를 인정하고 그 폐해를 관계 속에서 다루기 시작해야 한다. 론다의 걱정은 실제로 필요한 대면을 늦출 뿐이다.

"걱정하면 뭔가 달라질지도 모르잖아요"

샐은 결혼생활이 행복하지 않다. 지난 몇 년, 샐과 아내는 마음이 서로 점점 멀어졌고, 서로 바쁘다는 핑계로 함께하는 시간을 거의 갖지 않았다. 부부는 서서히 멀어졌고, 둘의 관계에서 상대에 대한 부정적 생각이 쌓이도록 방치했다. 이 과정은 작은 비난에서 시작되어 더 많은 비난으로 이어졌다. 비난은 실망감과 상처로 이어졌고 마침내 서로 불만이 점점 커졌다. 두 사람은 상대방이 자신의 필요를 충족시키지 못한다고 느낄수록 더 방어적으로 변했다. 마침내, 아예 서로 말도 하지 않았고 마음이 멀어졌다.

샐은 무슨 일이 일어나는지 알면서도 상담을 받거나 아내와 대화하려 애쓰는 대신 걱정만 했다. '아내에게 다른 남자가 생긴 게 아닐까? 아내가 요즘 속내를 털어놓는 사람이 누굴까? 아내가 남들에게 뭐라고 말하고 다닐까? 아내가 아직도 날 사랑할까? 죽어가는 이 관계를 어떻게 되살리지?' 부부 관계가 갈수록 멀어지면서 이런 걱정들이 쌓여만 갔다.

서로 말을 하지 않았기에, 샐은 혼자 생각하며 끙끙대면서 그야말로 걱정 은행을 세웠다. 어쩌면 그의 모든 걱정이 결혼생활에 긍정적 영향을 미칠는지 모른다. 그가 아내를 걱정하면, 그게 신경을 쓴다는 표시 아니겠는가? 걱정하면 뭔가 달라지고, 자신이 신경 쓴다는 게 아내에게 보이지 않겠는가?

샐에게는 안됐지만, 아니다! 걱정은 결혼생활을 개선하려는 행동으로 옮겨가지 않았다. 걱정은 친밀함의 문제를 해결하지 않았고 서로 마음이 멀어지게 한 문제들을 다루지도 않았다. 걱정은 아무것도 하지 않고 부부를 계속 옴짝달싹 못하게 묶어두었을 뿐이다.

걱정이 어려운 상황의 결과를 바꾸는 뭔가를 한다고 생각하지 말라. 걱정한다고 달라지는 것은 없다. 당신을 불안하고 옴짝달싹 못하게 할 뿐이다.

걱정은 당신이 기대하는 것을 전혀 하지 않는다

이러한 고백들을 토대로, 걱정은 우리에게 긍정적 결과나 유익을 가져다주지 않는다는 것을 당신이 알길 바란다. 걱정이 일어날 수 있는 최악의 결과에 대비하게 해준다고 믿는가? 걱정이 부정적이고 유쾌하지 못한 결과를 피하도록 도와줄 것 같은가? 순간적으로는 그럴지 몰라도 결국에는 그러지 못한다. 우리는 여전히 걱정과 관련된 문제를 직시해야 한다.

걱정이 중요한 문제에 주목하게 해준다고 생각할지 모른다. 그렇기는 하지만, 부정적 주목은 정신적, 신체적, 영적 문제를 일으킨다. 관심에 긍정적으로 주목하는 게 훨씬 낫다. 또한, 걱정이 문제해결의 한 방법이라고 믿는다면 스스로 속는 것이다. 아무것도 해결되지 않는다. 걱정이 동기를 부여하거나 뭔가 생산적인 일을 하게 한다고 느낀다면 다시 생각해야 한다. 걱정은 생산성을 방해한다.

그러므로 걱정과 이별하려면, 걱정이 장기적으로 도움이 된다는 믿음을 버려야 한다. 우리가 걱정해서 얻는다고 생각하는 긍정적 유익은 실제로 존재하지 않는다. 핵심은 이것이다. 걱정해야 할 타당한 이유가 없다!

걱정 버리기 처방전

이 장을 읽으면서 긴장이나 불안을 느꼈다면, 눈을 감고 마음을 가라 앉혀라. 그리고 걱정에 관한 생각 때문에 생겨났을지 모를 스트레스가 있는지 찾아보라.
해변처럼 고요한 곳에 있거나, 눈 오는 밤에 난롯가에 앉아 있거나, 아름다운 자연 속에서 휴식을 취하고 있다고 상상해보라.
다시 당신의 몸을 점검해보라. 긴장이 덜한가? 조용하고 아늑한 광경을 머릿속에 그리는 것만으로도 몸을 차분히 가라앉힐 수 있다.

이제 이 장을 읽었으니, 앞서 제시한 질문들을 활용해 당신의 삶에서 과연 걱정이 유익한지 평가해보라.

1. 나는 걱정이 나로 하여금 외적 사건을 통제하게 해준다고 생각하는가?

2. 걱정이 나로 생산적이거나 비생산적이게 하는가?

3. 걱정하면 일들이 중요하게 보이는가?

4. 걱정은 내가 관심이 있다는 것을 사람들에게 보여주는 한 방식인가?

5. 걱정은 내가 뭔가를 하고 있다고 느끼게 해서 내가 행동하지 못하게 막는가?

당신이 이 질문 중 어느 하나에라도 그렇다고 대답했다면, 삶에서 걱정을 어떻게 사용하는지 다시 생각해보라.

당신은 걱정이 효과가 없는데도 어떤 목적을 위해 일하게 했는가? 그렇다면 당신은 걱정과 이별하기 위해 이런 신념을 포기하겠는가?

하나님께서 성령을 통해 당신에게 힘을 주셔서 당신이 걱정을 대응 전략으로 사용하지 않게 해달라고 구하라. 고린도후서 12장 9절을 묵상하라.

> 나에게 이르시기를 내 은혜가 네게 족하도다 이는 내 능력이 약한 데서 온전하여짐이라 하신지라 그러므로 도리어 크게 기뻐함으로 나의 여러 약한 것들에 대하여 자랑하리니 이는 그리스도의 능력이 내게 머물게 하려 함이라

무거운 생각은 몸을 병들게 한다.

영혼이 짓눌릴 때 몸도 짓눌린다.

마르틴 루터

걱정이
병을 부른다

잔걱정꾼(worrywart)은 모든 것을 끊임없이 걱정하는 사람에게 붙는 꼬리표다. 당신은 이 꼬리표를 당신이 아는 사람, 또는 자기 자신에게 붙였을지 모른다. 이 용어의 기원은 분명하지 않지만, 옥스퍼드 영어사전이 정신병원 환자들 중에 신경증 그룹을 묘사하는 데 처음 사용했다. 뭔가 시사하는 바가 있다!

나중에 만화가 제임스 윌리엄스(James R. Williams)는 "Out Our Way"라는 연재만화에서 이 용어를 대중문화에 사용했다. 여기서 잔걱정꾼으로 묘사된 인물은 걱정하는 사람이 아니었다. 잔걱정꾼은 다른 사람들을 걱정시켰다.

우리는 잔걱정꾼들을 두고 농담을 하며 이들을 심각하게 여기지 않는데, 사실 심각하게 여겨야 한다. 걱정은 몸을 지치게 하고, 낙심시키며, 영혼의 기세를 꺾어 전인적으로 해를 끼친다. 걱정은 일상의 기쁨을 전체적으로 방해하고 피곤하게 한다.

이 장에서는 걱정이 몸에 어떤 영향을 미치는지, 자신을 돌보지 않으면 어떻게 걱정이 유발되는지 살펴보겠다. 걱정은 몸의 건강에 영향을 끼치므로, 우리가 사는 방식을 재평가하고 필요하다면 바꿔야 한다.

여자가 남자보다 더 많이 걱정한다

잔걱정꾼은 남성보다 여성인 경우가 많은 것으로 드러난다.[1] 더러는 이 사실이 놀랍지 않을지도 모른다. 그러나 이런 차이의 원인은 복잡하다. 여기에는 남성과 여성이 생각하고 느끼며 행동하고 생물학적으로 성장하는 방식이 포함된다. 여성이 걱정에 훨씬 예민하게 된 데에는 많은 요인이 작용한다.

우리 문화에서, 걱정은 흔히 여성의 특징이자 여성의 행위로 여겨진다.[2] 우리 사회에서 여성이 걱정하는 것이 더 용인될 뿐 아니라, 여성은 자신의 문제를 내면화하는 경향이 있기에 걱정하기가 더 쉽다.[3] 우리는 걱정을 대응 기술로 활용한다. 걱정은 내적 대응의 한 형태이기에 여성이 걱정을 더 많이 하는 것은 이해가 된다.

그러나 사람들이 무엇을 걱정하느냐의 면에서 보면, 경기장은 평등하다. 남녀가 똑같은 수준으로 재정, 미래, 대인관계, 업무능력을 걱정한다. 여성의 경우, 자신감이 핵심 역할을 한다.[4] '내가 멍청해 보이지 않을까?', '그 사람이 나를 인정할까?', '내가 이 일을 해낼 수 있을까?' 같은 생각들은 자신감 부족과 관련이 있으며 한 사람의 삶에서 실패와 무기력을 더 크게 느끼게 할 수 있다. 여성이 흔히 직장이나 가정에서 더 낮은 위치에 있기에, 자신감 부족은 더 많은 스트레스를 낳고 이러한 스트레스는 걱정으로 이어진다.[5] 따라서 남성보다 여성에게 더 흔한 자신감 부족이 걱정을 낳는다.

〈불안장애 저널〉(Journal of Anxiety Disorder)에 실린 한 연구에서, 연구자들은 여성이 더 걱정 시합에서 이기는 것은 이른바 '생각 누르기'(thought suppression, 생각 회피하기)를 더 많이 하기 때문이라고 결론 내렸다.[6] 생각 누르기는 효과가 없다. 그런데도 여성은 여전히 이것을 활용한다. 생각 누르기는 걱정 그치기에 자주 이용되기 때문에 나중에 다른 장에서 살펴보겠다.

생각 누르기는 이렇게 작동한다. 걱정의 내용은 대개 부정적(예를 들면, 내 아이가 죽을 수도 있어, 내가 운전하다 사고를 낼 수도 있어 등등)이어서 여성은 그 생각들을 누르려 한다. 그러나 생각을 누르려다 보면 대개 그 생각에 사로잡히고 만다. 걱정을 생각하지 않으려 할수록 걱정을 더 생각하게 된다. 그러므로 자신에게 걱정을 멈추라고 말해봐야 대체로 효과가 없다. 여성은 자기 생각에 더 매이고 느낌을 더 많이 생각하는 경향이 있다.

남성은 걱정스러운 생각을 피하고 대응책으로 관심을 다른 데로 돌린다. 이러한 전환은 생각을 구체적인 걱정에서 멀리하는 데 집중된다. 남성은 앞 장에서 본 것처럼 걱정이 자신에게 도움이 되거나 유익하게 작용한다고 믿을 때, 여성보다 더 많이 걱정한다. 당신이 걱정에 관해 무엇을 생각하느냐가 중요하다(6장 전체에서 걱정스러운 생각과 관련된 문제를 다루겠다).

마지막으로, 걱정은 호르몬과 관련이 있을 수 있다. 생물학적 차이가 남성과 여성이 대인관계에서 스트레스를 다루는 방식에 영향을 미칠 수 있다. 홀리 스티븐스(Holly Stevens)는 남성과 여성의 호르몬 차이가 여성이 걱정을 더 많이 하는 데 한몫한다고 주장한다. 그녀는 자신의 책 《걱정으로 잠 못 드는 그녀에게》(Women Who Worry Too Much, 랜덤하우스코리아 역간)에서, 여성 호르몬이 스트레스와 관련해 일어나는 '투쟁 또는 도피'(fight-or-flight) 반응을 선택하지 않게 한다고 말한다. 여성은 스트레스와 싸우거나 스트레스를 피하는 대신 '배려와 친교'(tend-and-befriend) 전략을 활용한다. 여성은 위험이나 스트레스를 감지할 때 본능적으로 다른 사람들을 돌보고(배려), 응원해주는 여성 사회 관계망에 눈을 돌린다(친교). 이러한 '배려와 친교' 전략 때문에, 여성은 남성보다 위협을 더 많이 회피하며, 불안과 걱정도 깊어진다. [7]

걱정이 병을 부른다

불안은 스트레스를 대하는 정상적 반응이다. 몸은 위협이나 위험을 감지할 때, 피해 달아나거나 그 자리에 머물며 싸우려 한다. 이것이 앞서 언급한 '투쟁 또는 도피' 기재이다. 걱정할 때 몸은 위협을 감지할 때처럼 행동해, 위험이 없는데도 있다고 믿는다. 뇌가 당신을 보호하려고 '투쟁 또는 도피' 반응의 방아쇠를 당긴다. 그러면 당신의 뇌는 미래를 위해 그 방아쇠를 기억하고, 불안이 생겨난다. 만성 불안은 몸을 해친다.

인지된 위협이나 위험이 사라졌는데도 불안에 매여 있으면, 정상적 불안에서 걱정으로 옮겨간다. 걱정은 계속 생각을 몰아치고 '투쟁 또는 도피'라는 생리적 반응이 그대로 유지되어, 우리 몸을 바짝 긴장시키는 아드레날린이 계속 분비된다. 교감신경계가 코티솔 같은 스트레스 호르몬을 계속 분비한다. 이렇게 증가된 호르몬이 혈당과 트리글리세라이드(콜레스테롤과 함께 동맥경화를 일으키는 혈중 지방 성분-옮긴이) 수치를 올리고, 그 결과 두통, 신경질증, 근육통과 근육 긴장, 현기증, 연하장애(삼키기 어려움), 숨가쁨, 입마름, 피로, 집중력 장애, 메스꺼움, 신경성 활력(nervous energy), 식은땀, 떨림, 근육 경련 등 여러 증세가 나타난다.[8] 스트레스가 지나친 걱정을 유발할 때, 만성 불안 상태가 면역 억제, 소화 불량, 근육 긴장, 단기 기억 상실, 조기 관상동맥 질환, 심지어 심장마비로 이어진다.

레이첼은 여러 번 아팠고, 의사는 쉴 새 없이 계속되는 걱정이 그녀의 면역체계를 눌러 그녀가 더 쉽게 병에 걸리게 한다고 느꼈다. 레이첼이 부정적 생각을 떨치고 긴장을 더 푸는 법을 배울 때까지, 병이 그녀의 삶에서 떠나지 않을 터였다.

걱정은 심장을 압박한다

걱정은 몸의 모든 부분에 영향을 미친다. 혈압과 콜레스테롤 수치를 높이고, 혈전을 증가시킨다. 두통과 요통, 복통 등을 일으킨다.[9] 켄의 경우처럼, 심장도 예외가 아니다. 의사는 켄의 심장에 문제가 있는 것은 걱정 때문이라고 보았다. 의사는 켄이 겪은 숱한 스트레스를 듣고는, 그 모든 스트레스를 덜기 위해 무엇을 하느냐고 물었다. 켄은 대답할 말이 없었다. 생각할수록 자신이 걱정만 했을 뿐 스트레스를 줄일 출구가 없었다는 것을 깊이 깨달았다. 그는 걱정이 자기 몸을 위험한 지경에 내몰 수 있다고는 전혀 생각지 않았다. 걱정은 이렇게 심혈관계에 부정적 영향을 미친다.

두려운 그 무엇의 이미지를 머릿속에 그릴 때, 몸은 두려운 사건을 단지 생각할 때보다 더 강한 영향을 받는다. 구체적으로, 연구자들은 두려운 사건을 머릿속에 그릴 경우 그 사건을 생각할 때보다 심혈관이 더 강하게 반응한다는 것을 발견했다.[10] 따라서 걱정스런 생각을 할 때, 몸은 두려운 사건을 머릿속에 그릴 때보다는 덜 흥분한다. 걱정은 자기대화(self-talk)의 한 형태로, 생각으로 구성되며 내면의 독백이다. 이미지가 아니라 생각과 관련이 있기 때문에 몸의 흥분을 낮춘다. 걱정은 두려운 사건들을 이런 식으로 회피하려 한다.

그렇기는 해도, 걱정할 때 우리는 스트레스를 줄곧 생각의 맨 앞에 둔다. 걱정은 스트레스에 대한 인지적 표상(cognitive representation, 생각)을 일으켜, 생각이 계속 부정적으로 작용하게 한다. 걱정을 통해 부정적 생각을 계속하면 몸이 흥분하고[11] 심장 박동이 빨라진다.

직무 걱정은 특히 심장에 스트레스를 준다

네덜란드와 오하이오 주립대학의 연구자들은 직무 관련 스트레스가 일으키는 걱정과 미래에 대한 걱정이 심장에 가장 큰 영향을 미친다는 것을 발견했다.[12] 직무 스트레스(job stress)의 주된 원인은 직무에 관한 순간순간의 걱정들이다. 걱정이 특히 일과 관련될 때, 심장이 받는 압박은 흡연과 맞먹는다(흡연은 심혈관 질환을 일으키는 위험 인자다). 예비 불안 스트레스(anticipatory stress, 아직 일어나지 않은 일에 대한 걱정)는 스트레스가 해소되든 안 되든 간에 심장 활성화(cardiac activation)를 일으킨다.

하버드대 공공보건대학원의 어느 연구에 참여한 한 그룹의 연구자들도 깊은 걱정이 관상동맥성 심장병을 일으킨다고 결론 내렸다. [13] 걱정은 불안의 일부이고 불안은 관상동맥성 심장병의 발생을 증가시키며, 따라서 걱정이 이러한 질병의 발병 위험을 증가시키는 것이다. 핵심은 걱정이 그저 불안감을 낳는 데 그치지 않는다는 것이다. 걱정은 심장을 비롯한 몸의 모든 부분을 사정없이 파괴한다.

건강한 습관으로 가는 다섯 가지 변화

걱정은 심혈관 계통을 위험에 처하게 할 뿐 아니라 수명을 단축하는 건강하지 못한 습관으로 이어질 수 있다. 퍼듀대 연구자들은 타고난 걱정꾼들이 걱정을 해결하려고 술을 마시거나 담배를 피우거나 그 외에 건강하지 못한 습관을 들인다는 것을 발견했다. 이런 습관들은 사망률을 높인다. [14] 그러므로 걱정하는 성향이 있다면, 자신의 생활방식을 점검하라. 불안과 걱정으로 기우는 성향을 줄이기 위해 몇몇 부분을 고쳐야 할 것이다. 여기서 몇 가지를 제안하겠다.

식습관

식습관에서 시작하라. 설탕이 잔뜩 들어간 과자와 다량의 정제당(精製糖)은 혈당을 높인 후 급격히 떨어뜨려 정서적, 신체적으로 진이 빠지게 할 수 있다. 그러므로 식단에서 정제당을 최대한 제거하라. 소다수, 과일주스, 설탕이 들어간 커피와 차를 멀리하고 디저트를 줄이며, 먹더라도 섭취량을 체크하라.

단녹말립(simple starches)도 체내에 들어가면 빠르게 당(糖)으로 바뀐다. 따라서 파스타, 정제당이 들어간 시리얼, 튀김, 흰 빵을 덜 먹거나 아예 멀리하고, 정제하지 않은 곡물과 야채를 비롯해 복합탄수화물을 더 많이 섭취하는 게 좋다. 너무 오랜 시간 먹지 않으면 혈당이 떨어져 불안이 느껴지고 짜증이 날 수 있다.

너무 짜게 먹어도 몸에 스트레스를 준다. 과도한 염분 섭취는 신경계가 정상 기능을 하는 데 필요한 무기물인 칼슘을 체내에서 감소시킬 수 있으며 혈압도 높인다. 혈압이 높아지면 심장과 동맥에 부담이 가중된다. 나트륨(소금)은 수많은 가공식품에 첨가된다. 저염이나 무염 표시가 붙은 식품을 찾아라. 식사 때 소금통을 되도록 멀리하라.

카페인

카페인은 불안을 가중시키는 흥분제다. 카페인은 신경을 날카롭게 하고 수면을 방해하며, 어떤 사람들의 경우 공황발작(panic attacks)까지 일으킬 수 있다. 나는 대학생 때, 깨어 공부하려고 밤마다 블랙커피를 마셨다. 열 잔까지 마신 날도 있다. 커피를 마시면 잠이 깨고 정신이 말똥말똥했다. 그러나 커피는 내 몸을 계속 스트레스 상태에 묶어두기도 했다. 내가 전반적으로 불안하고 걱정하는 게 눈에 띄기 시작했다. 이것은 내가 섭취한 카페인 양과 직접 관련이 있었다. 커피를 끊자 불안 징후가 사라졌다.

카페인은 커피와 차뿐 아니라 소다수와 여러 약물에도 들어 있다. 포장지를 잘 살펴 자신이 카페인을 과다 섭취하지 않는지 확인하라. 카페인에 예민하다면, 하루 섭취량을 줄여라.

<u>잠 못 드는 밤</u>

펜실베이니아 주립대학의 토마스 보르코벡(Thomas Borkovec)에 따르면, 걱정이 불면증에 한몫하는 것은 놀라운 일이 아니다. [15] 보르코벡과 그 동료들은 침투적 사고(intrusive thoughts, 우연히 의식 속에 떠오르는 원치 않는 불쾌한 생각—옮긴이)가 불면증을 일으키는 것을 발견했다. 당신이 만성적으로 걱정한다면 얼마나 졸린 지는 문제가 안 된다. 당신의 머릿속에 비집고 다니는 걱정스러운 생각들이 당신을 잠 못 들게 한다.

제니퍼는 이것을 너무나 잘 안다. 자폐아 아들과 활동적인 딸을 둔 싱글맘인 그녀의 하루는 그냥 바쁜 정도가 아니다. 그녀의 머릿속은 최고 속도로 돌아간다. 청구서들은 어떻게 해결하고, 아이를 위한 서비스는 어떻게 찾아내며, 낮에 아이들을 어디에 맡기고, 직장에서는 어떻게 생산성을 높일까? 밤이면 낮의 일을 생각하며 대부분의 밤을 뒤척이고, 돈을 더 벌어 가족의 필요를 채울 궁리를 한다.

계속되는 걱정 때문에, 제니퍼는 아드레날린 수치가 줄곧 높고 이 때문에 교감 신경이 압박을 받는다. 오하이오주 케트링병원 수면장애센터의 닥터 도나 아랜드(Dona Arand)는 제니퍼에게 일어나는 일을 이렇게 묘사한다. "그녀는 기어를 2단 대신 5단에 놓고 달린다. 제니퍼의 유전자, 어린 시절의 경험, 빈약한 식단, 운동과 지원 부족, 매일 겪는 숱한 스트레스를 고려할 때, 밤에 못 자는 것은 놀랍지 않다. 제니퍼의 머리에서 그날의 일들이 떠나지 않는다. 제니퍼는 만성 불면증의 패턴을 형성해왔다." 닥터 아랜드에 따르면, 불면증은 패턴이 되었기 때문에 스트레스를 제거하더라도 계속될 수 있다. [16]

걱정은 반드시 떨쳐버려야 한다. 이따금 메모장을 침대 맡에 두고 밤

에 관심사를 기록해두면, 뒷날 그 관심사를 기억하고 다루는 데 도움이
된다. 머리를 맑게 하는 데 도움이 되는 또 다른 방법은 의사들이 말하
는 좋은 수면위생을 개발하는 것이다. 때로 휴식 부족은 우리가 잠에 접
근하는 방식과 관련이 있다. 수면위생은 수면을 돕는 일련의 단계이며,
좋은 수면위생은 밤에 푹 쉴 수 있게 해준다. 다음 몇 가지를 추천한다.

숙면을 위한 수면위생

1. 밤에는 카페인, 니코틴, 술을 피하거나 제한하라.

2. 목마르지 않게 물을 충분히 마시되, 자다가 깰 만큼 많이 마시지 말라.

3. 당신이 먹는 모든 약에 수면과 관련된 부작용이 있는지 확인하라.

4. 운동을 규칙적으로 하되, 밤늦게 하지는 말라.

5. 밤에 과식을 피하라.

6. 잠자리에 들기 전 조용한 활동으로 긴장을 풀어라. 책을 읽거나, 차분한 음
   악을 듣거나, 욕조에 몸을 담가도 좋겠다.

7. 침실을 조용하고 어둡고 시원하게 정돈하라. 밝은 빛과 자극적인 색상은 계
   속 당신의 주의를 끌 수 있다.

8. 침대는 수면과 성생활 용도로만 사용하라.

9. 편안한 매트리스와 베개를 구매하라.

10. 매일 같은 시간 잠자리에 들고 일어나는 습관을 길러라. 낮잠을 자지 않는
    게 가장 좋다. 잠이 오지 않으면, 몇 시간씩 뒤척이기보다 일어나 뭔가를
    하라. [17]

흡연

"내가 담배를 피우는 건 담배 피우면 진정이 되기 때문이야. 난 긴장을 풀려면 담배가 필요해"라고 말한 적이 있는가? 이것이 사실이 아니라는 것을 알면 아마 놀랄 것이다. 흡연은 당신을 진정시키지도 않고 스트레스를 덜어주지도 않는다. 사실은, 흡연자들이 비흡연자들보다 스트레스 지수가 높다. 니코틴 의존성이 실제로 스트레스를 가중시키기 때문이다. 그러나 조사에 응한 흡연자들 대부분은 흡연이 긴장을 풀어준다고 믿는다.

니코틴이 사람들을 진정시키지 않는다(니코틴은 진정제가 아니다)는 것을 아는데도, 왜 흡연자들은 더 짜증을 내고, 진정하려면 담배를 피워야 한다고 느낄까? 흡연과 흡연 사이의 니코틴 부족이 정기적 흡연자에게서 짜증과 스트레스를 유발하기 때문이다. 다시 말하면, 담배를 피우지 않는 동안 니코틴이 중단되면 짜증과 스트레스가 쌓인다. 흡연은 니코틴 금단에서 오는 긴장과 짜증을 역전시켜, 이것을 일시적으로 멈춰준다.

패럿(Parrott)과 간햄(Garnham)의 연구에서,[18] 흡연자의 스트레스는 비흡연자의 스트레스와 같은 것으로 드러났다. 그러나 니코틴 금단 때(흡연과 흡연 사이 시간), 흡연자들의 스트레스 지수가 실제로 더 높았다. 따라서 흡연은 불안을 줄이는 게 아니라 오히려 키운다.

당신은 이제 "하지만 담배를 피우지 않으면 스트레스가 더 심해진다"고 말한다. 이번에도 그렇지 않다. 연구에 따르면, 금연은 스트레스를 줄인다. 그 어떤 연구에서도 금연자가 지속적인 흡연자보다 스트레스를 많이 받는 것으로 나타나지 않았다. 연구자들에 따르면, 금연 후 처음 며칠은 분노와 불안이 커지고 초조해진다. 그러나 2주 후에는 안정

되고 마침내 기분이 호전된다. [19]

그러므로 "흡연은 긴장을 풀어준다"라고 생각한다면 잘못 안 것이다. 니코틴은 중독성이 강할 뿐 아니라 스트레스까지 유발할 수 있다. 이것이 당신이 금연하는 또 하나의 타당한 이유이길 바란다. 누군가 스트레스 때문에 담배를 못 끊는다고 하거든, 스트레스를 줄이려면 다름 아닌 금연이 필요하다는 것을 이해하도록 도와주어라.

술

음주가 걱정을 부를 수 있다. 소량의 음주는 잠시 긴장을 풀어주지만, 긴장을 풀려고 술을 마시면 장기적으로 심각한 영향을 끼친다. 불안이나 걱정을 억제하려고 술을 마시면 술을 절제하지 못하고 심지어 술에 의존하게 된다. 술을 마시는 이유가 불안하거나 자신이 무능하다고 느끼기 때문이라면, 술은 이런 느낌을 더 악화시킬 것이다. 맨 정신에는 하지 않는 일을 술김에 하기 때문이다. 또한 소량의 음주는 긴장을 풀어줄지 모르지만, 다량의 음주는 불안을 가중시키고 수면을 방해한다.

핵심은 이것이다. 술은 걱정의 치료제가 아니다. 지나친 음주는 부정맥을 일으키고 혈당을 떨어뜨릴 수 있는데, 둘 다 불안의 징후를 키울 수 있다. 긴장을 풀려고 술을 마시면 술에 의존하고 술을 절제하지 못할 위험이 있다.

긍정적 효과를 더하는 변화들

운동하라

운동은 천연 스트레스 완화제다. 당신은 운동이 얼마나 중요한지 알면서도 아직 운동을 하지 않고 있을지 모른다! 그러나 운동이 주는 유익은 엄청나다. 운동은 뭉친 근육을 풀어주고 욕구 불만을 줄여주며 자연스럽게 몸의 긴장을 풀어준다. 그런데 왜 우리는 정기적으로 운동을 하지 않는가? 운동할 시간이 없거나 운동을 좋아하지 않거나 혹은 둘 다 해당되거나. 해결책은 시간을 내고 운동을 즐기는 것이다.

시간과 관련해, 당신은 운동할 시간을 내는 게 불가능하다고 생각할지 모른다. 그러므로 최선의 전략은 운동을 비타민 섭취처럼 생각하는 것이다. 깊이 생각하지 말고, 그냥 해보라! 변명하거나 핑계 대지 말라. 운동을 아예 일정표에 못 박아 변경할 수 없게 하라. 어딘가에 운동시간을 넣어라. 우리는 자신에게 중요한 것들에 시간을 낸다.

운동 방법에 관해서는, 자신이 즐기거나 적어도 견딜 만한 운동을 선택하는 게 중요하다. 예를 들면, 나는 달리기를 해보았다. 6개월간, 그것도 일주일에 6일씩 했더니 싫어졌다. 나는 롤러블레이드와 테니스가 재미있고, 달리기는 재미없다. 달리기가 나의 운동이라면, 나는 운동을 별로 좋아하지 않을 것이고, 어떻게든 운동하지 않으려고 핑계를 댈 것이다.

다양한 운동을 시도해보면서 자신이 좋아하는 종목을 찾아라. 자전거, 댄싱, 스케이팅, 농구, 테니스, 스키, 걷기, 탁구 등 종목은 아주 많다. 당신이 흥미를 느끼고 소파에서 나오게 하는 거라면 뭐라도 좋다.

매일 적어도 30분씩 운동을 해보라. 그러면 에너지가 충전되고 뇌 화학물질이 활성화되어 기분이 좋아질 것이다. 운동이 힘들고 단조로울 필요는 없다. 설령 운동이 힘들고 단조롭게 느껴지더라도, 걱정이 줄어드는 것을 발견할 것이다. 때로, 우리는 단지 성인이기에 자신이 좋아하지 않는 것들을 한다!

휴식할 방법을 찾아라

우리는 너나없이 한가한 시간(downtime)이 필요하다. 그러므로 긴장을 풀고 몸과 마음이 활력을 되찾을 방법을 찾아라. 휴식은 매년 한 차례 바하마 군도로 크루즈 여행을 하는 게 아니다. 물론 이것도 나쁘지는 않지만 말이다. 휴식은 자기 삶에서 정기적으로 반복되는 부분이어야 한다. 당신은 모든 부분에서 균형이 필요하다. 하나님도 세상을 창조하실 때 일곱째 날 쉬셨다! 휴식은 스트레스가 쌓이지 않도록 막아주며, 긴장을 풀 통로를 제공한다.

잠시 시간을 내어 자신이 어떻게 휴식을 취하는지 생각해보라. 텔레비전을 보거나 술을 한 잔 하는가? 아니면 컴퓨터를 하면서 아무 생각 없이 뭔가를 먹는가? 생각하며 걷기, 따뜻한 물로 목욕하기, 성경 읽기, 벤치에 앉아 쉬기, 조용한 음악 듣기⋯ 무엇을 하든, 건강에 좋고 몸과 마음과 영혼이 쉴 방법을 생각해보라.

시간을 지혜롭게 관리하라

시간을 잘 관리하지 못하면 삶에 또 다른 스트레스가 생긴다. 누구에게나 하루는 24시간이다. 그러므로 우선순위를 정하고 실현 가능한 목표를 세우는 게 중요하다. 당신이 비생산적이거나 시간이 너무 많이 걸리는 일에 에너지를 쓰는 사람이라면, 시간을 잘 관리하는 법을 배워야 한다. 시간을 잘 관리하면 노력의 효과가 극대화된다. 시간관리를 가르치는 책과 웹사이트가 있지만, 여기서 시간관리를 시작하는 팁을 몇 가지 제시하겠다.

자신의 하루를 계획하라. "할 일 목록"은 하루의 일과를 정리하고 우선순위를 정하는 데 도움이 된다. 당신이 그날 해야 할 일을 기록하라. 그런 후, 그날 그렇게 중요하지 않은 일에 시간을 허비하지 않도록 우선순위를 정하라. 일을 미루다가 막판에 몰아치기를 하는 경향이 있는 사람은 목록을 작성하면 미루는 버릇을 막을 수 있다.

단호하게 "No"라고 말하라

당신을 산만하게 하고 지나치게 시간을 잡아먹는 것들에 "아니오"라고 말하는 법을 배워라. 당신이 "네, 제가 오늘 댁의 아이들을 봐드릴게요", "네, 제가 그 위원회 위원장도 맡을게요", "자원자가 아무도 없으면 제가 해야겠지요" 같은 말을 한다면, 당신은 자신에게 과중한 짐을 지우고 있는 것이다. 아니라고 말하지 못했기 때문에 그 결과, 당신은 스트레스를 받고 자신에게 화를 내게 된다.

너무나 많은 사람이 "아니오"라는 말을 못해 너무나 많은 일을 맡고 건강한 경계를 설정하지 못한다. 우리는 거리낌 없이 말하길 두려워하거나, 자신에게 그럴 권리가 없다고 느끼거나, 다른 사람들을 기쁘게 해야 한다고 생각하거나, 자신이 하는 일 때문에 사랑받길 원하거나, 자신이 슈퍼맨이 되어 모든 것을 다 해야 한다고 생각한다! 이제 생각을 바꿀 때다! "아니오"라고 말하고 죄책감을 느끼지 않는 법을 배워라. 당신의 삶에서 스트레스가 줄어들 것이다.

그렇게 말하려면 단호해야 한다. 단호함은 다른 사람들이 원하는 것에 굴복하거나 침묵하고 사람들이 당신의 마음을 읽어주기 바라는 것도, 사람들에게 소리 지르고 자신의 길을 고집하는 것도 아니다. 단호함은 당신이 스트레스를 관리하도록 돕는 숙련된 기술이며, 굴복과 공격의 중간 어디쯤엔가 있는 행동이다. 화를 내야 단호한 것은 아니다. 사실, 차분한 편이 낫다.

단호함에는 자신이 무엇을 원하는지 알고, 그것을 말한다는 두 가지가 포함된다. 사람들이 단호하지 못한 한 가지 이유는 자신이 무엇을 원하는지 모르기 때문이다. 이들은 물에 물 탄 듯 술에 술 탄 듯하고, 자기 생각이나 감정을 확실하게 표현하지 못한다. 이들은 다른 사람들이 자신을 조종해 이런저런 일을 하게 만들도록 내버려두고, 그런 후에는 할 일이 너무 많다며 화를 낸다. 또는 죄책감을 느끼고 자신은 거리낌 없이 말할 권리가 없다고 믿는다. "제가 뭐라고 '아니오'라고 하겠어요?"라고 한다.

당신은 중요한 사람이고, 자신에게 닥치는 스트레스를 관리할 책임이 있다. 당신이 스트레스에 뭔가를 할 수 있을 때, 선수(先手)를 쳐서 거리낌 없이 말하라! 자신의 무엇을 원하는지 알고 합리적인 태도를 취하라. 죄책감을 느끼지 말고 한계를 정하라. 그럴 수 있을 때, 그럴 수 있는 곳에서 통제권을 쥠으로써 스트레스를 줄여라.

당신이 거리낌 없이 말하고 자신의 목소리를 내지 않는다면, 화와 분노가 커질 것이다. 이것들은 자주, 우울증과 불안과 식이장애의 근원이 된다. 나의 여성 환자들 중에는 단호함을 배운 적이 전혀 없어서 단호해지는 법을 배워야 할 사람이 많다. 거리낌 없이 말할 때 몸과 마음이 더 건강해진다. 관계가 개선되고, 스트레스를 더 잘 관리하게 된다. 게다가, 사람들에게 존경받는다. 사람들이 당신의 태도를 좋아하지 않을지는 모르지만, 당신이 그런 태도를 취했기 때문에 당신을 존경할 것이다.

걱정과 정서적 행복

걱정이 불안으로 바뀔 때, 몸의 건강이 나빠질 뿐 아니라 정서적 행복도 영향을 받는다. 걱정이 우리를 장악해 이른바 범불안장애가 일어나면, 삶이 힘들어진다. 범불안장애를 가진 사람들은 자신이 지나치게 걱정한다는 것을 알면서도 걱정스러운 생각을 멈추기 어렵다. 걱정이 병이 된다. 정신적인 것에서 시작되었으나 몸에도 영향을 미치는 병이 된다.

존은 최근에 범불안장애 진단을 받았다. 걱정이 그의 직무수행 능력에 침투했고, 그의 삶은 관리가 불가능했다. 건축가인 그는 설계에서 실수하지 않을까, 숫자 계산을 잘못하지는 않을까, 중요한 정보를 잊지는 않을까, 회사에 일거리가 없거나 해고되지는 않을까, 승진에서 젊은 사람들에게 밀리지나 않을까, 상사들에게 밉보이지는 않을까, 자신의 팀 전체에 충분한 일거리를 챙기지 못하지는 않을까 걱정했다. 이런 생각들이 그의 머릿속에 밀려들어 설계를 좀체 끝내지 못해 프로젝트가 지체되는 지경에 이르렀다. 그는 퇴근 후에도 자신의 업무수행 능력을 걱정하며 시간을 보냈다. 그는 집에서도 쉴 수 없었고, 아이들에게 짜증을 냈으며, 몸과 머리의 긴장을 풀려고 술을 마셨다.

가족은 걱정이 존의 모든 삶에 얼마나 깊이 침투했는지 눈치채고, 존이 정신건강 상담사에게 검사를 받아보게 했다. 상담 중에, 존은 통제 불능을 느끼지만 그런 느낌을 떨쳐낼 수 없다고 인정했다. 밤에 자지 못했다. 게다가 제대로 쉬지 못해 가족과 함께하며 삶을 즐길 수도 없었기에 결혼생활이 허물어지고 있었다. 아내는 그와 사는 게 마치 벼랑 끝을 걷는 것 같다고 했다. 그의 심한 불안감은 모두에게 큰 피해를 끼치고 있었다.

존의 이야기는 범불안장애의 증세를 보여주는 전형적인 예다. 이런 증세에는 초조, 흥분이나 신경과민, 피로, 집중력 장애나 머릿속이 텅 비는 느낌, 짜증, 근육 긴장, 수면장애 등이 포함된다. 그런가 하면 손이 차갑고 축축해지거나, 입이 마르거나, 땀이나 구토나 설사가 나거나, 소변을 자주 보거나, 음식을 삼키기 힘들거나, 우울증이나 놀라는 반응이 심해지는 증세도 나타난다.[20]

범불안장애가 있으면, 불안 때문에 일과 사회생활과 가정생활이 지장을 받는다. 느끼는 불안이 지나치고 만성적이다. 걱정은 완전히 통제 불능이라고 느끼며, 따라서 대개 전문가의 도움이 필요하다. 치료는 걱정스러운 생각들에 의도적으로 도전해 그 생각들을 바꾸는 형식으로 이뤄진다. 더불어, 앞서 논의한 생활방식 바꾸기를 추천한다. 더욱이, 휴식하는 기술을 배우고 훈련하며, 자신을 달래고 마음을 안정시키는 법을 아는 게 치료의 일부다. 도움이 필요하다면 정신건강 전문가를 만나보라.

약물을 사용해도 괜찮을까?

나는 몸의 긴장을 풀기 위해 약물을 사용해도 괜찮으냐는 질문을 자주 받는다. 그러면 대개 약물을 사용하지 않고 불안을 줄이는 방법을 먼저 시도해보라고 권한다. 영양, 운동, 자기대화를 바꾸고 삶을 조금 느긋하게 대하면 대부분은 잔걱정꾼에서 탈피할 수 있다. 그러나 불안과 공포를 겪는 정도에 따라 항불안제가 유용할 수 있다.

나는, 불안을 너무 심하게 느껴서 변화를 꾀하거나 달리 대응하는 법을 배우는 데 집중할 수 없는 사람들이라면 약물을 사용해도 좋을지 진단을 받아보라고 권했다. 약물은 여기에 도움이 될 때가 많다. 이들은 일단 새로운 도구와 대응 기술로 무장하면 서서히 약물을 끊었다. 내가 이렇게 말하는 이유는, 항불안제를 사용하는 그 누구라도 당연히 자신이 무슨 잘못이라도 하는 듯이 느끼는 것을 원치 않기 때문이다.

일단 어느 정도 통제되어 치료와 일을 병행할 수 있게 되면, 마침내 약물을 중단할 수 있게 된다. 특히 공황발작과 공포증을 치료할 때 그렇다. 그렇다고 약물을 반드시 사용해야 한다는 뜻은 아니다. 약물은 도구상자에 든 하나의 도구일 뿐이다. 약물은 강박장애 치료에 효과가 있는 것으로 나타났다. 강박장애는 불안장애로 분류되는 정신질환이다. 강박장애의 특징은 삶을 방해하는 원치 않는 생각과 강박행동이다. 여기에는 자신이 더럽혀지거나, 해를 당하거나, 실수를 하거나, 사회가 용인하지 않는 행동을 하지 않을까 같은 여러 두려움이 포함된다. 의심, 종교적 관심, 성적 관심도 포함된다. 강박장애가 있으면 손 씻기, 확인하기(checking), 수집하기, 쌓아두기, 거듭 세기, 만지거나 두드리기 같은 증세를 보일 수도 있다.

강박장애가 있으면 뇌의 특별한 영역들이 과도하게 활동한다고 밝혀졌는데, 따라서 유기적 이유가 있어 보인다. 현재로서는 강박장애에 유전적 요인이 있으며 큰 스트레스를 받으면 이 요인이 작동한다고 본다. 최선의 치료는 약물과 인지행동치료를 병행하는 것이다. 약물은 강박장애의 치료제가 아니며, 장기적으로 그 효과가 항상 꾸준하지도 않다.

불안 문제를 해결하려고 약물을 사용하는 것은 대개 자신의 가치와 관련된 개인의 결정이다. 약물을 사용할 때 고려해야 할 점이 많다. 약물은 증세를 완화시키지만 장애의 근본 원인을 제거하지는 못한다. 게다가 약물은 반드시 고려해야 하는 부작용이 있다. 어떤 사람들은 부작용을 견디지 못하거나 약물과 관련된 위험을 감수하려 하지 않는다. 약물은 비용이 많이 들 수도 있다. 약물을 사용하기로 결정하면, 늘 의사의 관리를 받고 정기적으로 검진을 받아야 한다. 약물을 사용하기로 결정했다면, 어떤 항불안제를 어떻게 사용할지 정신과 의사와 꼭 상의하길 바란다. 정신과 의사들은 이러한 약물 사용에 대해 훈련을 받은 전문가다. 이들은 이러한 약물의 부작용과 사용법을 잘 안다.

근육을 풀면 긴장도 풀린다

치료만 전문으로 했을 때, 내 사무실에는 소파가 하나 있어서 주로 사람들이 기대어 몸을 쉬게 하는 데 사용하였다. 여러 해 지켜보니, 중독자나 학대자, 정신적으로 불안정한 가족이 있는 가정에서 자란 사람들은 더 이상 스트레스가 없을 때도 몸이 훨씬 더 굳어 있었다. 예측할 수 없는 가정에서 자란 사람들은 흔히 몸이 늘 긴장 상태였다. 치료를 받으러 온 사람들 대부분이 이러한 긴장을 정상 상태라고 알고 있었다. 그래서 이들은 긴장을 풀어야 한다는 개념이 낯설 때가 많았다.

긴장을 풀도록 도울 때면, 소파에 눕히고 부드러운 담요를 덮어주었다. 그리고는 이른바 점진적 근육 이완을 시작했다. 이 기술은 근육을 몇 초 동안 당겼다 풀어주면 근육의 긴장이 풀린다는 데에 기초를 두었다. 목적은 다양한 근육을 푸는 법을 배우는 것이다.

예를 들면, 오른손 주먹을 쥐어 근육을 당겼다가 풀어라. 이 과정을 반복하라. 몸의 각 근육에 똑같이 하라. 모든 근육에 차례로 이렇게 해서 각 근육을 풀어주어라. 다양한 근육을 당겼다가 풀어주면, 긴장이 풀린다. 이런 운동은 밤이든 낮이든 어느 때라도 할 수 있다. 근육을 당겼다가 풀기를 자주 할수록 근육은 더 부드러워진다. 몸을 당겼다가 풀어주라. 아주 쉽다.

이러한 형태의 이완 운동은 어느 상황에서든 가능하다. 사실, 나는 치과에서 안 좋은 경험을 극복할 때 이 기술을 활용했다. 나는 어릴 때 몇 차례 안 좋은 경험이 있어서 치과에 가는 게 두려웠다. 치과 예약이 잡히는 순간 불안을 느끼기 시작하고, 진료의자에 앉는 순간 내 몸은 바싹 긴장했다. 그러면 나는 이렇게 생각하곤 했다. '아프면 어쩌지? 마취를 하고 치료해야 하면 어쩌지? 의사가 실수해서 신경을 건드리면 어쩌지?' 이런 생각을 바꾸려고 점진적 근육 이완을 연습했다.

여러 주 연습하고 나니, 나 자신에게 "이완"이라고 말함으로써 내 몸을 이완시킬 수 있었다. 그런 다음에는 진료의자에 앉았을 때 긴장을 풀었다. 일단 내가 몸을 이완시키고 차분해질 수 있다는 것을 알자, 치과에 간다고 생각해도 걱정되지 않았다. 지금도 치과에 가는 게 달갑지는 않지만, 이제는 미리 걱정하지 않는다. 의자에 앉아 내 몸의 긴장이 느껴지기 시작하면 나 자신에게 이완 신호를 보내고 그렇게 하는 데 집중한다. 부수 효과는 내가 긴장을 풀수록 덜 아프다는 것이다. 점진적 근육 이완은 늘 근육이 바싹 긴장된 사람들에게 특히 효과적인 기술이다. 긴장과 이완은 함께할 수 없다.

치료할 때, 자신의 몸을 어떻게 이완시킬지 알 때까지 날마다 점진적 근육 이완을 연습해야 한다. 이렇게 하면, 언제든 몸이 긴장될 때, 몸에 이완 신호를 어떻게 보내야 하는지 안다. 이 기술은 자동차나 비행기, 대기실, 직장 책상, 그 어디서든 사용할 수 있다. 연습할수록, 몸에 긴장이 감지될 때 이완 신호를 보내기가 쉬워진다.

자기진정(self-soothing)

몸을 차분히 가라앉히는 또 다른 방법은 자기진정 행위인데, 여기에는 감각을 사용해 가라앉히는 게 포함된다. 자기진정 행위는 긍정적 자극을 주어 스트레스를 감소시킨다. 예를 들면, 아로마 향초 켜기, 반려동물 쓰다듬기, 따뜻한 차 마시기, 해 질 녘 풍경 보기 등은 감각을 사용하는 긍정적 방식이다. 스트레스가 심할 때, 그 순간 자신을 가라앉혀 줄 어떤 행동을 하려고 선택할 수 있다. 자기진정 행위는 곧바로 긴장을 풀어주며 당신의 행복에 기여한다.

몇 가지를 더 소개하겠다. 이것들은 이완 행위와 비슷하다.

심신을 가라앉히는 여러 방법

- 긴장을 풀어주는 목욕이나 따뜻한 샤워하기 / 마사지 받기
- 뭔가를 정리하기 / 청소
- 기도 / 산책 / 마음을 달래주는 음악 듣기
- 드라이브 나가기 / 친구와 전화하기

이것은 긴장이 쌓일 때 스스로 돌보기를 실행해 감각을 누그러뜨리는 일을 하려는 것이다. 쇼핑이나 음주, 도박, 진통제로 감각을 마비시키거나 그 외에 스트레스를 풀려고 건강하지 못하고 빠른 수단을 쓰는 대신, 당신을 곧바로 차분히 가라앉히고 몸과 영혼을 달래줄 활동을 선택하라.

요컨대, 만성 걱정은 우리 몸과 마음의 건강에 큰 해를 끼친다. 잔걱정꾼이 되거나 걱정이 당신의 삶을 지배하게 두지 말라. 그 대신, 당신의 몸을 진정시키는 법을 배워라. 하룻밤의 달콤한 잠이 여기에 달렸을지 모른다!

걱정 버리기 처방전

몸 BODY

당신의 생활습관에서 걱정의 원인이 될 만한 것을 찾아보라. 구체적으로 어떻게 하면 걱정을 없애는 데 도움이 되겠는가?

- ☐ 식습관을 바꾼다
- ☐ 카페인을 줄이거나 아예 끊는다
- ☐ 술을 줄이거나 아예 끊는다
- ☐ 담배를 끊는다
- ☐ 수면위생 개념을 활용해 더 나은 수면 습관을 기른다
- ☐ 정기적으로 운동한다
- ☐ 이완을 생활에 도입한다
- ☐ 점진적 근육 이완을 활용해 내 몸을 풀어준다
- ☐ 자기진정 행위를 한다
- ☐ 내가 지나친 불안을 겪는다고 생각되면, 정신건강 전문가를 만나 본다

마음 SOUL

당신의 삶에서 균형을 키우기 위해 "아니오"라고 말하는 법을 배워라. 단호하게 말하고 경계를 설정하라.

시편 112편 7,8절을 묵상하라.

그는 흉한 소문을 두려워하지 아니함이여 여호와를 의뢰하고
그의 마음을 굳게 정하였도다 그의 마음이 견고하여 두려워하
지 아니할 것이라 그의 대적들이 받는 보응을 마침내 보리로다

그리고 마태복음 11장 28절을 묵상하라.

수고하고 무거운 짐 진 자들아 다 내게로 오라 내가 너희를 쉬
게 하리라

걱정이 있을 때,

신뢰는 들어오지 못한다.

빌리 그레이엄

걱정은 에덴에서 시작되었다

걱정은 삶에서 우리가 해결하려 매우 애쓰는 짜증 나는 것들 중 하나다. 그러나 대부분의 경우, 우리는 걱정의 영적 의미를 거의 생각지 않는다. 걱정은 영적 뿌리가 있으나 우리의 진보적 문화는 그 뿌리를 무시하기 일쑤다. 영적 시각에서 보면, 걱정은 도전 의식을 북돋운다. 적어도 내게는 그렇다! 이 책 서문에서 말했듯이, 걱정을 관리하는 것으로는 부족하다. 성경에 따르면, 걱정을 뿌리 뽑아야 한다.

걱정과 이별하기는 내 생각이 아니다. 하나님의 생각이다. 빌립보서 4장 6절은 "아무것도 염려하지 말고…"라고 말한다. 솔직히, 목에 턱 걸리는 성경 구절이다. 거의 불가능해 보인다. 이대로 할 수 있는 사람이 없다. 나는 이런 사람을 찾아보았지만, 찾지 못했다. 이 구절에 대한 나의 자연스런 반응은 이것이다. "하나님, 진심이세요? 농담이시죠? 아주 먼 옛날은 어땠을지 몰라도 지금은 안 된다니까요."

그러나 하나님의 메시지는 시간이 흘러도 바뀌지 않는다. 그분의 말씀은 어제나 오늘이나 영원히 동일하다. 하나님은 "21세기에 사는 너희는 이따금 이런저런 것들을 걱정해도 괜찮다. 내가 다 이해한다"라고 말씀하지 않으셨다. 하나님은 한결같이 "아무것도 걱정하지 말라" 하신다. 하나님의 명령을 수행하려면 우리 모두 그분의 은혜가 필요하다.

걱정은 에덴에서 시작되었다

무대는 한 남자와 한 여자, 그리고 크고 작은 생명체가 사는 아주 아름다운 동산이었다. 맑고 푸른 하늘이 아름답고 향기로운 밤에게 자리를 내주었다. 비도 내리지 않았다. 창조자께서 매일 이 남녀와 함께 거닐며 대화를 나누셨다. 창조자께서 남자에게 생명을 불어넣으신 순간부터 사랑이 있었다. 창조자께서 자신의 창조 세계를 사랑하셨고 이 남자와 여자에게 딱 하나만 명하셨다. 무엇이든 먹어도 좋지만 딱 한 나무의 열매는 먹지 말라.

이 남자와 여자 모르게, 창조자의 피조물 중 하나가 덫을 놓았다. 동산의 피조물 뱀이 여자를 속일 계획을 짰다. 뱀은 흥미를 돋우는 아이디어를 들고 여자에게 접근했다. 금단의 열매를 먹고 창조자처럼 되라는 것이다. 여자는 생각에 잠겼다. 여자는 창조자를 사랑했다. 그러니 왜 그분처럼 되고 싶지 않겠는가? 다른 피조물처럼 그 열매도 아주 매력적이었다. 그래서 여자는 그 열매를 먹고, 남편에게도 주었다. 남편도 먹었다.

먹은 후, 부부는 자신들이 죄를 지었다는 것을 알았다. 갑자기 눈이 밝아져 불순종이라는 현실을 보았다. 죄책감과 수치심이 몰려왔다. 창조자께서 이들의 분명한 불순종을 어떻게 처리하실까? 그분이 무엇을 하실까? 겪어보지 않은 일이었다. 부부는 불순종의 결과가 두려워 창조자를 피해 숨었다. 창조자께서 이들을 찾으셨을 때, 이전과 다름없는 그분의 목소리가 마음에 두려움을 일으켰다. 이들은 두려워 숨었고, 사랑하는 분을 피했다.

이들은 숨는 대신 창조자를 신뢰하고 그분을 마주할 수도 있었다. 그분은 이들을 향한 사랑을 매일 보여주셨지만, 이들은 수치심과 알지 못하는 것에 대한 두려움이 이 사랑을 압도하게 두었다. 이들은 약했고 창조자에 맞설 힘이 없었다. 죄를 통해 걱정이 세상에 들어왔다. 끔찍한 일이 시작되었다.

죄는 창조자에게서 떨어지는 분리를 낳았다. 죄의 길을 선택하자, 부부는 선과 악의 차이를 아는 일에 하나님처럼 되었다. 그 순간, 창조자께는 이들을 동산에서 쫓아내는 외에 다른 선택이 없었다. 사랑하기 때문에, 창조자는 이들이 영원한 실수를 하지 않도록 막으셔야 했다. 동산에는 이제 문제가 되는 또 다른 나무, 생명나무가 있기 때문이었다. 부부를 동산에 그대로 두면, 생명나무 열매를 먹고 영원히 살지 모를 일이다. 창조자께서는 이들을 사랑하셨기에 이런 일이 일어나도록 두지 않으셨다. 이들이 생명나무 열매를 먹고 자신들의 죄와 부패의 상태로 영원히 살도록 두는 대신, 사랑은 두 악 중에 덜한 쪽을 선택하셨다. 이들을 동산에서 쫓아내 영원한 고통과 부패로부터 보호하셨다. 고통은 한동안으로 제한될 것이다. 창조자께는 나중에 자신의 아들이 성취할 속량 계획이 있었다.

첫 부부가 아름다운 동산을 떠나자, 삶이 달라졌다. 이들은 이제 육체적으로 하나님과 분리되었다. 그분과 인격적 접촉이 없어지자, 걱정이 작동하기 시작했다. 아픔과 고통이 세상에 들어왔다. 오늘, 우리는 타락한 세상에 살며 여전히 모든 고통에서 벗어나지 못하고 있다. 고통, 고난, 하나님으로부터의 분리는 걱정을 낳을 수 있다.

욥, 걱정스러운 순간을 이기다

알다시피, 걱정은 예나 지금이나 삶의 일부다. 성경의 욥은 걱정이 불확실성으로 가득한 삶을 어떻게 장악할 수 있는지 보여주는 가장 탁월한 본보기다. 하나님은 사탄이 욥의 삶에서 설명되지 않는 고통을 일으키도록 허락하셨고, 그러자 욥의 삶은 그의 통제를 완전히 벗어났다(그의 잘못은 하나도 없었다).

창조자께서는 의롭고 흠 없는 욥을 우주적 시험의 한 부분으로 선택하셨다. 사탄은 하나님께 욥이 자기 소유를 다 잃어도 여전히 하나님을 신뢰하는지 보자고 도전했다. 사탄은 욥의 삶이 재앙으로 가득해지면 그가 더는 하나님을 신뢰하지 않고 두려움과 걱정에 빠질 것이라 믿었다. 그러나 창조자 하나님은 욥을 더 잘 아셨다. 욥은 마지막까지 하나님을 신뢰했고 하나님과 더 친밀해졌지만, 그 과정에서 엄청난 고통을 견뎠다. 그의 분투는 걱정이 우리를 장악하게 내버려두려는 유혹이 얼마나 강한지 볼 수 있게 해준다.

우주적 시험이 절정에 이르렀을 때, 욥은 자신이 두려워했던 바로 그 일이 자신에게 닥쳤다며 한탄했다. 장(章)마다, 욥은 자신의 삶에서 일어나는 사건들로 고뇌한다. 그에게 닥친 모든 상실과 비극은 하나님을 욕하고 믿음의 삶을 떠날 기회였다. 사랑하는 아내가 그에게 걱정에 굴복하고 죽으라고 했다. 누가 그를 비난하겠는가?

욥의 궁극적 반응이 놀라운 것은 그가 무대 뒤에서 일어나는 일을 전혀 몰랐다는 점 때문이다. 그의 시각에서 보면, 자신은 의롭게 살았고 하나님을 사랑했는데 느닷없이 안 좋은 일이 몰아닥쳤다. 고난을 보는 그의 시각이 도전을 받았다. 그 당시에는 선한 사람들에게는 좋은 일이 일어날 뿐 나쁜 일이 일어나지 않는다고 생각했다. 따라서 그의 갑작스런 고난은 앞뒤가 맞지 않았다. 그가 고뇌하며 걱정을 헤쳐나가려 애쓴 것도 이상하지 않다.

부당한 고난

욥이 우리를 돕는다. 그의 고난은 부당했고, 어둠의 왕자가 제한된 기간 이 땅의 지배권을 받은 결과였다. 하나님은 사탄이 욥을 괴롭히는 것을 허락하셨으나 욥은 이 사실을 까맣게 몰랐다. 사탄은 욥이 고난을 당하면 하나님을 버릴 것이라고 장담했다. 그러나 하나님은 욥을 더 잘 아셨다. 욥은 단지 삶에서 모든 것을 잃는다고 해서 하나님을 버리지는 않을 것이다. 하나님이 이 시험을 허락하신 목적은 욥이 무슨 일이 일어나든 그분을 사랑한다는 것을 증명하기 위해서였다. 고난이 닥치면, 욥은 하나님을 욕하고 죽겠는가, 아니면 자신에게 닥친 환경에도 불구하고 하나님을 신뢰하고 사랑하겠는가?

욥이 부당한 고난에 보인 반응은 우리 모두에게 큰 울림을 준다. 상황이 어려워 보일 때, 트라우마와 상실이 삶에 닥칠 때, 우리에게 유전적으로 걱정하는 성향이 있을 때, 우리는 걱정을 제쳐두고 하나님을 신뢰하겠는가? 아니면 하나님을 등지고 혼자 해결해보려 하겠는가?

고난을 당하면 하나님이 죄 때문에 자기를 벌하신다고 믿는 사람이 얼마나 많은가? 욥기는 이런 생각을 바로잡는다. 욥의 친구들이 "네게 닥친 불행은 네 죄 때문"이라는 주장을 펼 때, 욥은 그렇지 않다는 것을 마음으로 알았다. 비록 자신에게 닥친 갑작스런 비극을 설명할 길이 없지만, 그렇더라도 욥은 이런 생각에 굴복해 하나님을 버리는 것을 거부했다. 친구들이 그의 신앙에 의문을 품고 그를 죄인으로 몰아갈 때도 욥은 믿음이 흔들리지 않는다. 이 장면에서, 걱정이 들어오는 게 보인다. 욥은 하나님 앞에서 고뇌하며 의심을 허용한다. 아내는 하나님을 욕하고 죽으라며 그를 유혹한다. 친구들이 그를 오해한다.

욥이 내린 결론

증거와 하나님을 버리라는 유혹에도, 욥은 마침내 하나님께서 자신을 사랑하신다는 결론을 내린다. 그러나 이 모두를 이해하려고, 욥은 또한 하나님께 설명을 요구한다. 생각 있는 사람이라면 누구라도 왜 고난이 닥치는지 물을 것이다. 나는 하나님께서 욥에게 질문을 허락하신 것은 너무 좋지만, 무대 뒤에서 펼쳐지는 일을 욥에게 전혀 말씀하지 않으시는 것은 당혹스럽다. 욥기 독자에게는, 욥이 설명을 듣지 못하는 것이 공정해 보이지 않는다. 하지만 하나님께 이것은 앞뒤가 딱 맞는다. 설명이 없기에, 욥은 그래도 하나님을 신뢰할지 결정해야 할 것이다.

신뢰는 믿음의 행위다. 증거가 하나님의 선하심을 뒷받침하지 않을 때에도 하나님을 믿는 것이다. 믿음은 우리가 한순간 무슨 일을 보더라도 하나님은 선하시다고 말한다.

하나님은 욥의 고뇌에 답하면서 그가 우주를 보는 시각이 제한적이라고 말씀하신다. 기본적으로 "욥, 너는 작고 보잘것없지만 나는 그렇지 않다"라고 말씀하신다. 욥은 회개하면서 하나님께 자신의 모든 걱정과 고뇌는 자신이 이해하지 못하는 것에서 왔다고 말씀드린다. 그 순간, 욥은 하나님의 크심을 깨닫고, 그분의 시각이 실제로 얼마나 무한한지 본다.

하나님은 욥이 한탄하고 고뇌하며 질문하는 데 화를 내지 않으신다. 욥의 관심사는 하나님께 중요했다. 하나님은 자신이 창조한 마음과 영혼을 이해하신다. 그러나 그분은 욥이 그의 삶을 향한 더 웅장한 계획을 알지 못한다고 분명히 말씀하신다. 바로 이렇게 욥은 걱정과 관련해 우리를 돕는다. 상황이 어떠하든, 우리는 하나님을 의심하거나, 하나님이 우리를 벌해야 할 어떤 엽기적 필요에서 우리로 고난을 당하게 하신다고 생각하거나, 그분이 우리를 버리셨다고 생각해 그분을 버리지 않도록 조심해야 한다.

유진 피터슨은 자신의 책 《한 길 가는 순례자》(A Long Obedience in the Same Direction)에서 이렇게 말한다. "긴장하지 말라. 우리는 안전하다. 하나님이 쇼를 진행하신다. 우리의 우울한 감정도, 고난 받는다는 사실도, 변절의 가능성도 하나님이 우리를 버리셨다는 증거가 아니다."[1] 그분은 고통 가운데 우리와 함께 계신다.

하나님이 궁극적으로 우리 삶을 다스리신다. 고난과 어려움이 닥칠 때, 하나님은 우리가 우리를 향한 그분의 사랑을 신뢰하길 원하신다. 믿음은 보이지 않는 것과 관련이 있다. 하나님께서 궁극적으로 우리를 위하신다고 믿는가? 그렇게 믿는다면, 내일이나 심지어 오늘도 걱정할 필요가 없다. 하나님께서 우리를 위하신다면, 누가 우리를 대적해 이길 수 있겠는가? 그분은 오늘 우리와 함께하시고, 내일 우리와 함께하시며, 그분에게는 더 큰 그림이 있다. 그러나 우리가 받는 궁극적 시험은 우리가 자연에서 무엇을 보든 간에 그분이 우리를 위해 일하신다고 믿느냐 아니냐이다.

고난을 받은 후, 욥과 하나님의 관계가 달라졌다. 믿음의 시험은 마침내 그에게 새로운 친밀감을 가져다주었다. 하나님을 아는 그의 지식이 하나님을 만나는 그의 체험으로 대체되었다. 욥은 자신이 섬기는 하나님이 얼마나 크고, 그에 비해 자신이 얼마나 작고 유한한지 이해했다. 하나님이 고난 중에 욥을 친히 만나셨을 때, 욥의 의심은 사라졌다. 하나님의 임재가 두려움과 걱정을 녹여버린다. 하나님의 임재가 지금 우리와 함께한다. 환경 가운데 우리는 욥이 내린 "하나님은 신뢰할 수 있는 분"이라는 결론을 내리는가?

당신의 걱정을 아뢰어라

시편은 우리의 삶에 닥치는 숱한 감정을 하나님을 곁에 모시고 헤쳐나갈 지혜를 준다. 걱정을 정복하는 영적 토대를 거듭 제시한다. 우리가 알듯이, 하나님과 함께하는 삶이라고 해서 슬픔과 분노와 고뇌와 상실과 버림받음의 감정을 느끼지 않는 것이 아니다. 그 대신, 시편은 사람들이 하나님께 토해내는 감정을 기록한다. 숱한 관심사가 열거된다. 그러나 결론이 중요하다.

우리가 삶의 관심사를 하나님께 가져갈 수 있다고 확신할 때, 삶의 관심사는 걱정이 되지 않는다. 강하고 사랑이 넘치는 하나님은 우리가 그분께 토해내는 것들을 해결하실 수 있다. 우리가 무슨 일을 당하든, 걱정스러운 환경에서 그

걱정은 죄다

영적 세계에서, 걱정은 의심과 불신을 암시한다. 걱정은 대개 죄로 이어진다. 어쩌면 우리는 걱정이 힘이 세다고 생각하고 싶지 않거나, 걱정이 죄가 될 수 있다는 생각을 아예 받아들이고 싶지 않은지 모른다. 우리 생각에, 걱정은 십계명을 어기는 것과 다르다. 십계명을 어기는 것은 큰 죄다. 그러나 하나님이 보시기에, 죄는 죄다. 하나님은 죄를 큰 죄와 작은 죄, 중요한 죄와 중요하지 않은 죄로 나누지 않으시며, 세대에 따라 무엇이 죄인지를 바꾸지도 않으시는 게 분명하다. 우리가 그러려고 할 뿐이다.

이제 나는 안다. 걱정이 죄로 이어진다는 말에 더러는 당혹스럽기도 하겠다. 이 말이 뜨끔한 것은 나를 비롯해 우리는 누구나 걱정하기 때문이다. 이런 까닭에, 우리는 걱정을 알아야 하며, 걱정을 일상생활에 받아들이던 태도를 바꾸려 노력해야 한다. 그리스도를 더 닮으려 조금이라도 노력할 때, 우리는 그분의 은혜를 받아들인다. 걱정을 버리려 노력할 때, 그분의 은혜가 우리를 덮는다.

걱정이 죄로 이어질 때, 회개하지 않으면 안 된다. 회개할 때, 걱정을 고백하고 걱정에서 돌이켜 다른 방향으로 나아가야 한다. 삶을 하나님께 구별해드릴 때, 하나님은 우리가 스스로 걱정을 지배하도록 두지 않으신다. 그분은 이 과정에 깊이 관여해 우리가 걱정을 이기도록 도우신다. 대부분의 경우, 이를 위해서는 하나님과 삶에 관한 우리의 믿음과 추정을 주의 깊게 살펴야 한다. 그것은 우리의 습관과 생각을 살피고, 하나님은 누구시며 우리 삶에 어떤 모습으로 개입하시는가를 앎으로써 그것들을 잘 정돈한다는 뜻이다.

예수님이 걱정 문제를 다루신다

마태복음 6장에서, 예수님은 걱정이라는 주제를 꺼내신다. 메림나오라는 헬라어 단어를 사용하셨는데, "나누거나 쪼개다"라는 의미의 메리조라는 어근에서 온 말이다.[2] 근본 의미는 산만해지거나 불안을 일으키는 것들에 정신이 팔리거나 여러 일로 고민한다는 것이다.

예수님은 이런 우리의 마음 상태를 거슬러 말씀하시고, 자신을 따르는 자들에게 하늘에 계신 아버지께서 언제나 우리의 필요를 헤아리신다는 것을 일깨우셨다. 따라서 걱정할 필요가 없다. 우리는 자신이 통제한다고 생각하지만, 이런 생각은 허상이다. 바비 맥페린(Bobby McFerrin)이 1988년에 "Don't Worry, Be Happy"라는 노래로 유쾌하게 일깨웠듯이, 이러한 정서는 삶의 문제를 부정하는 게 아니라, 우리의 확신이 궁극적으로 하나님께 있음을 인정하는 것이다. 이런 까닭에, 우리는 삶을 걱정하는 게 아니라 삶에 관심을 둘 수 있다.

예수님이 걱정하지 말라며 우리를 꾸짖으시는 이유는 걱정한다고 해서 생명이 하루라도 연장되는 게 아니기 때문이다. 예수님은 아버지께서 새들을 돌보신다면 그분의 피조물 중에 가장 영광스런 우리도 돌보시리라고 일깨우신다. 걱정은 쓸모없다. 우리는 오직 하나님을 철저히 신뢰함으로써 날마다 걱정을 이길 수 있다.

환경이 아니라 하나님께 눈을 고정하라

베드로 사도처럼 눈을 그리스도께 고정하면 어느 폭풍이라도 헤쳐나가며 두려워하지 않을 수 있다. 주변에 성난 바다가 일렁일 때, 베드로는 믿음으로 걸음을 내딛어, 자신을 향해 기적적으로 물 위를 걸어오시는 주님을 만나러 가야 했다. 담대한 베드로는 물 위에서 주님을 만나기로 결정했다.

그런데 주님에게서 눈을 떼는 순간 두려워졌고 물에 빠지기 시작했다. 그는 예수님의 능력과 임재를, 그분이 자신의 문제를 아신다는 사실을 잠시 과소평가했다. 그러나 장하게도, 베드로는 의심을 뒤로하고 자신이 참이라고 아는 것으로 나아갔다. 예수님의 제자로서, 베드로는 자신이 주님께 집중하면 주님이 자신을 물에 빠지게 두지 않으시라는 것을 알 만큼 경험이 풍부했다.

베드로가 물에 빠지기 시작하자, 예수님은 그를 붙잡으시고 그 순간의 의심을 보고 물으신다.

"믿음이 작은 자여 왜 의심하였느냐?"(마 14:31).

이 물음에 베드로는 자연적 경험을 보기를 그치고 하나님을 바라본다. 이 만남으로, 베드로는 주님을 신뢰하는 법을 배웠다.

오늘 우리도 다르지 않다. 삶의 폭풍이 주변에서 휘몰아치고 그리스도에게서 눈을 떼며 두려워질 때, 불안과 걱정에 빠지기 쉽다. 예수님은 우리가 환경에 빠지지 않고 그분의 능력이 드러나도록 우리 눈을 그분께 고정하라고 말씀하신다. 공포는 우리를 빠지게 하지만, 믿음은 우리를 들어올린다. 하나님은 우리가 어려움을 통해, 믿음과 그분의 임재가 평안을 가져다준다는 것을 깨닫기 원하신다.

겨자씨만 한 믿음

마태복음 17장 20절은 겨자씨만 한 믿음으로도 충분하다고 말한다. "진실로 너희에게 이르노니 만일 너희에게 믿음이 겨자씨 한 알 만큼만 있어도 이 산을 명하여 여기서 저기로 옮겨지라 하면 옮겨질 것이요 또 너희가 못 할 것이 없으리라."

이 구절에서, 예수님은 작은 믿음만으로도 불가능을 가능하게 할 수 있다고 말씀하신다. 하나님을 신뢰할 때, 더는 자신의 힘으로 행하지 않고 그분께 내어 맡긴다. 하나님의 능력이 우리가 갖거나 만날 수 있는 그 어느 능력보다 크다. 예수님은 우리가 이것을 파악해, 우리를 위해 일하시겠다는 그분의 약속을 믿을 수 있길 바라신다.

그리스도의 메시지는 포기하지 말라는 것이다. 환경이 당신이 바라는 대로 작동하지 않고 당신의 걱정을 해결해줄 해답이 아직 나오지 않았을지도 모른다. 그러나 자연히 믿을 게 전혀 없을 때 믿는 것, 이것이 믿음의 삶이다. 하나님의 선하심과 은혜와 능력을 믿는 이러한 믿음이 걱정을 몰아낸다.

하나님에게서 확신을 찾아라

걱정될 때, 하나님께 아뢰라(기도하라). 뇌 촬영과 뇌전도가 기도와 묵상이 뇌를 좋은 쪽으로 바꾼다는 것을 입증한다! 펜실베이니아대학에서 했던 한 연구에서, 닥터 앤드류 뉴버그(Andrew Newberg)는 기도와 영성 훈련이 스트레스와 불안을 줄여주는 것을 확인했다. 더 나아가, 하나님을 벌 주시는 분이 아니라 선하신 분으로 생각할 때 불안이 줄어든다.[3]

사도 바울은 하나님이 언제나 우리와 함께 계신다는 것을 일깨운다. 이것만으로도 우리는 걱정을 그쳐야 한다. 우리는 결코 혼자가 아니다. 베드로도 염려를 하나님께 맡기고 모든 것에 대해 기도하며 걱정하지 말라고 말한다. 우리의 염려를 하나님께 맡긴다는 말은 그분이 일하시게 한다는 뜻이다.

매튜 헨리(Matthew Henry)는 자신의 주석에서 이렇게 말한다. "우리의 짐을 하나님께 맡긴다는 것은 그분의 섭리와 약속에 거하고, 모든 것이 합력하여 선을 이루리라 확신하며 매우 편안해 한다는 것이다." 그는 이어서 우리가 이렇게 하면 하나님이 우리를 책임지고 우리의 필요를 공급하시리라고 말한다.[4]

우리가 걱정을 하나님께 맡기기 어려운 까닭은 하나님과는 전혀 무관하며, 오직 우리가 그분을 얼마나 하찮게 생각하느냐와 관련이 있다.

욥처럼, 하나님과 그분의 능력을 이해하지 못하면 하나님을 우리 수준으로, 우리를 위해 일하실 수 없는 수준으로 끌어내린다. 이렇게 확신과 신뢰가 없을 때, 기쁨을 도둑맞는다.

걱정은 자기 노력과 하나님에 대한 의심에 기초한 삶의 자연스런 부분이다. 우리가 자기 운명의 주인일 때, 하나님이 행동하거나 이끄실 여지가 없다. 이것이 걱정스러운 일이다. 그러나 예수님과의 관계는 약하고 걱정에 지친 사람들에게 와서 쉼을 얻으라는 열린 초대다. 우리가 섬기는 하나님은 우리가 수고해 쉼을 얻어야 할 필요는 없다고 말씀하신다. 그분이 이미 다 해놓으셨다. 우리는 그분께 나와 염려를 맡기면 된다. 노력을 그치고 그분이 일하시게 하라.

현대 교회의 몇몇 진영이 범하는 실수가 있다. 하나님을 믿으면 삶에 어려움이 찾아오지 않는다고 믿는 것이다. 성경은 우리에게 시련(trials)이 있으면이 아니라, 시련이 우리의 믿음을 세울 때 우리가 기뻐해야 한다고 분명히 말한다. 좋다. 이제 우리는 제대로 도전을 받는다! 시련 중에 기뻐하라고? 야고보는 우리에게 그렇게 하라고 말한다. 우리 믿음의 시험(testing)이 인내를 낳기 때문이다. 당신이 아직 기뻐하는 단계에 이르지 못했더라도 하나님을 의심하지 말라. 걱정 뒤에 의심이 있다. 의심은 하나님이 신뢰하지 못할 분이라고 말한다. 걱정은 의심이며, 하나님을 신뢰하지 못하는 것이다.

믿는 자에게는 능히 하지 못할 일이 없느니라

걱정은 또한 마가복음 9장 23절의 능력을 폄하한다. 예수님은 아들을 고쳐달라고 청하는 아버지에게 "믿는 자에게는 능히 하지 못할 일이 없느니라"라고 말씀하셨다. 이 단락에서, 귀신 들린 아들 때문에 그야말로 절박한 한계 상황에 직면한 아버지는 예수님에게 하실 수 있거든 도와달라고 청한다. 이 요청에, 예수님은 "할 수 있거든이 무슨 말이냐?"라고 하신 후 바로 그 말씀을 하신다. "믿는 자에게는 능히 하지 못할 일이 없느니라." 그러자 아버지는 "내가 믿나이다 나의 믿음 없는 것을 도와주소서"라고 답한다.

예수님은 어려울 때 자신에게 오라고 말씀하신다. 예수님은 우리가 불가능이란 없다고 믿길 원하시며, 우리가 불신앙과 싸울 때 은혜와 긍휼을 베푸신다. 하나님을 믿고 그분의 말씀을 그대로 받아들이고 싶다면, 바로 지금 부르짖어 구하라.

"나의 믿음 없는 것을 도와주소서!"

예수님은 당신의 모습 그대로 당신을 만나주실 것이다. 그분의 은혜는 넘치며, 그분은 우리가 그분 안에서 소망을 갖길 원하신다. 부활하시고 능력이 무한하신 우리 하나님은 무엇이든 하실 수 있다.

예수님은 걱정에 재갈을 물리는 방법으로 믿음이 얼마나 중요한지를 힘주어 말씀하셨다. 마가복음 11장은 믿음이 어떻게 걱정과 싸우는지 보여준다. 마가복음 11장은 예수님이 예루살렘에 당당하게 입성하시는 장면으로 시작한다. 예수님이 예루살렘에 들어가실 때, 사람들이 환호성을 질렀다. "호산나 찬송하리로다 주의 이름으로 오시는 이여!" 영광스런 순간이었다. 그러나 예수님은 이 순간이 지나고 자신이 곧 십자가에 달릴 것을 아셨다.

당당한 입성은 성전에서 끝났다. 예수님은 성전에 들어가 그곳에서 벌어지는 광경을 보신 후 열두 제자와 함께 나와 베다니로 향하셨다.
이튿날, 예수님이 시장하던 차에 잎이 무성한 무화과나무를 보고 열매
가 있을 것을 기대했으나 열매를 발견하지 못하셨다. 열매철도 아니었
는데 예수님은 그 나무를 저주하셨다.

"이제부터 영원토록 사람이 네게서 열매를 따 먹지 못하리라"(14절).

이 이상한 순간을 예수님이 다녀오셨고 이제 가시려는 곳에 비춰보면
그 의미를 이해하는 데 도움이 된다. 예수님은 당시의 종교 지도자들이
모이는 성전에 다녀오셨다. 무화과나무를 저주한 후 성전으로 돌아가
서서 거룩한 곳을 더럽히는 자들을 몰아내고 성전을 깨끗하게 하셨다.
무화과나무는 예수님이 배가 고프기 전과 후에 성전에서 마주친 열매
없는 종교 시스템을 상징했다.

사람들은 영적 양분을 공급받는 대신, 인간의 노력과 자기의지로 하
나님의 호의와 구원을 얻으려고 애쓰고 있었다. 예수님은 무화과나무를
이용해 제자들에게 자기노력이 아니라 믿음의 역할을 가르치셨다. 자기
노력은 영혼을 안정시키거나 영혼을 먹이지 못한다. 자기노력은 좌절과
공허로 끝나는 일종의 발버둥이다.

이튿날 아침, 예수님과 제자들은 다시 성전을 떠나 전날 예수님이 저
주하신 나무 곁을 지나갔다. 베드로가 그 나무를 가리키며 말라 죽었
다고 외치자, 예수님은 자신을 따르는 자들에게 이렇게 답하셨다.

하나님을 믿으라 내가 진실로 너희에게 이르노니 누구든지 이 산더러
들리어 바다에 던져지라 하며 그 말하는 것이 이루어질 줄 믿고 마음
에 의심하지 아니하면 그대로 되리라 막 11:22,23

'구하기'와 '믿기'는 우리 삶에서 어느 산이든 옮기는 비결이다. 불신앙의 산이 걱정을 버리지 못하게 우리의 길을 가로막는다. 그러나 하나님께서 우리를 위해 일하고 계신다는 것을 믿는다면 우리는 걱정할 필요가 없다. 우리는 하나님의 손에 있으며, 이러한 믿음은 걱정이 아니라 신뢰를 낳는다.

믿음 소망 사랑이 어떻게 승리를 가져올까?

걱정을 버리기 위해 할 수 있는 가장 유익한 일은 소망을 붙잡는 것이다. 우리 교회 목사님이 어느 풋볼팀의 이야기를 예화로 들어주셨는데, 걱정이 문을 두드릴 때 소망이 얼마나 중요한지 이해하는 데 도움이 되었다.

풋볼은 터치다운을 해서 점수를 내도록 계획을 짜고 경기한다. 그런데 이따금 플레이가 엇나가거나, 선수들 간에 소통이 잘 안 되거나, 상대에게 볼을 빼앗기거나, 볼을 떨어뜨리기도 한다. 그러나 플레이가 제대로 되지 않을 때라도 선수들은 포기하지 않는다. 낙담해 경기장을 나오면서 "잊어버려. 우린 엉망이었어. 마지막 네다섯 플레이가 제대로 안됐어. 그러니 이 게임은 포기하자"라고 말하지 않는다.

대신에, 선수들은 어떻게 하면 점수를 내는지 알기에 작전을 고수한다. 이들은 플레이북(미식축구에서 팀의 공수 작전을 그림과 함께 기록한책)을 믿고 세밀하게 작전을 수행하면 마침내 터치다운을 하리라는 것을 안다. 이기는 팀들은 경기가 어려울 때 포기하지 않는 선수들로 넘쳐난다.

풋볼은 믿음의 삶과 같다. 원수가 우리의 기쁨을 훔치고, 우리를 대적하며, 우리를 쓰러뜨려 절망과 불안에 굴복시키려 할 때가 있다. 그러나 하나님은 말씀하신다.

"애야, 플레이북대로 해. 내 약속을 굳게 믿으라고. 내 약속은 이뤄진다니까. 네가 이길 테니, 그대로 믿어. 내가 네게 결과를 말했잖아, 네가 이길 거라고. 희망을 붙잡고 경기를 계속하는 거야."

하나님께 소망을 두라. 그분이 강하다는 것을 알면 경기를 계속할 수 있고, 욥처럼 마침내 하나님은 선하시다는 결론에 이른다. 그리스도의 죽음은 끝이 아니었다. 사탄이 패배했고, 그리스도께서 죄와 죽음을 정복하셨다. 부활의 능력이 그리스도를 통해 우리 안에 살아 있다. 이런 까닭에, 소망이 언제나 우리와 함께한다. 낙관적일 이유가 있다.

성경은 또한 사랑이 믿음으로 일하게 한다고 말한다. 갈라디아서 5장 6절은 이렇게 말한다.

가장 중요한 것은, 믿음이 사랑을 통하여 일하는 것입니다 새번역

고린도전서 13장은 믿음과 소망과 사랑을 연결하지만, 사랑을 맨 위에 두면서 끝을 맺는다. 믿음이 있으면 산을 옮길 수 있다. 그러나 사랑이 없으면 아무것도 이룰 수 없다. 우리에게는 우리를 사랑하고 우리에게 좋은 선물을 주고 싶어 하시는 하늘 아버지가 계시다. 단지 환경이 암울해 보인다고 해서 하나님이 당신을 위해 준비하신 모든 것을 얻으려는 분투를 중단하지 말라. 하나님은 무조건 당신을 사랑하시며 어려운 순간이 선을 이루게 하신다는 것을 믿어라.

걱정 없는 삶의 핵심은 믿음이다. 하나님을 신뢰하고 부활의 능력과 우리의 삶을 향한 그분의 계획과 목적을 믿을 때, 하나님을 기쁘시게 할 뿐 아니라 만족을 주는 삶을 살 수 있다. 일단 믿으면, 우리는 생각을 사로잡아 하나님께 드리는 법을 배울 수 있다.

핵심은 이것이다. 영적 관점에서 볼 때, 하나님을 믿는 것은 하나님께서 우리를 사랑하시고 우리를 위하시며 우리에게 가장 좋은 것을 주려 하신다는 믿음에 뿌리를 둔다. 그분의 은혜는 우리가 있는 곳에서 우리를 만나주신다. 그와 동시에, 그분의 임재와 우리를 향한 사랑은 우리를 변화시키며 그분을 더 닮도록 우리를 자극한다. 자신의 불신앙을 공격하고 우리를 향한 하나님의 사랑을 신뢰할 때, 우리는 걱정의 산을 옮길 수 있다.

걱정 버리기 처방전

기도와 묵상이 뇌를 바꾼다. 사랑이 풍성한 하나님을 오래도록 바라
보고 당신의 몸에 미치는 영향을 메모해보라.

헨리 포드(Henry Ford)의 말을 곰곰이 생각해보라.
"나는 하나님이 일들을 관장하시며 나의 조언이 전혀 필요하지 않다
고 믿는다. 하나님이 맡으실 때, 나는 모든 것이 마지막에 가장 좋게
끝난다는 것을 믿는다. 그러니 뭘 걱정하겠는가?"

하나님이 당신의 일들을 관장하고 계신다는 것을 믿는 과정에서 당신이 어디쯤 있는지 평가하라.

불신앙을 버리는 데 도움이 되도록, 마가복음 9장 23절을 묵상하라.

믿는 자에게는 능히 하지 못할 일이 없느니라

주님께 당신의 믿음 없음을 도와달라고 구하고, 그분의 은혜를 받아들이고, 그분의 사랑을 믿어라.

걱정은

두려움을 중심으로 휘도는

무익한 생각이다.

코리 텐 붐

걱정스러운 생각을
어떻게 이길까?

앞 장에서, 걱정과 관련해 우리의 믿음이 하는 역할과 걱정이 어떻게 불신의 그 중심에서 생겨나는지를 살펴보았다. 하나님을 믿지 않고, 우리의 불신앙을 도와달라고 그분께 구하지 않으면, 우리는 걱정에 갇혀버릴 것이다.

걱정 없는 삶은 단지 긍정적 사고가 아니다

생각이 걱정을 지속하는 데 어떤 역할을 하는지 살펴보자. 단지 좋은 생각을 한다고 걱정이 사라지지는 않는다. 걱정을 없애려면 긍정적 사고 이상의 것이 필요하다. 예수님은 더 깊은 수준에서 말씀하신다. 걱정 전쟁에서 이기려면 핵심은 하나님에 관한 진리를 믿는 것임을 기억하면서 우리의 생각에 힘쓰고 생각을 사로잡는 법을 배워야 한다.

그 순간에 그렇게 보이는 증거에도 불구하고 믿어라. 환경이 암울해 보일 때 믿어라. 문제의 해답이 없어 보일 때 믿어라. 해답이 필요할 때 "주님, 나의 믿음 없는 것을 도와주소서!"라고 믿고 부르짖어라. 그분은 그렇게 하실 것이다.

하나님의 선하심을 믿으면, 우리의 생각에 태클을 걸 수 있다. 걱정스러운 생각은 걱정을 낳는다. 〈임상 심리학과 심리 치료〉(Clinical Psychology and Psychotheraphy)에 실린 어느 연구에서 "우리가 가장 두려워하는 일의 85퍼센트는 결코 일어나지 않는다"라고 결론 내린 것을 기억하라.[1] 거의 절대로 일어나지 않을 일을 걱정하는 데 시간과 에너지가 허비된다. 걱정스러운 생각을 곱씹을수록 그 생각이 더욱 실제처럼 느껴지고 뇌에서 반복된다.

백곰이 주는 교훈

수년 전에 〈성격과 사회심리학 저널〉(Journal of Personality and Social Psychology)에 실린 백곰에 관한 고전적 연구를 생각해보라.[2] 한 연구팀이 두 그룹의 사람들에게 백곰에 관한 영화를 보여주었다. 한 그룹에게는 백곰을 생각하지 말라고 했고, 한 그룹에게는 이런 지시를 하지 않았다. 백곰을 생각하지 말라는 말을 들은 그룹이 아무 말도 듣지 않은 그룹보다 실제로 백곰을 더 많이 생각했다. 바꾸어 말하면, 무엇인가를 생각하지 않으려 애쓸수록 그것을 더 생각하게 된다.

이것을 걱정에 적용해보면, 걱정하지 않으려 할수록 더 걱정하게 된다는 것을 알 수 있다. 그러면 우리는 걱정스러운 생각에 매이고 그 생각은 머리에 눌러앉는다. 걱정하지 말라고 자신에게 말하는 것은 백곰을 생각하지 말라고 말하는 것과 같다.

걱정스러운 생각을 멈추려 애써도 효과가 없다. 그렇다면 그런 생각을 누르려 애쓰는 것은 어떨까? 앞 장에서, 이런 전략은 실제로 불안으로 이어진다고 했다. 이유는 이렇다. 걱정스러운 생각이 떠오른다. 그 생각을 누르려 할수록 원치 않는 생각을 더 하게 된다. 뇌가 마치 컴퓨터의 검색 모드를 활성화하듯이 당신이 누르려고 애쓰는 바로 그 생각을 찾는 것과 같다.

걱정스러운 생각을 하지 않으려고 애쓰는 과정에서, 당신은 생각을 딴 데로 돌리려 할지 모른다. 그러나 이럴 때 무엇을 생각하든 간에, 그것은 걱정스러운 생각과 연결된다. 이렇게 되면, 당신의 뇌는 걱정스러운 생각과 더 많은 연관성을 만들어내고, 걱정스러운 생각이 돌아오고, 이제 더 많은 생각 및 경험과 연결된다. 따라서 걱정스러운 생각을 억누르고 다른 데로 생각을 돌리면, 걱정스러운 생각에 저항하기 더 어려워진다. 걱정스러운 생각과 싸우면 실제로 걱정스러운 생각이 더 강해진다! 걱정스러운 생각을 눌러봐야 소용없다. 그러면 어떻게 해야 하는가?

걱정스러운 생각을 규명하라

걱정스러운 생각을 들어오게 하고 정체를 밝혀라. 걱정을 느끼기 직전에 당신은 무슨 생각을 하고 있었는가? 십중팔구 자신이나 상황을 부정적으로 평가했을 것이다. "난 못 해", "나는 미흡해", "나는 실패할 거야", "사람들이 나를 놀릴 거야" 이런 생각이 대개 걱정을 부르므로, 당신의 마음에 들어오는 게 무엇인지 규명하는 게 중요하다.

잘못된 믿음이 걱정을 부른다는 것은 이미 살펴보았다. 걱정은 순간

적으로 현실에서 눈을 돌리게 하고, 동기를 부여한다는 식으로 걱정이
쓸모가 있다고 믿는다면 그럴수록 더 걱정한다. 걱정을 버리려면 무엇
보다 먼저 걱정이 선한 목적에 기여한다는 믿음을 버려야 한다는 것도
배웠다. 일단 걱정이 쓸모 있다는 믿음을 버리면, 하나님에 관한 진리(예
를 들면, 그분은 신뢰할 수 있는 분이다)에 초점을 맞출 수 있다.

이제 우리는 일상에서 걱정을 부르는 구체적인 생각들을 규명할 수 있
다. 걱정은 깨고 싶은 습관이므로, 어떤 생각들이 걱정을 유발하는지부
터 규명해야 한다. 걱정은 이런 식으로 작동한다. 무슨 일이 일어나 생
각이나 경험을 갖게 되면, 그 생각이나 경험이 걱정을 불러일으킨다. 고
속도로에서 자동차 사고를 목격하는 것이나 매일 밤 뉴스를 보는 것은
걱정을 유발할 수 있는 경험이다. 직장에 늦는 것을 생각한다든지 조직
검사가 어떻게 나올지 궁금해하는 것도 걱정을 부를 수 있는 생각이다.

부정적 생각이나 경험 ➡ 걱정

부정적 생각이나 부정적 경험을 할 때 그것에 주목해야 한다. 설령 생
각이나 경험이 걱정을 유발하더라도, 그 생각이나 경험이 무엇인지 모
를 수 있다. 내가 불안에 시달리는 사람들을 치료할 때, 그들은 불안을
느끼기 전에 아무 생각도 없었다고 말하곤 한다. 사실이 아니다. 이들
은 무엇인가 생각했으나 아직 자각하지 못했을 뿐이다. 그러므로 핵심
은 당신이 걱정하기 전에 무엇을 생각하거나 느끼는지 더 잘 아는 것이
다. 걱정에 앞서 했던 부정적 생각을 규명하려 할 때, 다음 표를 이용하
면 도움이 된다.

| 상황 | 감정 | 걱정스러운 생각 |
무슨 일이 일어나고 있는가?	당신은 무엇을 느끼고 있는가?	당신은 무엇을 생각하고 있는가?
사장과 얘기 중이다	불안하다	사장은 날 싫어해
치과에 와 있다	불안하다	아파서 못 참을 거야
남편이 방을 나간다	걱정 된다	남편은 이혼을 원해

자동적으로 일어나는 부정적 생각이 걱정을 부른다. 그런 부정적 생각을 내버려두면, 걱정하는 습관이 된다. 예를 들면 이렇다. '직장에 늦으면 어쩌지?'라는 부정적 생각이 머리를 스쳐 지나간다. 이 생각을 곱씹다 보면 걱정이 된다. 이 부정적 가능성을 생각할수록 걱정은 커진다.

부정적 생각이나 경험 ➡ 걱정 ➡ 습관

생각을 사로잡아라

걱정하는 습관을 버리려면, 걱정스러운 생각(예를 들면, '직장에 늦으면 어쩌지?')을 규명하는 즉시 '내가 해결하지 뭐' 또는 '사장님이 엄청 화를 내겠지만, 무슨 일이 있었는지 설명하면 괜찮을 거야' 또는 '길 막히는 거야 나도 어쩔 수 없지만, 결과는 내가 책임져야겠지' 등 더 합리적이거나 현실적인 생각으로 그 생각에 답하라. 다시 말하면, 당신이 순간의 불확실이나 문제를 해결할 수 있다는 확신으로 걱정스러운 생각을 맞받아쳐라. 설령 당신이 그러지 못하더라도 세상이 무너지지 않는다고 스스로를 안심시키고, 상황을 이겨내고 살아남을 것이라는 확신으로 답하라.

이제 당신의 도표에 한 칸을 더하라.

상황	감정	걱정스러운 생각	더 합리적인 생각
사장과 얘기 중이다	불안하다	사장은 날 싫어해	사장님이 스트레스를 받고 있을 거야
치과에 와 있다	불안하다	아파서 못 참을 거야	괜찮아. 나는 할 수 있어
남편이 방을 나간다	걱정 된다	남편은 이혼을 원해	나한테 화났는지 물어봐야겠어

내가 한 칸을 덧붙이면서 "더 합리적인 생각"이라는 제목을 붙였다는 데 주목하라. 더 합리적인 생각을 하려면 먼저 걱정스러운 생각을 인정하고 사로잡아야 한다. 이것이 고린도후서 10장 5절이 제시하는 처방이다. 사로잡는다는 말은 어떤 것이 자유의지나 그 자체의 생각을 갖도록 허용하지 않는다는 것을 암시한다. 어떤 것이 사로잡히면 자기 마음대로 떠돌 자유를 잃는다.

생각을 사로잡는다는 말은 생각이 자기 마음대로 떠돌도록, 이 경우는 걱정하도록 허용하지 않는다는 뜻이다. 생각이 당신의 통제 아래 있다. 당신은 걱정스러운 생각에 주저앉을 수도 있고 그 생각을 사로잡아 그리스도께 복종시킬 수도 있다. 이렇게 한다는 말은 그리스도의 마음에 따라 생각을 자발적으로 점검한다는 뜻이다. 생각이 하나님의 말씀과 일치하는가? 그 순간에 합리적인가? 당신의 생각은 현실에 기초하는가, 아니면 상상에 기초하는가? 당신은 최악을 생각하고 있는가?

앞에 든 여러 예에서, 걱정스러운 생각이 사로잡히고 더 합리적인 생각으로 대체된다. 걱정스러운 생각이 진리와 은혜에 기초한 새로운 생각으로 대체된다.

바울은 우리의 생각이 중요하다고 단언한다. 영적 세계에서, 마음은 싸움터다. 마음은 원수가 의심과 부정적 생각과 낙담과 거짓말로 우리를 조롱하는 곳이다. 고린도후서 10장 4절에 따르면, 우리가 부정적 생각과 맞서 싸울 때 사용하는 무기는 자신의 능력에서 나오지 않는다. 우리는 우리 안에 있는 그리스도의 능력으로 생각을 사로잡고 부정적 생각을 멈춘다. 우리의 무기는 우리가 날마다 입는 하나님의 전신갑주(엡 6:12-18), 하나님의 말씀, 기도, 우리 안에 있는 성령의 능력이다.

자연스러운 마음은 자동적으로 하나님의 것들을 향하지 않는다. 우리 안에 계신 성령께서 우리 마음을 새롭게 하셔야 한다. 바울이 말하는 이러한 마음의 변화(롬 12:2)가 걱정에서 자유롭게 되는 비결이다. 마음이 하나님의 진리에 노출될 때, 우리는 성령께서 우리 안에서 하시는 일(성령께서 안에서부터 우리를 바꾸신다)로 겸손해진다. 그분의 진리가 우리에게서 걱정과 연결된 거짓말을 제거한다. 그분의 진리가 우리의 믿음을 세우고 소망을 주며, 거짓말과 왜곡을 진리로 대체한다.

앞서 살펴본 예로 돌아가 보자. '직장에 늦으면 어쩌지?'라는 걱정이 내 마음에 있다. 나는 이 생각을 사로잡고는 걱정이 쏟아지지 않도록 생각이 가는 곳을 통제하며, 이 생각을 그리스도께 가져간다. 실제적으로, 나는 상처나 거짓말이나 트라우마에서 비롯된 생각을 취해 더 합리적인 생각으로 바꾼다.

걱정으로 이어지는 사고 패턴

걱정은 흔히 부정확, 불합리, 왜곡을 포함하는 부정적 사고 패턴에 의존한다. 예를 들면, 마음 읽기는 걱정으로 이어지며 피해야 할 사고 패턴이다. 예를 들어, 걱정하는 페기가 "내가 늦었다고 사장님이 엄청 화를 내실 거야"라고 혼잣말을 했는데, 정작 사장은 "페기, 괜찮아요, 차 막히는 건 나도 이해해요. 다음에는 늦지 않도록 하세요!"라고 말한다. 페기는 마음을 읽지 못한다. 아무도 마음을 읽지 못한다. 마음을 읽으려 한다면 걱정에 빠질 뿐이다.

걱정으로 이어지는 구체적 사고 패턴을 알아내 바로잡아야 한다. 그러려면 자신의 내면에서 일어나는 자기대화를 알아야 한다. 걱정과 연관된 몇몇 사고 패턴을 살펴보자. 이 목록을 활용하면 당신의 자기대화에서 일어나고 있을 법한 일을 규명하는 데 도움이 된다.

섣불리 결론 내리기

성급하게 결론 내리기는 걱정과 연결되는 사고 오류다. 부정적 결과를 예측하고 어떤 일이 일어나기도 전에 그게 당연한 결론이라고 추정하는 것이 여기에 포함된다. 예를 들면, '우리 아이가 연습에 빠지면 축구팀에서 쫓겨날 거야!' 엄마 마음에서, 뻔한 결론은 아이가 팀에서 쫓겨나리라는 것이다. 현실에서, 아이는 치과 진료가 늦어져 연습에 빠졌으나 감독은 그를 팀에서 쫓아내지 않았다. 예상한 결론이 실제로 일어나지 않았다. 엄마가 섣불리 결론을 내리고 아무 이유 없이 걱정한 것이다.

그렇다면 걱정이 엄마를 위해 무엇을 했는가? 아무것도 해주지 않고, 그녀를 비참하게 했을 뿐이다. 섣부른 결론이 누구에겐가 도움이 됐는가? 아니다. 감독이 답할 때까지 긴장을 조성했을 뿐이다.

모 아니면 도라는 생각

또 다른 일반적 사고 패턴은 모 아니면 도(all-or-nothing)라는 생각이다. 회색 지대를 전혀 허용하지 않고 흑백 논리로 사는 것이다. 문제의 모든 면을 생각하기보다 절대적인 용어를 사용해 생각하는 것이 포함된다. 이렇게 생각하는 사람들은 세상을 '언제나', '결코', '모두', '하나도'로 쪼갠다. 예를 들면, '내가 병원에 갈 때마다 모두 의사는 내게서 문제점을 찾아낸다니까!'라는 생각은 진료를 예약할 때마다 걱정을 유발한다. 사실, 이 사람이 두 차례 병원에 갔을 때, 의사가 그에게서 사소한 문제점을 찾아냈었고, 나머지 진료 때는 아무 일도 없었다.

그러나 사고 오류는 경험을 '모두'와 '하나도'라는 두 진영으로 나누는 것이다. 중간 지대는 없다. 의사가 한두 번 문제점을 찾아냈기 때문에, '하나도'는 작동하지 않고 '모두'가 유일한 가능성이다. 그러나 사실은 그렇지 않으며. 이것은 사고 오류다. 병원 진료로 문제점이 드러날 수도 있고 드러나지 않을 수도 있으며, 언제 그러고 언제 그러지 않을지 예측할 수 없다. 불확실성이 개입한다. 모 아니면 도라는 생각으로 문제점이 발견될 거라 확신하기 때문에 걱정이 생긴다.

지나친 일반화

짐은 의붓딸이 지난번에 왔을 때 차갑고 소원해 보여 속상했다. 그간 둘의 관계가 줄곧 긴장 상태였기 때문에, 짐은 딸이 자신을 싫어한다고 생각했다. 짐은 다음에 그 딸이 다시 올 때를 걱정했고, 자신이 결코 딸의 마음을 돌리지 못할 거라 생각했다. 지나친 일반화였다.

그녀가 방문 때 긴장한 것은 얼마 안 된 부모의 이혼 때문이었다. 딸은 부모의 이혼이 여전히 가슴 아팠다. 그녀의 마음은 친아버지와 의붓아버지로 나뉘었다. 치유는 시간이 걸린다. 짐을 알아가면서 의붓딸에게서 어떤 긴장은 해소될 것이다. 그녀가 짐을 미워하는 게 아니었다. 그녀는 짐을 거의 몰랐고, 그래서 짐을 찾아가는 게 불편했다. 그렇다. 그녀는 이혼에 조금 화가 났다. 이것은 지극히 정상이며, 엄마의 삶에 등장한 새 남자를 미워한다는 신호가 아니었다.

자신이 미움을 받는다는 짐의 생각은 지나친 일반화였다. 그는 긴장을 미움 탓으로 돌렸다. 그게 아니었다. 지나친 일반화는 당신에게 나쁜 경험이 있는데 늘 똑같을 거라고 생각할 때 일어난다. 짐의 경우, 의붓딸과 제대로 소통하지 못했고 그래서 지나친 일반화로 흘렀다. 의붓딸은 짐을 만나 신난 것도 아니었지만, 그를 미워한 것도 아니었다.

긍정적인 말 무시하기

걱정꾼들은 긍정적인 것들을 사살하고 부정적 가능성에 집중하는 놀라운 재능을 가졌다. 사라는 상처받지 않으려고 이렇게 했다. 그녀의 남자 친구는 둘의 관계를 확신하지 못해 결국 그녀와 헤어졌다. 이유는 교제 시간이 더 필요하다는 것이었다. 사라는 그가 두 번째로 사귄 여자일 뿐이었다. 그는 관계가 너무 빨리 심각해진다고 느꼈다.

사라는 이별을 받아들이기 힘들었고, 자신에게 무슨 문제가 있는지 걱정하기 시작했다. 그녀는 너무 예민했고 너무 재촉했으며 지나치게 몰아붙였다. 전 남자친구 론이 그건 사실이 아니라고 납득시키려 할수록 사라는 자기 잘못이라고 더욱 확신했다. 론은 자기가 사랑했던 사라의 장점들을 열거했지만 소용없었다. 론이 무슨 긍정적인 말을 해도 사라는 다 무시했다.

사라는 헤어짐을 자신에게 흠이 있으며 아무도 자신을 원하지 않는다는 뜻으로 받아들였다. 론은 사라에게서 이런 생각을 몰아내보려고 했지만 소용없었다. 어떤 긍정적인 말을 해도 사라가 다 무시하기 때문이었다. 사라는 결점이 있다는 것이 결코 남자 친구를 찾지 못할 거라는 뜻일까봐 걱정했다. 이 드라마는 긍정적인 것을 무시하는 그녀의 사고 오류에서 비롯되었다.

부정적 결과를 과대평가하기

어떤 부정적인 일이 단지 한 번 일어났다는 것이 그 일이 매번 일어나리라는 뜻은 아니다. 예를 들면, 당신이 시험에서 낙제했더라도 두려워하지 말라. 매번 낙제하고 마침내 제적된다는 뜻이 아니다. 그러나 결과를 과대평가하는 사람은 한 번 낙제하면 그걸로 끝이라고 생각한다.

과장하기 또는 파국화

침소봉대(針小棒大)라는 표현을 알 것이다. 이것은 작은 일을 실제보다 크게 부풀리는 것으로, '과장하기'라는 사고 오류를 말한다. 심리학 용어로 파국화(catastrophizing)라고도 한다. 이러한 유형의 사고 오류는 위협을 과장하고, 다시 걱정으로 이어진다.

세릴이 그러했다. 그녀는 교회에서 어떤 사람과 안 좋은 일을 겪고 나서 교회가 안전하지 못한 곳이라고 믿게 되었다. 교회에 가는 게 걱정이었고 다시 그 교회에 못 갈 것 같다고 생각했다. 한 사람이 교회 모든 구성원을 대표하지는 않는다. 그러나 셰릴은 자신의 안 좋은 경험이 너무 충격적이라 그 교회로 돌아갈 수 없다고 확신했다. 자신을 속상하게 했던 그 여자를 예배실에서 보거나 복도에서 마주칠 가능성에 마음이 심히 불편했다. 셰릴은 침소봉대했다. 그녀는 한 번의 충돌을 전쟁으로 몰고 갔다!

그러나 그 교회는 컸다. 셰릴은 그 여자와 다시 마주치지 않을지도 몰랐다. 아니면, 그 여자를 만나 그때 일로 마음이 상했다고 말할 수도 있었다. 문제는 사소했다. 단 한 번의 일로 교회를 떠나며 교회가 안전하지 않다고 생각하는 것은 파국화 사고에 근거했다. 부정적 충돌은 달아나거나 안전을 걱정할 게 아니라, 대화를 해야 바로잡힌다.

감정적 추론

감정적 추론은 감정이 생각을 사로잡게 둘 때 일어난다. 어떤 일이 일어날 것같이 '느껴지면' 그렇게 되리라고 믿으면서, 관련된 객관적 이슈들은 무시한다.

팜의 아들이 귀가 시간을 넘기자 팜에게 감정적 추론이 일어났다. 팜은 남편에게 뭔가 끔찍한 일이 일어난 것 같다고 말했다. 그녀는 그날 밤 뉴스에서 몇 건의 자동차 사고가 보도된 것을 알아차렸다. 경찰이나 병원에서 아무 연락이 안 왔는데도, 그녀는 아들이 그 사고들 중 하나에 있다고 확신했다. 그녀는 걱정되어 안절부절 못했다. 아들이 문으로 들어올 때까지 남편은 그녀를 진정시킬 수 없었다.

아들은 휴대전화 배터리가 나간 데다 고속도로가 엄청 막혔다. 집에 늦을 줄 알았지만 부모님께 알릴 수가 없었다. 팜은 아들의 귀가를 늦출 법한 모든 끔찍한 일에 집중했다. 교통 체증은 그 가능성에 들지 않았다. 팜은 감정적으로 생각했고 머리를 쓰지 않았다. 그녀는 자신의 결론을 뒷받침하지 않는 단서들을 무시했다.

때로, 우리는 영적 직관을 갖는다. 이 직관은 하나님에게서 왔다. 그러나 비이성적 두려움과 불안에 근거한 사고가 생각을 지배하고 너무 걱정하게 만들어 우리가 제 역할을 거의 못 하게 할 수 있다. 감정과 생각 사이에는 반드시 찾아야 할 균형이 있다.

일반적으로, 부정적 사고 패턴은 불편과 불안으로 이어진다. 걱정은 분명한 사고 및 좋은 판단과 어울리지 않는다. 걱정은 또한 부정적인 초점을 유지하는데, 이것은 신체 징후와 상황 회피로 이어질 수 있다.

마지막으로, 걱정스러운 생각은 개인의 만족과 성장보다 안전을 위에 둔다. 안전한 정서생활을 위해 의미 있는 삶을 희생하겠는가? 걱정이 하루를 지배할 때 이런 일이 일어난다.

문제해결자 되기

문제해결은 어떤 상황에서 일어날 수 있는 모든 문제를 예측하는 것과는 다르다. 모든 가능한 부정적 결과를 예측하려 한다면, 아직 일어나지도 않은 일을 걱정하게 될 뿐이다. 문제해결은 그 순간에 집중하며 관심을 갖고 그 관심을 행동에 옮긴다. 걱정에 재갈을 물리려면, 문제해결자가 되어 부정적 생각이나 경험에 답해야 한다.

예를 들면, 랜디는 전처에게 전화를 받았다. 그녀가 양육비를 더 많이 달라고 그를 고소하고 있다는 것을 알게 되었다. 이 통화가 랜디의 마음에 걱정을 일으켰다. 랜디는 이미 자기 능력치보다 많이 주고 있다고 느꼈다. 어떻게 여기서 더 줄 수 있겠는가? 돈은 현실적인 문제다. 랜디는 걱정하라는 유혹을 받았다. 그는 걱정이 자신을 정서적으로 마비시키도록 허용할 수도 있었다. 전처가 걱정 유발자였고 그녀와의 대화는 으레 걱정으로 끝났다. 이것이 그의 과거 패턴이었다.

그러나 랜디에게 기회가 있었다. 그는 소송을 걱정하고 자신에게 돈이 없다는 사실에 사로잡히며 전처에 대한 분노를 곱씹을 수도 있었다. 기본적으로, 그는 걱정에 갇히는 길을 선택할 수도 있었다. 또는 전처가 하는 말을 듣고 다른 방향으로 가려고 선택할 수도 있었다. 그는 문제를 해결할 수도 있었다.

전처에게 왜 자녀 양육비가 더 필요한지 물었다. 그녀는 질문에 답하지 않고, 그에게 소리를 지르며 자신과 아이들은 더 받을 자격이 있다고 했다. 랜디는 대화의 초점을 구체적 요구로 되돌리려 했지만, 전처는 여전히 대답하지 않고 그를 무시하고 욕했다. 랜디는 그녀의 요구를 두고 합리적으로 대화를 못 하겠으면 전화를 끊겠다고 했다. 랜디는 전처의 생각을 이해하려 애썼지만 그녀가 계속 무시하고 비난하자, 계속해봐야 아무 소용 없다고 판단해 전화를 끊고, 변호사에게 소송에 대비하라고 했다. 변호사는 그렇게 하겠고 자신이 보기에 자녀 양육비를 올려줄 아무런 이유도 없다며 랜디를 안심시켰다.

랜디는 관심을 보이고 문제해결에 뛰어들었다. 첫째, 그는 전처의 요구를 두고 대화하려 했다. 그러나 아무 소용이 없자 변호사에게 법적 도움을 구했다. 문제가 법적이기 때문이었다. 그는 걱정에 매이는 대신, 자신이 할 수 있는 일을 하는 쪽을 선택했다. 그의 행동이 전처의 무례나 비합리적 태도를 멈추거나 더 많은 변호사 비용을 막지는 못했지만, 그가 앞으로 일어날지도 모를 일을 걱정하는 것은 막아주었다.

생각과 감정 전환하기

랜디의 행동은 한 단계 더 나아가야 했다. 전처에 대한 부정적 생각을 사로잡아 다르게 해결하는 것이었다. 전처의 행동이 심히 부당하며, 그녀가 매우 무례하고 자주 자신을 욕하며 비합리적 요구를 한다고 생각하는 쪽을 선택한다면, 그는 화가 날 것이다.

그가 원만하게 문제를 처리하려 노력하더라도 전처는 협조하지 않을 것이다. 이것은 그가 반드시 받아들여야 하는 현실이다. 그는 자신의 삶을 비참하게 만들려는 전처가 있다는 사실을 받아들여야 한다. 아무리 걱정해도 그녀가 돌연 협조하는 쪽으로 바뀌지는 않을 것이다. 그는 전처의 분노를 억제할 수 없고, 그것을 걱정해봐야 도움이 안 된다.

그러나 응어리와 앙심이 뿌리를 내리게 두느냐 그러지 않느냐는 그가 통제할 수 있다. 랜디가 통제할 수 있는 유일한 부분은 자신의 반응이고, 그는 그것을 책임진다. 그는 전처와의 관계가 처한 현실을 받아들이는 즉시 그녀가 자신을 조종하도록 놔두지 않음으로써 변화를 추진할 수 있다.

그가 전처를 어떻게 대할 것인지는 바꿀 수 있다. 그는 순간의 부정적인 면에 주저앉기를 거부하고, 화나고 속상한 자신의 생각을 전환해 행동을 취한다. "이게 그 여자가 행동하는 방식이야. 이 부분은 받아들여야 하지만, 내가 대응하는 방식은 바꿀 수 있어. 그 여자가 내 삶을 주무르게 두지는 않을 거야."

그는 전처의 행동이 잠재적 걱정의 방아쇠를 당겼다는 점을 인정하지만, 다른 길을 선택한다. 그는 자신의 생각을 사로잡고, 생각이 잘못된 길로 가지 못하게 막으며, 현실을 받아들이고, 자신이 통제할 수 있는 부분에 집중함으로써 문제를 해결한다.

문제해결이 불가능할 때

해결책이 없어 보일 때는 어떻게 해야 하는가? 예를 들어, 사라의 딸 알리는 땅콩 알레르기가 심하다. 알리의 학교는 알리가 땅콩에 노출될 경우 따를 알레르기 대비 매뉴얼을 만들었다. 학기 초, 직원들은 알레르기 반응을 예측하고 문제해결법을 숙지했다. 사라가 통제할 수 없는 부분은 규정을 따르지 않는 아이들 때문에 땅콩에 노출되는 것이었다. 알리의 반 친구들은 땅콩이 알리의 건강에 큰 해를 끼치니까 절대 교실에 땅콩을 가져오면 안 된다고 단단히 경고를 받았다. 그러나 늘 지시대로 따르면 아이들이 아니다.

사라는 알리의 환경을 통제하려고 할 수 있는 일을 다 했다. 매일 알리가 안전한 집을 나서서 학교에 간다는 사실은 사라가 엄마로서 걱정할 기회다. 그녀는 알리가 그날 땅콩에 노출될 만한 경우를 죄다 생각하는 쪽을 선택할 수도 있다. 신경 쇠약에 걸려 매일같이 딸이 땅콩에 노출될지 모른다고 걱정할 수도 있다. 사라에게 선택권이 있다.

그러나 사라는 주저앉아 걱정하는 쪽을 선택하지 않는다. 매일, 자신에게 말한다. "나는 열린 환경에서 알리를 보호하기 위해 내가 할 수 있는 일은 다 했어. 이제 알리가 괜찮을 거라고 믿어야 해. 그래. 무슨 일이 일어날 수도 있어. 하지만 내가 걱정한다고 달라지지 않아." 사라는 "…면 어쩌지"라는 생각을 사로잡고 현실을 받아들인다. 자신이 학교를 안전하게 만들려고 한 일에 초점을 맞춘다.

현실을 인정하고 변화를 추진하려면 감정과 이성이 균형을 이뤄야 한다. 자신이 모든 나쁜 것을 다 통제할 수 있다는 생각을 버리고 상황을 있는 그대로 받아들여야 한다.

그와 동시에, 문제해결법을 활용해 자신이 바꿀 수 있는 부분은 바꿔야 한다. 부정적 생각들을 사로잡아 진리로 새롭게 해야 한다. 현실을 받아들이고 자신이 개입할 수 있는 부분에 개입하라. 받아들이기와 바꾸기가 섬세하게 균형을 이루면 걱정스러운 생각이 우리 삶을 주무르지 못한다. 나중에 한 장에서, 받아들이기와 바꾸기를 자세히 살펴보겠다.

걱정 버리기 처방전

몸 BODY

불안한 생각이 들 때, 심호흡을 하거나 점진적 근육 이완을 활용해 몸의 긴장을 풀어라.

마음 SOUL

1. 걱정의 감정 뒤에 있는 생각을 규명하라(117페이지의 도표를 활용하라).

2. 당신이 사용하고 있을지 모를 부정적 사고 패턴을 규명하라.

3. 문제를 생각하는 더 합리적 방법, 즉 왜곡이나 비합리적 생각이나 사고 오류를 포함하지 않는 방법을 찾아내라. 새로운 생각이나 새로워진 생각을 연습하라.

4. 걱정스러운 생각들과 예상되는 결과들을 기록하라. 하루를 마쳤을 때, 걱정하던 일이 실제로 일어났는지 보라. 실제 결과를 기록하라.

5. 한 주를 마쳤을 때, 걱정하던 일이 실제로 얼마나 일어났는지 확인해보라.

6. 증거가 걱정을 뒷받침하는지 판단하라.

7. 자신이 걱정으로 이어지는 부정적 사고 패턴에 빠질 때, 자신에게 다음 질문
   을 던져라.

   ☐ 이것이 사실이라는 증거가 있는가?
   ☐ 이것이 늘 사실인가, 아니면 예외인 경우들이 있는가?
   ☐ 이것이 과거에 사실이었는가, 늘 사실이었는가?
   ☐ 이 일이 얼마나 사실인가? 이 일이 다시 일어날 확률이 얼마나
     되는가?
   ☐ 이 일이 일어난다면, 가능한 최악의 결과는 무엇인가?
   ☐ 내 감정이 내 생각을 주무르는가?

영혼 SPIRIT

날마다, 자신의 마음을 새롭게 하라.
시편 139편 23절을 묵상하라.

> 하나님이여 나를 살피사 내 마음을 아시며 나를 시험하사 내
> 뜻을 아옵소서

그리고 로마서 12장 2절을 묵상하라.

> 너희는 이 세대를 본받지 말고 오직 마음을 새롭게 함으로 변화
> 를 받아 하나님의 선하시고 기뻐하시고 온전하신 뜻이 무엇인
> 지 분별하도록 하라

걱정 솔루션

당신의 걱정을 몸에 동여매지 말라.

곧 짐이 너무 무거워지고 건강이 너무 나빠져

지푸라기 하나도 더 들지 못하게 된다.

아스트리드 알라우다

chapter 7

건강

: 얽매이지 말고 돌보라

어느 날, 커피를 마시며 조간신문을 읽는데 〈월 스트리트 저널〉의 건강과 행복 섹션에 실린 작은 기사가 눈에 들어왔다. 어느 영국 의학저널 기고자의 연구에 따르면, 대개 골다공증을 막으려고 섭취하는 칼슘 보조제가 심장마비 위험을 증가시킬 수 있다는 것이었다. 좋아! 나는 신문을 내려놓고 입에 털어 넣으려던 칼슘 보조제 셋을 쳐다보며 생각에 잠겼다. '이제 어쩌지? 이걸 먹어? 친구나 의사에게 전화해볼까? 아니면 그냥 내가 나를 죽이고 있다고 걱정할까?'(이게 걱정꾼의 생각이다!)

아직도 내가 마시는 커피가 내게 좋은지 나쁜지 헷갈린다는 사실일랑 잊어라. 이제 나는 건강 걱정 목록에 칼슘을 추가한다. 나는 이 연구 결과를 읽고 내 가족의 건강 습관을 생각했다. 아이들은 하루에 과일과 야채 5인분을 먹지 않고, 아무도 권장 수면시간 7시간을 채우지 못하며 (우리 아이들은 십 대다), 아무도 하루에 물을 여덟 잔씩 마시지 않는다.

내가 걱정해야 할까?

신문, 블로그, 웹사이트, 채팅방, 토크쇼를 비롯해 건강 소식을 얻는 다양한 통로 덕에, 우리는 넘쳐나는 새로운 정보와 그 정보가 내포하는 의미를 쉴 새 없이 접한다. 이런 정보에 일일이 다 주목했다가는 혼란이 일고 가족의 건강이 낙제점이라고 느낄 것이다. 건강한 생활을 위한 정보와 처방의 홍수는 오히려 걱정을 부를 수 있다.

자신이 식탁 너머로 "스테이크에 손대지 마! 그거 먹으면 심장마비 걸릴 거야!"라고 소리친다면, 앞서 제시한 긴장을 푸는 방법들을 훈련해야 할 것이다! 진지하게 말하건대, 넘쳐나는 의학 정보 때문에 미치지 않도록 조심해야 한다.

말 그대로 걱정하다 병이 들 수도 있다. 우리의 건강과 관련해, 잘못될 수 있거나 일어날 수 있는 일들이 널렸다. 우리가 통제할 수 있는 것도 있지만, 그럴 수 없는 것도 많다.

예상 못한 일을 예상하라

나는 신경외과 진료실에서 앉아 최근에 찍은 MRI의 결과를 설명 듣고 있었다. 6주 전, 사소한 증세들이 나타났으나 무시했다. 2004년 봄이었다. 나는 또 한 권의 책을 쓰느라 매일 컴퓨터 앞에 앉아 있었는데, 오른쪽 엉덩이에 통증이 점점 심해졌다. 처음에는 불편한 의자에 매일 몇 시간씩 앉아 있어서 그런 줄 알았다.

통증이 심해져서, 규칙적으로 휴식을 취하기로 했다. 개를 산책시키고, 치료용 공을 깔고 구르고, 책상에 무릎을 꿇고 앉고, 더 자주 움직였다. 남편은 더 좋은 의자를 사주기까지 했다. 하지만 별 차이가 없어 보였고, 통증은 갈수록 심해졌다.

나는 척추지압사에게 전화했다. 대체 의학 전문가인 그녀는 염증에 도움이 되는 몇몇 천연 보충제를 주면서 내과 의사와 통증 전문가를 만나보라고 했다. 통증 전문가는 여러 방식과 처치를 시도했다. 각각은 몇 시간은 효과가 있었으나 이내 통증이 다시 찾아왔다.

이제 나는 앉을 수도 없어 서 있거나 침대에 엎드려 있을 수밖에 없었다. 통증이 믿을 수 없을 만큼 심했다. 이런 통증은 처음이었다. 다리가 불에 타는 것 같았고 출산의 고통조차 비교가 되지 않았다. 도무지 수그러들지 않고, 너무 아파서 걷거나 서 있을 수도 없어서 24시간 침대에 있었다. 진통제를 처방받았으나 나는 약에 너무 민감해서 하나도 먹을 수 없었다. 되돌아보면, 이것이 도리어 축복이었다. 내가 이렇게 무슨 약에든 민감하지 않았다면, 통증을 가라앉히기 위해서 무엇이든 했을 것이기 때문이다. 그때 '사람들이 이렇게 진통제에 중독되는구나!'라고 생각했던 기억이 난다.

나는 몇 주째 침대에 꼼짝 없이 갇혔고, 가족은 내가 없는 생활을 시작했다. 나는 잘 수도 없었고, 다리를 어떻게 두어도 통증이 사라지지 않았다. 통증이 너무 심하고 탈진해 제정신을 잃을까봐 걱정스러웠다. 대부분, 나는 울고 기도했다. 내가 할 수 있는 일이라고는 글을 쓰고 기도하는 것뿐이었다. 나는 침대에 누워 노트북을 배에 올려놓고 책을 썼다. 정신을 잃지 않으려면 신경을 다른 데로 돌려야 했다. 글쓰기에 집중하면서 하루를 견딜 수 있었다. 8주 만에 책 한 권을 썼다! 아이러니하게도, 그 책이 베스트셀러가 되었다. 그러나 잠을 거의 잘 수 없었기에 밤이 무서웠다.

절망 가운데 하나님께 부르짖었다. 이 통증을 견디고 제정신을 잃지 않을 힘을 얻기 위해 하나님께 전적으로 의지했다. 그 기간에, 하나님이 강하게 임재하셨고, 그분이 나와 함께 계시는 것을 알았다. 이것만이 나를 지탱해주었다. 내가 하나님께 기도하며 이 시련을 견디도록 도와달라고 했을 때, 하나님은 그렇게 해주셨다.

그날들이 가물가물해졌으나 어쨌든 그날들을 이겨냈고 통증에서 벗어나 새로운 계획을 세울 수 있었다. 어떻게 이런 일이 일어났는지 미스터리였다. 왜 이런 통증이 일어났는지 실마리라도 찾으려고 과거 병력을 살펴보는데, 내 상태를 악화시켰을 법한 몇 가지가 떠올랐다. 비행기를 자주 타면서 무거운 책 상자를 가져갈 때가 많았고, 가족을 만나러 오랜 시간 자동차로 이동할 때가 많았다. 게다가 6개월 전에는 아이스링크 빙판에서 세게 넘어졌다. 딸은 바닥에 쓰러져 꼼짝 못하는 엄마를 겁에 질려 쳐다보았다. 통증이 극심했다. 어딘가 심하게 부러졌으며 앰뷸런스에 실려 가겠구나 싶었지만, 곁에 있는 딸이 겁먹지 않도록 아프지 않은 척하며 간신히 일어나 부모님 댁으로 돌아갔다. 이 사건을 떠올릴 때면, 그때 내 등 쪽에 뭔가 어긋난 게 아닌가라는 생각이 들었다.

통증 전문가는 더 적극적인 조처를 해야 한다고 했다. 처치는 일시적으로 통증을 완화할 뿐 증세의 근본 원인을 제거하는 게 아니었다. 그는 이제 통증이 아래로 내려와 오른쪽 다리를 마비시키고 있는 것을 걱정했다.

MRI 촬영 기계 안에 누워 '내가 여기서 뭘 하고 있지? 나는 등이 아팠던 적이 없고 그때 넘어진 후에도 정상적인 생활을 했잖아. 이번 통증은 난데없는 것 같아!' 이런 생각을 했는데, 촬영 후 예상치 못한 원인이 분명하게 드러났다.

의사에게서 듣고 싶지 않은 말을 들을 때, 우리는 순간적으로 충격을 받고 두려움을 느낀다. 검사 결과 L5(맨 아래 척추뼈 중 하나)에서 큰 팽융(bulge)이 좌골 신경을 누르고 있는 것이 발견되었다. 수술밖에는 방법이 없었고, 즉시 수술하지 않으면 신경이 영구적으로 손상되어 실금(失禁) 환자가 될 위험이 있다고 했다.

멍한 상태로 진료실을 나왔다. 통증은 계속되었으며, 하루도 더 견딜 수 없을 것 같았다. 나는 망연자실했다. 척추 수술이라고? 척추 수술을 수년 간의 치료 끝에 선택하는 최후 수단으로만 생각했다. 수술하더라도, 통증이 완전히 사라진다고 장담할 수 없었다. 잠시 무서웠다. 그러나 하나님이 나와 함께하신다는 것을 알았다. 기도하며 보냈던 그 모든 시간이 나로 그분의 임재를 더 또렷이 알게 해주었다.

이웃 중에 친구처럼 가깝게 지내며 자주 만나 식사를 하고 교제를 나누는 의사 가정들이 있어서 이 문제를 그들에게 얘기했다. 모두들 MRI를 보더니 신경외과 의사의 말에 동의했다. 이들이 보기에도 달리 선택이 없었다. 나는 이것을 수술을 받으라는 확증으로 받아들이고, 수술에 대해 마음이 편안해졌다.

수술 전 주, 많은 사람이 나의 치료를 위해 기도해주었다. 나는 하나님이 나를 치료해주실 수 있다는 것을 알았다. 의심하지 않았다. 그때 무슨 일이 일어났다. 수술 전날 밤, 갑자기 통증이 사라졌다. 6주간 멈추지 않던 통증이 사라졌다. 나는 거실에 앉아 기뻐 어쩔 줄 몰랐다. 움직이고, 앉고, 춤을 추는데도 통증이 없었다. 수술을 취소할 수 있겠다는 생각이 가장 먼저 들었다. 그러나 이런 생각은 오래가지 못했다. 아침이 되자 통증이 재발했고 더 심해졌다.

그러나 간밤에 일시적으로 통증이 없었던 덕분에 한 달 만에 처음으로 제대로 잘 수 있었다. 하나님이 수술에 준비되도록 내게 휴식을 주셨다. 나는 실망했지만, 잠시나마 통증에서 놓여난 것에 감사했다. 수술하지 않고 나았다면 더 좋았겠지만, 하나님은 길을 아셨고 나는 그 길을 가야 했다.

이튿날, 나는 수술을 준비했다. 우리는 기도했고, 나는 평안했다. 통증에도 불구하고, 하나님이 나를 위해 일하고 계신다는 것을 알았다. 수술은 잘 되었다. 회복실에서 깨어났을 때, 나는 하나님의 임재에 압도되었다. 지금까지, 그때 회복실에서 하나님이 얼마나 가깝게 느껴졌는지를 생각만 해도 눈물이 난다. 마치 천국의 한 부분을 만지는 것 같았다. 그분의 임재가 너무나 강해서 나는 웃고 있었다. 그분의 선하심을 외치고 싶었지만, 너무 몽롱해 말할 수 없었다.

내가 경험한 평안은 조작될 수 있는 게 아니었다. 완전하고 초자연적이었으며, 내 몸과 마음과 영혼을 차분히 가라앉힐 능력이 있었다. 실현된 하나님의 약속이었다. 하나님이 내가 어려울 때 나와 함께하셔서 나로 그 어려움을 이기게 하셨다.

회복은 오래 걸렸고 쉽지 않았다. 물리치료를 받으면서 점차 생활에 복귀하기 시작했다. 지금으로서는 척추 수술이 성공적이라고 생각된다. 이 경험으로, 고통의 때를 하나님을 옆에 모시고 어떻게 견뎌야 하는지 배웠고, 몸이 아픈 사람들을 더 생각하게 되었으며, 중독의 힘을 더 잘 알게 되었다.

우리가 병들어 아플 때, 하나님이 함께하신다. 내 인내의 비결은 슬픔과 고통을 아시는 그분의 이름을 부르는 것이었다. 그분의 임재가 걱정을 물리치며, 고통스럽고 힘든 경험에 평안을 준다.

자가 진단을 주의하라

정보는 힘이며 인터넷은 정보의 바다다. 문제는 정보를 어떻게 활용하느냐다. 자가 진단은 부정확한 진단을 낳을 수 있다(이런 일은 생각보다 자주 일어난다). 나도 이런 적이 있다. 나는 인터넷 웹사이트를 이용해 가족 중 하나를 통풍이라고 정확히 진단했다. 병원 검사가 이것을 확인해주었다. 그러나 그다음, 나는 다리 통증의 원인을 잘못 진단했고 아무것도 걱정하지 않았다.

인터넷에서, 거의 모든 통증과 관련된 질병과 질환을 찾을 수 있다. 의사가 아닌 사람들은 잘못된 진단을 내리고 잘못된 치료를 추천하기 십상이다. 또한 우리는 부정확한 조언이나 훈련 탓에 자신이 심각한 문제가 있다고 생각해 걱정할 수 있다. 이런저런 블로그를 읽어보면, 아무 자격증도 없이 건강에 조언을 쏟아내는 사람들을 만난다. 자신을 진단할 때 주의하고 언제나 의료 전문가에게 확인을 받아라.

나는 과학적 근거가 전혀 없는 잘못된 치료와 유행하는 처치에 많은 돈을 허비하는 사람들을 치료해왔다. 예를 들면, 단기간에 체중을 줄일 수 있다거나 피하지방을 뺄 수 있다고 약속하는 모든 유행 다이어트를 생각해보라. 옛말이 여기 딱 들어맞는다. 사실이라기엔 너무 좋다면, 사실이 아닐 것이다.

앞서 말했듯이, 대중 매체는 무엇이 건강에 좋고 무엇이 건강에 나쁜지 정기적으로 알려준다. 정보가 새로운 연구와 발견을 토대로 달라진다. FDA가 안전하다고 한 약물이 몇 년 후 사망자들 때문에 회수된다. 얼마 전, 5년 동안 시중에서 처방전 없이 살 수 있고 약 2백만 명이 복용한 의약품이 심장병과 뇌졸중 위험 때문에 사라졌다. 약품의 안전과 관련해 국가적인 안전장치가 있지만, 그렇더라도 추가 연구가 약품의 사용 가능 여부를 뒤집을 수 있다. 만약 밤에 약물의 안전을 걱정한다면, 잠을 제대로 못 잘 것이다. 모든 부작용과 문제를 예측하기란 불가능하다. 약물과 치료는 어느 정도 위험을 수반한다.

고삐 풀린 걱정

건강 정보에 지나치게 접근하면, 건강 걱정이 이른바 심기증(心氣症)이라는 집착이 될 수 있다. 심기증이란 모든 신체 징후를 심각한 의학 문제로 해석하는 심리 상태를 말한다. 아무 증거가 없는데도, 심기증 환자는 자기가 병에 걸렸다고 믿는다. 이런 사람들은 의사, 친구, 가족이 아무리 설득해도 생각을 바꾸지 않는다. 심기증 환자는 목이 아프면 인후암이고, 머리가 아프면 뇌종양이며, 잠깐 실신하면 당뇨병이다. 이러한 형태의 지나친 걱정은 흔히 정신건강 전문가의 도움이 필요하다.

테일러는 정신건강 치료가 필요한 심기증 환자의 한 예다. 그녀는 두통이 잦은 게 뇌종양 때문이라고 확신했다. 여러 병원을 찾았으나 다들 그녀의 두통은 스트레스 때문이라고 했다. 그런데도 그녀는 자신의 뇌를 촬영해줄 의사를 찾아다녔다. 그녀는 자신이 매우 아프다고 믿었다.

여러 차례 진료를 받았으나 증세의 신체적 원인은 발견되지 않았다. 그런데도 테일러는 자신의 두통이 심리적인 데서 기인했다고 믿지 않으려 했다. 그녀는 의사들이 중요한 정보를 간과했으며 뇌를 촬영하면 종양이 발견될 거라고 확신했다. 그녀의 집착은 값비싼 검사와 통제되지 않는 걱정으로 이어졌다.

증세를 처음 발견했을 때 거기에 관심을 갖는 것은 당연하다. 예를 들면, 나는 몸에 간헐적으로 사마귀 같은 게 생기면 피부과 진료를 받는다. 별 게 아니면 걱정하지 않는다. 그러나 테일러 같은 심기증 환자는 증거를 무시하고 걱정한다.

아버지가 이른 나이에 심장 마비로 돌아가셨다거나 자동차 사고로 사람이 죽는 광경을 본 것 같은 트라우마 사건들이 지나친 건강 걱정을 불러일으킬 때가 많다. 그런가 하면, 덜 극적인 경험들도 건강 걱정을 유발할 수 있다. 언젠가 몇몇 40대 여성이 내게 치료를 받았다. 이들은 모두 유방암 진단을 받았다. 당시, 나는 40대 초반이었는데, 유방암에 관한 얘기를 지속적으로 듣고 유방암 치료를 받는 환자들이 많은 것을 보면서 나까지 불안해졌다. 게다가 암과 싸우는 숱한 여성을 대해야 했기에 불안은 고조되었다.

부작용 걱정

설령 가벼운 증세가 심각한 질병으로 악화되지 않더라도, 건강에 대한 불안을 완전히 떨치기란 어렵다. 해야 할 일이라곤 가능한 숱한 부작용을 설명하는 무수한 약 광고 중 하나를 듣는 것뿐이다. 기록적인 속도로 읊어대는 긴 설명을 듣고 나면, 과연 누가 약을 먹을지 의문이다!

제약 회사는 약의 부작용을 명시해야 한다. 이것은 의무 조항이지만 걱정꾼을 더 걱정하게 만드는 게 분명하다. 약 한 알 먹는 것만으로 잘못될 가능성이 있거나 일어날 수 있는 모든 일을 생각해보라! 그래서 어떤 약이든 그 약을 먹을지 말지 신중하게 생각해야 한다. 처방을 받겠다고 결정했다면 자기 몸에 주의를 기울이고 마음이 걱정에 빠지지 않게 하라. 정보로 무장한 후 결정을 내리되 그 정보가 불안을 일으키지 않게 하라.

건강과 관련된 일반적 걱정들

건강 정보를 쉽게 얻을 수 있으니 대부분의 건강 걱정도 쉽게 떨칠 수 있으리라 생각할지 모른다. 사실은 그렇지 않다. 부정확한 정보가 널리 퍼질 때, 건강에 관해 근거 없는 속설이 확대될 수 있다. 이런 속설은 정보 부족에서 비롯된다. 때로는 고루한 사실에서 비롯된다. 어떤 경우, 우리를 겁주어 상품을 구매하거나 소비하게 하려고 건강 신화가 조장된다. 여기 사람들이 받아들인 일반적인 건강 걱정 중 몇 가지는 과학이 아닌 속설에 바탕을 둔 것이다.

변기가 병을 옮기지 않는가?

인터넷의 건강 세계에서, 변기는 부당한 평가를 받는다! 사실, 변기는 생각만큼 쉽게 병을 퍼뜨리지 않는다. 대부분은 화장실을 사용한 후 손을 씻으며, 따라서 박테리아나 질병을 옮길 위험이 줄어든다. 변기가 성병을 옮길 수 있다는 것은 사실이 아니고 흔한 속설이다. 그러므로 비누로 손을 씻고, 그 전에는 손으로 입을 만지지 말라. 그러면 문제를 일으키는 대부분의 세균을 피할 수 있다. 사실, 변기는 공중 의자보다 위생적이다.

주유할 때 안전한가?

또 다른 일반적 걱정은 주유할 때 발생하는 가스에 관한 것이다. 사람들이 잘 모르는데, 주유 호스에는 주유할 때 발생하는 증기를 대부분 걸러주는 특수 노즐이 있어서, 이 가스가 해를 끼치지 않는다. 당신이 가스 냄새에 민감할 수도 있고, 주유 후에는 손을 씻는 게 좋지만, 가스 때문에 병에 걸리는 일은 일어나지 않을 것이다.

문손잡이는 어떤가?

공중 화장실을 이용할 때 문손잡이 때문에 찜찜했는가? 건강한 습관은 손을 씻고 문을 발이나 팔꿈치로 밀어서 여는 것이다. 손을 씻은 후 문손잡이를 만져야 할 경우 이렇게 하면, 손잡이의 세균이 입이나 눈으로 들어가는 것을 막을 수 있다. 조금은 결벽증인 것처럼 들릴지도 모르겠다. 그러나 앞서 말했듯이, 공공장소에는 손을 통해 입이나 눈으로 옮겨갈 수 있는 세균들이 있다. 공공장소를 나온 후 손 세정제를 사용할 수도 있다. 세균에 감염될 가능성에 강박 관념을 갖기보다 합리적 예방 조치를 취할 수 있다. 우리는 하루에도 숱한 세균에 노출되지만, 우리 몸에는 우리가 아는 것보다 훨씬 많은 면역체계가 구축되어 있다. 걱정하지 않고도 지혜롭게 대처할 수 있다.

네일숍은 해롭다?

여자들은 네일숍에 독성이 있는지 자주 묻는다. 네일숍에 들어갔는데 화학 약품 냄새가 난다면 환기가 잘 되지 않았다는 뜻이다. 그렇다면 이것을 걱정해야 할까? 그럴지도 모르지만, 필요 이상으로 불안을 조장하는 보도는 우리의 염려가 진짜 그런지 아닌지를 판단하는 데 도움이 되지 않는다.

이런 헤드라인을 생각해보라. "네일숍의 유해성 - 매니큐어가 차기 고엽제가 될 수 있는 이유"[1] 매니큐어가 고엽제에 비유된다! 이 기사는 뒤이어 매니큐어를 바르기 전과 후에 사용하는 재료에 포함된 화학 약품이 암, 선천적 장애, 피부 발진과 관련이 있다고 말한다.

그렇다면 연구 결과는 어떤가? 휴스턴에 있는 텍사스대학의 앤더슨 암센터에서 실시한 연구는 네일숍에서 쬐는 자외선이 매니큐어보다 더 문제라는 것을 발견했다. 자외선 네일 램프에 노출되는 게 걱정할 수준인지는 의문이다.[2] 그러나 추가적인 연구를 통해, 뉴욕대학교 의과대학 조교수 로쉬니 라즈(Roshini Raj) 박사는 자신의 저서 《이게 뭐지? 당신의 몸에 관한 기막힌 진실》(What the Yuck? The Freaky and the Fabulous Truth About Your Body)에서 매주 또는 한 주 건너 한 번씩 네일 램프를 사용하면 자외선에 훨씬 더 노출될 수 있다고 말한다.[3] 따라서 유해한 화학 물질과 더불어 자외선이 당신의 걱정을 더할 수 있다.

그렇다면 절대로 네일숍에 자주 가지 말아야 하는가? 임신 중이라면, 매니큐어를 하고 싶지 않을 것이다. 그런 경우가 아니라면, 이런 주제들과 관련된 사실을 면밀히 살펴본 후 정보를 근거로 판단하라. 걱정은 무지나 위험한 행동, 혹은 둘 다에서 비롯된다. 어떤 경우, 아직 명확한 결정이 나지 않았다.

염색약은 위험하다?

당신은 머리를 염색할 때, 염색약에 포함된 화학 물질 때문에 암에 걸릴 위험이 있다고 걱정할지 모른다. 국립 암연구소(National Cancer Institute)에 따르면, 염색약에 사용되는 화학 물질은 5천 가지가 넘는데, 그중에 더러는 동물실험에서 암을 유발하는 것으로 드러났다. 그러나 국제 암 연구소(International Agency for Research on Cancer, IARC)의 보고서는 "머리 염색제는 사람에게 암을 일으키는 물질로 분류될 수 없다"고 결론 내렸다.[4] 이것은 머리 염색제가 사람에게 암을 일으킨다고 확실하게 말할 수 없다는 뜻이다.

1980년대 이전에 사용된 염색제는 새로운 염색제보다 암을 유발할 가능성이 높았다. 어느 연구에 따르면, 1980년 이전에 염색제를 사용한 여성들은 염색제를 전혀 사용하지 않은 여성들에 비해 비호지킨 림프종(주로 림프조직에 발생하는 암의 일종)에 걸릴 위험이 30퍼센트 높은 것으로 나타났다. 그러나 이런 위험은 1980년에 염색제가 바뀌면서 사라졌다.[5] 당신은 이런 정보를 토대로 아주 신중할 수도 있고, 자신의 정보를 토대로 결정을 내릴 수도 있으며, 위험을 감수할 수도 있다. 당신은 사용하는 모든 제품에 대해 걱정하고 싶지 않을 것이다.

전자레인지와 휴대전화 전자파는 어떤가?

마지막으로, 전자레인지로 요리를 하면 건강에 위험한가? 현재로서는 (기억하라. 건강 관련 연구들은 계속해서 다른 결론을 쏟아낸다), 전자레인지로 요리하기를 포기하지 않아도 된다. 미국 암협회(American Cancer Society)에 따르면, 전자레인지 내부에서 높은 수준의 전자파가 나오지만 건강에 해를 끼칠 정도는 아니다. 아이들이 사용할 경우에 관한 연구가 활발히 진행되고 있기는 하지만, 휴대전화의 경우도 다르지 않다.[6] 전자 기기와 기술이 인체에 미치는 영향을 조금 더 알 때까지 사용 지침을 따르는 게 좋다. 전자레인지로 요리할 때는 플라스틱 용기를 사용하지 말고 정면 쪽에 가까이 서 있지 말라는 것 같은 구체적 지시 사항은 더 많은 정보를 얻을 때까지 따라야 할 좋은 제안이다. 기억하라. 연구자들은 건강에 대한 불안감과 관련해 암에 대한 관심사만 다루는 게 아니다. 건강에 관한 다른 관심사들도 연구에 수년씩 걸린다.

건강 걱정을 상황에 적용하기

당신이 불안하고, 당신의 건강에 위험할 만한 것들의 목록을 이미 점검하고 있다면, 잠시 멈추고 심호흡을 하라. 요컨대, 당신은 문제를 일으킬 수 있는 가능한 모든 것의 목록을 길게 작성할 수 있다. 앞서 말했듯이, 연구가 이뤄지고 새로운 정보를 얻게 되면서 건강 정보는 수시로 바뀐다. 건강에 관한 모든 관심이 걱정으로 변하게 두면, 언제나 불안하고 두려워하며 살아야 한다. 명심하라. 대중 매체의 건강 관련 보도는 특정한 연구 결과를 일반적으로 적용하는 데 한계가 있다는 사실을 늘 말해주지는 않는다.

건강 걱정이 당신을 좀먹지 않도록 막는 한 방법은 정보를 듣거나 읽고 맥락에 적용하는 것이다. 예를 들면, 장수의 가장 중요한 변수는 유전적 요인이라는 것은 흥미롭다. 그러나 이것은 당신이 어떻게 할 수 있는 게 아니다. 유전적 요인은 말 그대로 그냥 물려받는 것이다. 이런 까닭에, 예를 들면, 평생 담배를 피우는 사람이 100세까지 살기도 한다. 좋은 영양 섭취와 운동과 건강에 좋은 습관이 장수에 기여하지만, 유전자가 이 모두를 능가할 수 있다.

생활 습관이 건강하지만 콜레스테롤 수치가 높거나 심장병을 앓는 사람들이 얼마나 많은가? 전형적으로, 이것은 유전자 때문이다. 그렇다고 해서 기권하고 "이게 유전자 룰렛이라면 굳이 뭐 하러 애를 써?"라고 말하지 말라. 건강한 삶은 위험을 줄인다. 그러나 건강한 삶이 모든 건강 문제를 막아주지는 않는다. 모든 걱정거리가 그렇듯, 건강도 늘 통제하고 예측할 수는 없다. 반드시 받아들여야 하는 불확실성이 적지 않다.

걱정에 재갈을 물리려면, 한 가지 연구 결과가 어떻게 살아야 하는지에 관한 법을 제공해주지 않는다는 것을 명심하라. 믿을 만한 건강 권고에는 많은 요소가 포함된다. 이러한 권고를 완벽하게 지키지 못하더라도, 당신에게 끔찍한 일이 일어난다는 뜻은 아니다. 예를 들면, 며칠간 7시간을 채 자지 못했다면, 당신의 건강에 미치는 유일한 위험은 아마도 짜증이 날 거라는 것이다! 일반적인 수면 지침은 건강한 생활 습관을 기르도록 돕고 몸이 제 역할을 하게끔 필요한 휴식을 주려는 것이다.

최근에 나는 아버지와 아버지의 건강을 대해 이야기를 나눴다. 아버지는 올해 아흔이고 2형 당뇨병을 앓고 계신데, 그저께는 혈당이 위험 수치까지 떨어졌다. 아무런 조치가 없었다면 돌아가셨을 수도 있다. 아버지 건강이 많이 걱정된다고 했더니, 아버지는 차분하게 "애야, 언젠가는 죽어야 하잖니"라고 하셨다. 진심이셨다. 아버지는 인슐린이 오르내리는 것을 걱정하지 않으신다. 아버지는 오래 사셨고, 당뇨병이 걱정의 근원이 되는 것을 허락지 않으신다. 아버지는 최선을 다해 지침을 따르며 매일 운동을 하고, 그 이상은 하나님께 맡기신다.

상황이 불가능해 보일 때

내 삶에서, 하나의 진단이 수년간 극복이 불가능해 보이는 걱정으로 이어졌다. 나는 7년간 아이가 없었다. 남편과 내가 함께 가정을 꾸리기로 결정했을 때, 둘 중 누구의 병력도 이런 일이 일어나리라는 것을 보여주지 않았다. 2년쯤 지났을 때, 나는 불임 치료 전문가를 만나보기로 결정했다. 문제가 있다면 바로잡아야 임신이 가능하니까.

한 달에 걸쳐 고통스런 검사를 했다. 검사 결과, 우리가 아기를 갖지 못할 의학적 이유가 없었다. 우리는 "원인불명 불임"이라는 진단을 받았고, 나는 가임기 여성 중에서 아기를 갖지 못하는 약 73만 명 중에 들었다.[7] 나는 큰 충격을 받았다. 우리는 이런 일을 예상치 못했을 뿐 아니라 이런 일이 일어나는 이유도 듣지 못했다.

그 후 한 달 한 달, 한 해 한 해가 내 인격과 믿음을 테스트하는 진짜 시험이었다. 친구들의 임신 축하 파티에 가는 게 그야말로 고역이었다. 쇼핑몰에서 엄마들이 유모차에 아기를 태우고 다니는 광경을 보면 이유 없이 화가 났다. 어머니날이 되면, 교회에서 예배를 드릴 때 눈물을 멈출 수 없었다. 임신해서 걱정이라며 낙태하고 싶다는 환자들을 대할 때면 너무나 견디기 어려웠다.

나는 낙담하고 불안했으며, 내 생각을 짓누르는 만성적 실의에서 벗어날 수 없을 것 같았다. 내 생각이 바르지 않다는 것을 알아서 더 괴로웠다. 나 자신의 감정을 잘 다스릴 수 없었다. 어느 날은 갑자기 울음을 터뜨렸고, 어느 날은 내가 강하다고 느꼈다. 우울증 병력이 없는데도 매달 미칠 것 같았다. 매달 희망을 품었으나 희망은 절망으로 끝났다. 내 몸이 나의 적이 되었다. 내 몸이 제 기능을 하려 들지 않았다. 고통스럽고 수치스러운 검사를 받고 여러 과정을 거쳤으나 아무 결과도 얻지 못했다. 내가 나만 생각하고 불가능한 목표에 집착하고 있는 게 아닌지 걱정이었다. 불임을 생각하지 않으려 할수록 더 생각했다. 불임은 잠시도 내 머릿속을 떠나지 않았고, 나는 이게 싫었다!

그 기간, 친구들 중 일곱 명도 아기를 갖지 못해 애태우고 있었다. 우리는 대부분의 여자들이 하듯이 비공식 그룹을 만들어 서로 응원했다.

그렇게 몇 년이 흐르면서, 모두들 마침내 임신하고 출산했다. 기쁘면서도 슬펐다. 나는 이들의 고통을 알았고, 이들 중 여럿은 불임의 원인이 의학적이었고 수술과 고통스러운 치료가 필요했다. 이제 나 혼자 남았다. 엄마가 되려는 내 꿈은 사라져가고 있었다.

어느 날 저녁, 2년 반 만에 불임에서 벗어났다는 어느 자매의 얘기를 듣고 나는 생각했다. '저는 그렇게 오래 견디지 못해요. 하나님, 한 해라도 견디지 않게 해주세요.' 몇 달 후, 나는 임신을 했으나 유산했다. 충격이 이만저만이 아니었다.

이러한 만성적인 스트레스에 시달릴 때, 성경 속 욥의 친구들에게서 힌트를 얻은 게 틀림없는 친구들을 만났다. 나는 그 친구들 모두 진심이었다고 확신한다. 그러나 나를 위로하려는 이들의 시도는 무지했고 도리어 상처를 주었다.

한 친구는 나의 불임이 은밀한 죄 때문이라고 했다. 만약 그렇다면, 그건 나도 모르는 죄였다! 날마다 나는 하나님 앞에 나아가 나의 마음을 살폈다. 나와 하나님의 관계가 올발라야 한다는 것을 너무나 잘 알기 때문이었다. 어떤 친구들은 내 삶에 교만한 부분이 있어 임신을 못한다고 했다. 이렇게 주장하는 사람들을 의사에게 데려가 환자복을 입히고 인턴들이 이들을 소처럼 여기저기 찔러보게 하고 이들로 자신들이 얼마나 교만하다고 느끼는지 말해보게 하고 싶었다! 불임은 수치심을 안기며 자신 속에 남은 어떤 교만이든 제거한다.

물론, 이 모두를 믿음 부족으로 돌리는 신자들도 있다. 이 경우, 아이러니는 내가 가진 것이 믿음뿐이라는 것이다. 나의 방어책은 나의 성경을 알고, 양식 있는 사람들에게 믿음이 고통을 없애지 않는다고 말하는 것이었다.

나는 모든 의사와 연구의 조언을 따랐으며, 심지어 친구들의 말도 안 되는 조언도 따랐다. 나는 물구나무를 서고 스트레스 줄이기를 실행하며 배란을 조절했다. 만성 환자처럼, 내 삶은 임신을 중심으로 돌아갔다. 솔직히, 탈진해버렸다.

고통과 실패 속에 여러 해를 보낸 후, 마침내 포기하고 하나님께 맡겼다. 내 노력은 하나도 효력이 없었다. 현실이 강하게 다가왔다. 내게는 두 선택이 있다고 느꼈다. 화를 내며 비통해하고 불안에 갇혀 살 수도 있었고, 아니면 모든 것을 하나님께 맡길 수도 있었다. 내가 시작했어야 했던 곳에서 싸움을 끝냈다. 내 삶을 향한 하나님의 계획이 선하며 목적으로 가득하고, 그분이 모든 것이 합력하여 내게 선을 이루게 하시리라고 믿고 모든 것을 하나님께 맡겼다. 이 결론에 이르는 데 수년이 걸렸다.

금식하며 기도하기 시작했다.

"내 뜻대로 마시고 주님 뜻대로 하십시오. 아이를 갖는 게 당신의 뜻이 아니라면, 그런 바람이 사라지게 하소서."

이제 내 나이가 한 요인이 되어가고 있었다. 의사들은 나의 난자가 늙어가며, 이게 문제가 될 수 있다고 했다. 내가 아이를 갖지 못하고 있을 뿐 아니라 나의 난자까지 늙었다. 당신이라면 이런 얘기를 듣고 어떻게 하겠는가? 그러나 이제 나는 현실을 받아들이고 모든 문제를 조용히 하나님께 맡겼다.

"여기 나의 바람, 나의 늙은 난자, 나의 삶이 있습니다."

그러던 어느 날 시편의 한 구절이 눈에 들어왔다.

그는 늙어도 여전히 결실하며 진액이 풍족하고 빛이 청청하니 시 92:14

이 구절을 읽자마자, 나의 늙은 난자를 생각했고 하나님이 내게 이렇게 말씀하고 계신다는 생각이 들었다.

"걱정하지 마라. 네가 생기 있고 신선하며 번성하는 열매를 맺을 것이다."

나는 성경을 덮었고 평안을 느꼈다. 불안이 사라졌다. 하나님이 무언가를 하시리라는 것을 알았다.

나머지 이야기는 기적 같은 순간들과 잃어버린 시간을 회복하시는 하나님으로 넘친다. 하나님은 내게 아름다운 두 아이를, 그것도 '늙은' 나이에 주셨다. 내가 하나님의 계획과 타이밍에 복종하자, 걱정이 물러났다. 마침내 하나님의 은혜가 내 삶에 작동하는 것을 보았다. 내가 그분을 신뢰해야 하며, 그러지 않으면 낙담과 의심에 빠진다는 것을 알았다.

내 경우, 이야기는 두 아이로 끝났다. 모두가 다 이런 것은 아니다. 그러나 불임을 다루는 과정에서 하나님께 전적으로 내어 맡겨야 한다. 나는 이것이 핵심이었다고 믿는다. 하나님이 그 힘겨운 7년을 사용해 내가 원하는 결과를 얻지 못할 때도 평안을 잃지 않는 법을 가르쳐주셨다. 하나님은 내게 그럴 이유가 보이지 않을 때라도 그분을 신뢰하라고 가르치셨다. 그리고 날마다 걱정을 내려놓는 법을 가르쳐주셨다. 나는 지금도 이런 교훈들을 배우고 있다.

건강 문제는 우리로 하나님을 신뢰하고 의지하게 하는 한 방법이다. 건강 문제는 자주 우리의 믿음을 시험하고, 우리가 진정으로 믿는 게 무엇인지 보여준다. 어려움과 아픔은 우리에게 하나님이 필요함을 알게 하는 데 사용될 수 있다. 욥처럼, 우리가 당하는 고난에 아무런 설명이 없을 수도 있다. 그러나 우리는 그 고난을 하나님께 영광을 돌리는 기회로 삼을 수 있다.

요컨대, 개인의 건강 문제에 지나치게 무관심한 것과 거기에 얽매이는 것은 전혀 다르다. 그 중간 어디쯤에 균형이 자리한다. 우리는 자신의 건강을 돌보기 위해 자신이 할 수 있는 일을 한다. 도움과 지혜의 한 형태로 정보에 귀를 기울이지만, 매일 쏟아져 나오는 정보에 걱정하려는 유혹을 피한다. 앞서 말했듯이, 이것은 쉬운 일이 아니며, 특히 건강에 과도하게 신경 쓰는 우리 문화에서는 더 그렇다.

우리는 가능한 건강 문제에 걱정할 수도 있다. 몸이 마음먹은 대로 움직이지 않을 때 불평할 수도 있다. 또는 질병의 불확실성을 감내하며 사는 법을 배울 수도 있다. 우리는 타락한 세상에 산다. 그런데도 하나님은 여전히 우리를 고치시고 우리와 함께 고통을 겪으신다. 그분의 약속은 무슨 일이 있어도 우리와 함께하시겠다는 것이다. 우리는 이 확실성을 믿어야 한다.

걱정 버리기 처방전

몸 BODY

필요하다면 건강검진을 받아보라. 자신의 몸을 돌보라. 믿음이 가는 의사를 찾아가 정확한 정보를 얻어라. 그리고 건강을 유지하기 위해 자신이 할 수 있는 일을 하라.

마음 SOUL

당신의 건강에 관한 걱정들을 적어보라.

이러한 걱정들이 실제라는 데이터가 있는가, 아니면 속설이나 인터넷 정보에 근거하는가?

이것들이 실제라면, 당신은 자신의 몸을 돌보는 데 필요한 일을 하고 있는가, 아니면 당신의 통제를 벗어난 일에 매여 있는가?

당신의 건강 걱정을 하나님께 맡겨라. 그분의 손에 맡기고, 그분의 평안으로 당신의 마음을 채워라. 빌립보서 4장 7절을 묵상하라.

> 모든 지각에 뛰어난 하나님의 평강이 그리스도 예수 안에서 너희 마음과 생각을 지키시리라

그리고 시편 46편 1절을 묵상하라.

> 하나님은 우리의 피난처시요 힘이시니 환난 중에 만날 큰 도움이시라

일보다 걱정이

더 많은 사람을 죽이는 이유는

더 많은 사람이

일보다 걱정을 하기 때문이다.

로버트 프로스트

일

: 잠시 멈추고 변화를 도모하라

온라인 뉴스 사이트를 몇몇 훑어보는데 최근에 실직한 사람들에 관한 이야기들이 눈에 띄었다. 캔자스시(市)에서 운영하는 한 블로그가 내 눈을 사로잡았다. 독자들이 자신들의 실직에 관해 댓글을 달았다. 대부분 힘겹게 하루하루를 버티고 있었다. 걱정이 주된 주제였다.

로즈는 22년간 한 회사에서 일하면서 급여를 받았다. 지난 6년간, 장애인이 된 남편을 힘겹게 뒷바라지했다. 남편은 지금 요양원에서 생활하며, 로즈는 생존을 위해서라도 직장이 필요하다. 몇 주 전, 그녀는 실직했다. 그녀는 모든 것을 잃을까 걱정이다.

캐시는 자신이 실직한 것은 자신의 목소리가 사장이 싫어하는 여배우 캐서린 터너(Kathleen Turner)의 목소리를 닮았기 때문이라고 주장한다. 그녀가 첫 실업급여를 받기까지 무려 8개월 반이 걸렸다. 그동안, 그녀는 빚쟁이들에게 알렸고 자신이 빚을 꼭 갚는다는 것을 보여주기 위해 조금씩이라도 빚을 갚았다. 그러나 새로운 일자리를 구하는 게 뜻대로 되지 않고 자꾸 지체되자 짜증이 나고 실망했다. 적극적으로 직장을 구하고는 있지만, 가족은 그녀를 의지하고 그녀는 다시 직장을 구할 수 있을지 걱정이다.

어느 전기 기사는 지난 1년 사이에 여러 차례 해고되었고, 이제 돈이 바닥을 드러내고 있다. 그는 가능한 모든 부분의 씀씀이를 줄이고 퇴직연금에서 대출 받아 자동차세를 냈으며, 그간 저축한 돈을 모두 각종 청구서를 해결하는 데 썼다. 그는 주택구입 자금 대출 승인도 받았으나 이제 집을 사고 꼬박꼬박 대출금을 갚을 수도 없게 되었다. 설상가상으로, 연체한 적도 없는데 신용카드 회사는 그의 카드 이자율을 높였다. 경제가 회복되어야 다시 일자리를 얻을 수 있으나 그는 상황을 바꿀 힘이 없다. 허리띠를 졸라매고 책임감을 갖고 살려는 자신의 모든 노력만으로는 경제가 이렇게 어려운 때를 헤쳐나가지 못할까 걱정이다.

또 다른 사람은 자기 사업을 시작하려고 노력하는 세일즈맨이다. 금요일 오후 늦게 회의가 열렸는데, 직원들은 이제부터 판매수수료만 받게 된다는 통보를 받았다. 그는 사업을 시작할 돈을 어떻게 모을 수 있을지 걱정이다.

이야기는 끝이 없다. 생계비를 벌려고 고군분투하는 일반인들은 경기 침체 속에서 걱정과 불안에 시달린다. 잭도 예외가 아니었다. 직장에 긴장감이 돌았다. 회사는 여러 변화를 시도했고, 그 결과 잭의 팀원 대부분의 업무가 가중되었다. 잭은 열심히 일했는데도, 새로운 기대를 충족시키기 어려웠다. 그는 사장이 직원들의 생산성을 꼼꼼히 따지고 있다는 것을 알고 걱정하기 시작했고 사기가 떨어졌다.

그는 몇 주째 제대로 먹지도 자지도 못했다. 아내에게 피곤하고 아프다고 불평했다. 그는 줄곧 신경이 곤두서 가족에게 짜증을 내는 것 같았다. 집중력이 떨어졌고, 배탈이 나서 약도 사먹어야 했다. 아내는 그가 잠도 제대로 못 자는 것을 보고 병원에 가보라며 남편을 설득했다. 세밀하게 살핀 후 의사가 그에게 직장생활은 어떤지 묻자 잭이 대답했다. "지난 몇 달간 좀 어렵습니다. 지난번 감원 이후, 제가 세 사람 몫을 해야 합니다. 일이 너무 많아 화장실 갈 틈도 없습니다! 솔직히, 제가 계속 이런 페이스로 일할 수 있을지 걱정입니다. 전에는 제가 열심히 일하면 그걸로 충분하다고 생각했지만, 이제는 그것만으로는 아무것도 보장되지 않습니다. 회사가 이상해지고 있어요. 제가 이해 못 할 결정을 내리고 있습니다. 회사에 무슨 일이 벌어질지 걱정입니다."

의사는 만성 직무 스트레스가 잭의 뇌에서 경고 신호를 내보낸다는 것을 안다. 그의 신경 조직과 호르몬이 과로하고 있다. 이런 스트레스가 지속되어 그의 몸이 계속 각성 상태에 있으며, 이 때문에 몸이 망가진다. 잭은 변화를 꾀하거나 아니면 병이 날 위험을 감수해야 한다.

그는 혼자가 아니다. 한 생명보험회사의 조사에 따르면, 노동자의 40퍼센트가 자신들의 업무가 "매우" 또는 "극도로" 스트레스를 준다고 생각하고 피고용자의 4분의 1이 삶에서 직장이 가장 큰 스트레스를 준다고 보는 것으로 나타났다.[1] 건강에 관한 불평은 일이나 직장 걱정의 일반적 부작용이다.

도전인가 스트레스인가?

직장에서 도전을 받는 것과 만성적으로 스트레스를 받는 것은 다르다. 도전은 동기를 부여하고 활력을 주지만, 지나친 도전은 스트레스를 일으키고 몸을 해칠 수 있다. 도전이 충족되면 우리는 만족을 느낀다. 요구가 충족되지 못하고 만족 대신 걱정을 하게 되면 혼선이 생긴다. 노동통계국(Bureau of Labor Statistics)에 따르면, 스트레스가 지나치다고 느낄 때 결근이나 지각이 더 잦다.[2]

그러므로 직장과 관련해 걱정할 때, 당신이 일에서 받는 도전이 스트레스의 원인이 되었는지를 점검하라. 자원이나 시간, 인력 부족으로 내가 할 수 있다고 기대하는 범위를 넘어선다고 느끼면 스트레스가 생긴다. 압박감을 느껴서 잘 해야겠다는 동기를 잃고 있다면, 잠시 멈추고 변화를 꾀할 때다. 과도한 업무 스트레스는 에너지를 고갈시키고 몸과 마음을 지치게 할 수 있다.

업무 스트레스의 징후로는 다음과 같은 것들이 있다. 사기가 저하되고, 무관심해지며, 부정적 태도를 취한다. 냉소적이 되거나 지루하고, 불안하고, 피곤하고, 좌절하거나 우울해지고, 소외감을 느끼고, 짜증이 나고, 화가 나고, 결근을 하고 싶으며 두통이나 복통처럼 몸에 더 많은 문제가 생긴다.

스트레스를 줄이려면, 먼저 원인을 밝혀야 한다. 스트레스가 당신이 행동하는 방식과 관련이 있는가, 아니면 업무 환경과 더 관련이 있는가? 아니면 둘 다 일 걱정을 일으키는가?

일이 아니라 나의 특성 때문일 수도 있다

일 스트레스를 생각할 때, 이것을 고려하라. 당신이 스트레스라고 느끼는 것이 다른 사람에게는 스트레스가 아닐 수도 있다. 이것은 당신의 독특한 성격과 대응 방식이 당신이 직무 스트레스를 얼마나 잘 처리하느냐에 영향을 미치기 때문이다.

예를 들면, 당신이 쉽게 좌절한다면, 다른 사람에게는 성가시지 않은 일 때문에 짜증을 낼지 모른다. 직무에 자꾸 변화가 수반된다면, 변화에 빠르게 적응할 수 있는 사람에게는 더 좋을 수 있겠지만, 당신이 변화에 힘들어한다면 직무 부담이 너무 클 수 있다. 당신이 윗사람을 엄청 어려워하는데 자신이 좋아하지 않는 상사가 이래라저래라 명령한다면, 당신은 잘못된 길로 들어서고 계속해서 바짝 긴장하게 될 수 있다. 당신이 경쟁을 싫어하고 팀플레이를 선호한다면, 경쟁을 중심으로 돌아가는 직무는 불만족스러울 수 있다. 당신이 쉽게 지루해한다면, 단순 직무에 곧 불만을 느낄 것이다. 당신이 창의적 유형인데 직무가 반복 업무와 연관되었다면, 지루해할 게 뻔하다. 이런 것은 자기 성격에 맞는 자리에서 일하는 게 얼마나 중요한지 보여주는 몇몇 예에 불과하다.

업무에 얼마나 잘 적응하느냐는 개인의 특성과도 관련이 있다. 퍼듀 대학의 대니얼 므로젝(Daniel Mroczek)에 따르면, 만성 걱정, 불안, 우울증은 성격적 특성 신경증[3]과 관련이 있다. 신경증 환자란 보통 사람보다 불안과 우울 같은 부정적 감정 상태를 더 많이 경험하는 사람을 말한다. 이런 특성이 강한 사람들은 스트레스에 제대로 대응하지 못하고, 자신의 상황을 어렵고 위협적이라고 보는 경향이 있다. 이들은 보통 사람보다 걱정을 더 하고, 자주 뭔가 잘못되었다고 느낀다. 그러므로 이런 특성을 가진 사람은 부정적인 것이 자기 생각을 지배하지 못하게 할 방법을 찾아야 한다. 직무와 관련해서는 더욱 그렇다.

그 일이 당신에게 딱 맞는가?

'직무 적합성'은 당신의 능력이나 욕구, 어떤 직무의 성격이나 요구 사항을 가리키는 용어다.[4] 당신의 능력을 당신의 개성, 즉 당신이 직무에 투입하는 기술과 지적 능력이라 생각할 수 있다. 당신의 욕구는 당신이 일에 두는 목표, 필요, 관심, 가치와 관련돼 있다. 직무 적합성은 당신의 성과와 행복에 중요하다. 당신의 타고난 능력에 딱 맞는 일을 찾을 때, 당신은 더 잘 해낼 수 있다.[5] 그러므로 자신을 알아야 한다. 자신이 변화를 어떻게 느끼는지, 무엇을 견딜 수 있는지, 무엇에 흥분하고, 스트레스에 어떻게 대응하는지 등을 알아야 한다. 이러한 자기 지식을 활용해 당신에게 맞는 일자리를 찾아라.

직무 적합성을 더 잘 평가하기 위해 "나는 그 일을 할 수 있는가?"라고 물어라. 일이 너무 힘들거나 당신의 능력치를 벗어난다면, 관심(근심이 아니라)을 가져도 괜찮겠다. 당신은 자신의 직무와 관련해 변화를 꾀하거나, 교육을 더 받거나, 자신이 받은 훈련과 전문 지식에 더 적합한 일을 찾아보아야 할 것이다. 다음으로, 당신의 현재 직무에 얼마나 관심이 있는지 생각해보라. 사람들은 관심이 있고 좋아하는 일을 더 잘한다. 더 나아가, 그 직무는 당신의 가치관에 꼭 맞고 당신의 발전에 기여하는가? 마지막으로, 업무 환경이 마음에 드는가? 자신의 안전이나 건강이 계속 걱정된다면, 옮기는 게 좋을 것이다.

직장동료와의 관계

업무 환경은 가족과 같다. 어떤 사람들은 당신을 잘못된 길로 밀어 넣고, 어떤 사람들은 유난히 힘든 식구를 떠올리게 한다. 어떤 사람들은 짜증을 내며, 무슨 일을 하든 아주 드라마를 써댄다. 직장에서, 우리는 자신이 선택하지 않은 사람들에게 둘러싸인다.

그러나 어쨌든 이들과 잘 지낼 방도를 찾아보아야 한다. 이런 점에서 우리는 사랑받을지, 승진할지, 어떤 직무에 선택될지, 부당하게 비난받을지를 걱정하고, 그 외에 사람과 사람 사이의 여러 문제들을 걱정할 수 있다.

퇴근 후에 직장동료나 상사를 지나치게 생각한다면, 당신은 그 사람이 당신을 괴롭히도록 둔 셈이다. 믿을 수 있는 사람에게 털어놓고 잊어버려라. 걱정하느라 당신의 휴식 시간을 도둑맞지 말라. 당신은 오직 자신이 반응하는 방식만 통제할 수 있다. 누군가가 얼마나 공정하냐, 예민하냐, 깐깐하냐, 완벽주의자냐 하는 것은 당신이 통제할 수 없다.

일은 일터에 두고 퇴근하라

여러 해 전, 재향군인 병원에서 인턴으로 근무할 때 정신병동에 배치 받았다. 그곳에는 자살 충동을 느끼는 환자들, 살인 충동을 느끼는 환자들을 비롯해 정신병 환자들이 있었다. 정서적으로 업무 강도가 너무 강해 집에 돌아와서도 모드를 전환해 남편과 함께 지내기가 어려웠다. 나는 환자들과 그 가족들, 병동 등을 걱정했다. 퇴근 후에도 병원 일이 나의 시간과 에너지를 엄청나게 잡아먹었다.

남편은 내 일에 균형을 잡는 데 도움이 되는 규칙을 정했다. 나는 매일 저녁 10분간 병원에서 있었던 일을 얘기할 수 있었다. 그리고 나면, 가족과 휴식에 집중해야 했다. 최고의 조언이었다. 나는 몇 분간 분출한 후 일은 일터에 두는 법을 배웠다. 우리는 지금도 이 규칙을 따른다. 일을 집에 가져오거나 일과 관련된 문제에 매이기가 아주 쉽다. 균형이 필요하다.

직장은 포기할 수 있지만, 건강과 행복은 그럴 수 없다. 그러므로 자기돌봄(self-care)을 훈련하는 게 중요하다. 자기돌봄이란 스스로를 보살피는 것을 말한다. 휴식을 취하고, 점심시간을 가지며, 휴가를 즐겨라. 한 시간, 하루, 또는 그 이상 일에서 벗어나면 일을 더 나은 시각으로 보게 된다. 휴가를 갖는다면, 그 시간을 활용하라. 휴식이 당신에게 유익을 줄 것이다.

일 걱정에서 벗어나는 다섯 가지 적극적 단계

1. 정돈하라

당신이 자주 〈이상한 나라의 앨리스〉에 나오는 흰 토끼처럼 사무실을 돌아다니며 '나 늦었어, 늦었다고. 중요한 데이트에 늦었어!'라고 생각한다면, 정돈을 해야 한다. 당신의 일터를 정돈하라. 일터가 난장판이 되어 일 자체에 스트레스를 더하지 않게 하라. 난장판이 되면 산만해진다. 산만해지면 효율성이 떨어지고, 그러면 마감 시간을 놓칠 수 있다. 주변이 난장판이면, 해야 할 중요한 일을 깜빡할 수도 있다.

놀랍게도, 책상을 말끔히 치우면 머리도 맑아진다. 정리 정돈을 하면 스트레스도 줄어든다. 모든 게 제자리에 있을 때, 필요한 것을 금방 찾을 수 있고, 덜 산만해져 더 빨리 업무를 처리할 수 있다.

2. 긍정적인 응원자들을 찾아라

일터에서 긍정적이며 응원해주는 사람들을 찾아라. 대화로 당신의 사기를 북돋아주고 당신이 일터에서 긍정적 태도를 유지하도록 도와줄 사람이 있을 것이다. 그런 사람과 친구가 돼라. 자신이 다른 사람들에게 그런 사람이 되면 더 좋겠다.

3. 유머를 활용해 긴장을 깨라

최고의 스트레스 해독제를 가질 수 있다면 갖겠는가? 이것은 쉽게 얻을 수 있는 데다 공짜이다. 또한 이것만 있으면 심장 마비의 위험이 줄어들고 면역체계도 활성화된다. 자, 그렇다면 당신은 이것을 주문하겠는가? 그런데 놀랍게도 당신은 이미 이것을 가졌다(적어도 그렇길 바란다). 그것은 유머다!

유머 감각이 없다면 길러라. 유머집을 읽고, 코미디를 들으며, 재미있는 것에 웃는 법을 배워라. 당신은 삶을 너무 심각하게 받아들이고 있으니 이따금이라도 자신과 타인들을 향해 웃을 필요가 있을 것이다.

나와 같은 일을 하는 동료들은 내가 환자들을 치료하는 방식을 두고 내게 농담을 건네곤 했다. 방음벽이라 그들이 우리 얘기를 들을 수는 없었지만, 내 방에서 새어나가는 웃음소리는 들을 수 있었다. 이들은 뭐 그렇게 재미있는 일이 있는지 궁금해했다. 확실히 얘기하는데, 우리는 고통스럽고 어려운 주제를 다루고 있었다. 그러나 나는 언제나 여기에 유머를 섞을 방법을 찾아냈다. 왜냐고? 유머가 스트레스를 줄여주기 때문이다.

유머는 긍정적이고 유익한 태도를 길러주는 자기돌봄 도구다. 유머는 감정을 분출시키고, 면역 체계를 자극하며, 스트레스 상황을 도전으로 바꾼다. 코넬대학의 연구에 따르면, 일터에서 유머에 노출된 사람들은 더 창의적인 문제해결자일 뿐 아니라 자신이 내린 개인적 결정의 결과도 더 잘 볼 수 있다. 유머는 스트레스를 완화하고, 상황을 파악해 조치를 취하는 일을 더 쉽게 해준다. 그리고 유머는 재미있다. 웃으면 기분이 좋아지고, 몸에 놀라운 변화가 생긴다.

그렇다고 심각한 문제를 두고 웃으라는 말은 아니다. 문제를 부정하거나 회피하지 말라. 그러나 유머 감각을 유지할 수 있다면, 긴장을 깨고 사람들을 하나로 묶는 데 도움이 된다. 시도해보라.

4. 완벽주의를 버려라

완벽주의자임을 보여주는 표시 중 하나는 자신의 일에 만족하지 못한다는 것이다. 완벽주의자들은 직무와 관련해 세세한 모든 부분을 걱정한다. 이들은 함께 일하는 동료들에게 인정받지 못하거나 다른 사람들을 실망시킬까봐 걱정한다. 이들은 종종 이것저것 바꾸어 완벽을 꾀하려고 마감 기한을 연장해달라고 한다.

완벽주의자들은 자신의 기대에 차지 않으면 일을 끝내지 않는다. 사소한 부분을 하나 놓쳤다고 세상이 끝나지 않는다. 그런데 완벽주의자들은 그러면 세상이 끝난다고 생각한다! 모든 세세한 부분에 집착하려는 유혹을 살피고 또 살펴야 한다. 세세한 직무에 관한 걱정은 아무것도 바꾸지 못하며, 당신의 건강과 경력을 망칠 뿐이다.

완벽주의는 생산성과 업무 만족에 영향을 미치며, 상사들 및 동료들과의 관계를 해칠 수 있다. 완벽주의는 스스로 자초한 스트레스다. 따라서 완벽하게 일하기와 결과에 초연하기 사이에서 균형을 이뤄야 한다. 그 중간이 딱 좋다. 내려놓기가 가장 어려운 이유는 그렇게 하려면 완벽주의자의 기준을 낮춰야 하기 때문이다.

내려놓기를 훈련하는 방식에는 일찍 출근하는 대신 정시에 출근하기, 늦게까지 일하는 대신 자신의 하루 일과가 끝나면 퇴근하기, 자신의 책상을 조금 어질러진 채로 놔두기, 업무 결과를 제출하기 전에 일부 수정하기 등이 포함된다. 이들 몇몇 변화를 시도해보라. 그러면 완벽주의가 필요하지 않은 업무 환경이 조성될 것이다.

당신이나 상사가 완벽주의자라면, 큰 그림을 보고 세세한 부분에서 길을 잃지 말라. 한 과제를 마쳤다면, 뒤돌아보며 자신이 한 일을 다시 생각하지 말고 앞으로 나아가라. 그러지 않으면 세세한 부분에 매이게 된다. 완벽주의를 극복하는 데 도움이 필요하다면, 정신건강 전문가가 인지행동 치료라 불리는 상담을 통해 도와줄 수 있을 것이다.

5. 자신의 업무 환경을 점검하라

업무 환경은 일 걱정을 해결하는 데 중요하다. 업무 환경이 열악하면, 걱정할 만한 매우 타당한 이유들이 있을 것이다. 예를 들면, 위험한 환경에서 일한다면, 사고 가능성이 실재한다. 걱정을 다룰 때, 이 부분을 고려하라. 위험한 환경에서 일하기로 선택한다면, 이 선택을 편안한 마음으로 받아들이든지 아니면 다른 일을 선택하라.

다음의 질문들을 활용해 당신의 업무 환경을 점검하라.

당신의 일터에

- [ ] 당신이 해야 할 역할이 너무 많거나, 업무에 자원이나 당신의 시간이 너무 많이 드는가?

- [ ] 쉬는 날이 적고 업무 시간이 긴 데다 교대 근무까지 하는가?

- [ ] 거의 의미가 없거나 정신없이 처리해야 할 다중 업무들이 있는가?

- [ ] 통제나 방향 지시가 거의 또는 전혀 없는가?

- [ ] 갈등이 있고 기대치가 불분명한가?

- [ ] 근무 시간이 유연하지 못한가?

회사가

- [ ] 의사 결정에서 직원들을 배제하는가?

- [ ] 의사소통이 원활하지 못한가?

- [ ] 피드백(feedback)과 지원이 부족한가?

- [ ] 일을 잘해도 인정해주지 않는가?

- [ ] 직원의 자기계발을 지원하지 않는가?

- [ ] 가족 정책에 비우호적인가?

- [ ] 일을 할 자원이 부족한가?

- [ ] 리더십이 빈약한가?

- [ ] 성장이나 발전을 준비하지 않는가?

- [ ] 지원은 하지 않으면서 빠른 변화를 몰아치는가?

- [ ] 과밀, 소음, 공기 오염 같은 위험한 근무 환경을 방치하고 안전을 소홀히 여기는가?

불안한 직장 문제 다루기

후아니타는 실직할까봐 걱정이었다. 그녀의 회사는 덩치를 줄이고 직원들을 내보내고 있었다. 후아니타는 사장과 거의 소통이 없었기 때문에, 자신이 어떻게 될지 전혀 몰랐다. 급여가 높은 직원들이 도마에 올랐다는 소문이 돌았다. 그녀는 이 회사에 오래 다녔고 상당한 급여를 받았다. 그녀는 자신이 잘릴 것 같은 생각에 사로잡혀, 매일 밤 친구에게 전화를 걸었다. 마침내, 친구가 참다못해 그녀더러 사장에게 적극적으로 얘기해보라고 했다. "후아니타, 걱정만 하지 말고 뭔가 해봐!" 결정이 어떻게 내려지고 있고, 더 많은 사람이 해고될지 물어보라는 것이었다.

후아니타는 용기를 내어 사장에게 솔직하게 물었으며 놀랍고 기쁜 대답을 들었다. 사장은 마음을 열고 인력 감축이 어떤 식으로 결정되는지 기꺼이 얘기해주었다. 후아니타는 급여와는 무관한 결정 시스템이 있다는 것을 알았다. 사장과 면담이 끝났을 때, 그녀는 안심했고, 경영진의 회사 경영방식을 더 잘 이해하게 되었다. 그녀는 자신의 팀을 이끄는 자기 직무에 다시 집중했으며, 이제 회사가 어려운 시기를 잘 이겨내도록 돕는 데 힘썼다.

불안한 직장은 누구라도 마비시킬 수 있는 스트레스다. 일자리를 잃을까 걱정하는 행위는 실제 실직보다 건강 문제를 더 많이 일으킨다. 미시간대학의 사회학자 사라 버가드(Sarah Burgard)는 지속적으로 실직을 생각하는 사람들이 실제로 실직하고 재취업을 한 사람들보다 건강이 더 나쁘다는(어느 연구에서는 우울감이 더 심하다는) 것을 발견했다. 자료는 실직 걱정이 좋지 않은 건강의 예보이며, 흡연이나 고혈압보다 건강에 더 안 좋다는 것을 보여준다.

불안한 직장에 대한 걱정이 몸에 아주 큰 영향을 미친다면, 직장이 아주 불안할 때 어떻게 걱정을 떨쳐야 하는가? 때로 단순한 재확인이 문제를 해결한다. 후아니타에게 필요한 건 이것뿐이었다. 그러나 그녀는 이것을 요구해야 했다.

회사의 방향을 신뢰할 수 없을 때, 의심이 생긴다. 단순한 재확인으로 이것이 바로잡힐 때가 있다. 그런가 하면, 의심은 신뢰를 쌓음으로써 떨쳐버릴 수 있기 때문에, 당신은 소문에 따라서 누군가의 마음을 읽거나 행동하려 하지 않는다. 설령 결과가 부정적일 때도, 신뢰는 의심을 해결하는 데 도움이 된다. 누군가를 신뢰할 때, 우리는 왜 그 사람이 그런 일을 했는지 이해하고 그 일이 우리에게 상처를 주려던 게 아니라는 것을 믿는다.

만약 후아니타가 나쁜 소식을 들었다면? "후아니타, 제대로 들었어요. 우리는 급여가 높은 직원들을 내보내고 있어요. 당신도 대상자에요"라는 대화로 끝날 수도 있었다. 그래도 그녀는 적어도 회사의 방향을 알고 다른 직장을 구할 계획을 세울 수 있었을 것이다. 현실을 받아들이고 당신이 거기에 대해 더는 할 수 있는 게 없음을 깨닫는다면, 나쁜 소식이라도 걱정을 없앨 수 있다.

결과에 상관없이, 후아니타는 걱정을 멈추고 자신의 다음 걸음에 집중할 수 있었을 것이다. 걱정해봐야 속만 상하고 최선을 다하는 데 필요한 에너지가 분산될 뿐, 걱정은 새로운 일자리를 찾거나 현재의 직무를 수행하는 데 도움이 되지 않았다. 후아니타의 경우, 걱정 해독제는 자신이 사장과 솔직한 대화를 나누고 문제해결을 위한 다음 단계를 밟을 수 있다는 확신이었다. 확신이 없고 직장이 매우 불안할 때, 자신에게 물어라.

- [ ] 나는 삶에서 모든 것을 확신할 수 있는가?
- [ ] 나는 상황이 불확실할 때 부정적이 되는 경향이 있는가?
- [ ] 부정적 가능성이나 결과뿐 아니라 긍정적 가능성이나 결과도 있는가?
- [ ] 나는 직장이 불안한 채로 살 수 있는가?
- [ ] 실직 가능성이 높다면, 이것을 알고도 이것이 내 생각을 좀먹지 않게 할 수 있는가?

핵심은 걱정한다고 불안한 직장 문제가 해결되지는 않는다는 것이다. 그러나 걱정은 당신을 마비시키고 건강을 악화시킬 수 있다. 직장이 불안해 걱정될 때, 흔들리지 말고 다음 계획을 세울 수 있게 더 많은 정보를 얻을 수 있는지 보라.

일터에서 자신의 가치 높이기

후아니타의 경우, 업무 환경이 언제나 어느 정도 불확실할 것이다. 그러나 회사나 일터에서 당신의 가치를 높이기 위해 자신이 할 수 있는 일들이 있다. 불확실성을 걱정하는 대신 다음과 같은 행동에 자신의 에너지를 집중하라.

1. 없으면 안 될 것 같은 사람이 돼라

어느 조직에 가치가 있을수록 그 조직에 남을 가능성이 높다. 이렇듯 사람들이 찾아와 도움을 구하는 사람이 돼라.

2. 당신이 조직에 어떻게 기여하는지 관련자들에게 알려라

예를 들어, 당신이 특수 장비를 다루는 훈련을 받은 유일한 소방관이라면, 상사에게 이 사실을 꼭 알려라. 매장에서 당신 외에 힘든 고객을 상대할 사람이 없다면, 사장에게 당신이 그런 고객의 기분을 맞춰주고 다시 오게 할 수 있다는 것을 알려라.

3. 회사의 최종 결과에 기여하라

수익 창출이든 의뢰든 그 외 무엇이든, 회사는 결과를 내고 싶어 한다. 결과를 내고 비전이나 수익이나 상품과 서비스 출시에 기여하는 행동에 당신의 시간을 우선적으로 사용하라.

4. 도전을 요청하라

성장하고 적극적이길 좋아하는 사람으로 보여라. 직장에서 지루하고 피곤한 사람으로 보이면, 사람들이 눈치챈다. 내가 재향 군인 병원에서 인턴으로 일할 때가 기억난다. 자신의 일을 즐거워하거나 신나 하지 않고 그냥 일하는 시늉만 하는 직원이 아주 많았다. 분위기가 상당히 우울했다. 많은 직원이 일상에 안주했고, 창의성과 도전의식을 잃었다. 내 생각에, 이것은 환자를 돌보는 데도 반영되었다. 사람들은 선한 일을 할 동기를 줄곧 부여받도록 도전이 필요하다. 그러나 시스템은 사람들이 창의적이거나 성장하도록 자극을 주지 않았다.

5. 관리자들, 특히 자신의 상사와 잘 지내라

당신은 자신의 일이나 경력의 어느 시점에서 마음에 들지 않는 상사를 만날 것이다. 개인적 감정이 좋지 않더라도, 붙임성을 갖고 상대를 존중하며 서로 협력하라. 당신은 사장과 야합하라고 급여를 받는 것은 아니지만, 그렇더라도 일을 하라고 급여를 받는다. 그러므로 상사들 및 관리자들과 잘 지내도록 노력하라.

6. 긍정적 태도를 취하며 원만한 직원이 돼라

많이 생각하지 않더라도, 일터에서 끊임없이 드라마를 쓰고 직장동료들의 삶을 비참하게 하는 사람들의 이름을 들 수 있다. 이런 사람이 되지 말라! 늘 긍정적이고, 부정적 상황에서 긍정적인 면을 찾으며, 불평하거나 징징대지 말라.

7. 당신이 추가 시간을 투입한다면, 상사에게 알려라

프로젝트 마감 시한이 다가오거나 누군가 추가로 도움이 필요해 당신이 추가 시간과 노력을 투입해 그 일을 한다면, 당신이 팔을 걷어붙이고 돕는 모습을 당신을 감독하거나 관리하는 사람들에게 보여라.

8. 팀플레이어가 돼라

언제나 기꺼이 협력하고 일을 처리하라.

9. 기교나 기술을 배우고 숙련하는 데 관심을 보여라

당신의 기교나 기술이나 업무 영역을 평생 배우는 사람이 돼라. 새로운 트렌드와 연구와 일을 하는 새로운 방법에 뒤처지지 않고 자신이 하는 일의 가치를 올리는 방식에 주목하는 사람이 돼라.

해결책을 제시하라. 그 누구도 늘 불평하지만 해결책을 제시하지 못하고 리더십을 보여주지도 못하는 사람과 함께 일하고 싶어 하지 않는다. 사람들을 탓하거나, 사람들의 잘못을 찾아내거나, 문제에 불평하길 그쳐라. 그 대신, 개선할 방법이나 새로운 작업 방식, 더 현명한 길, 상황이나 상품을 더 좋게 할 전략을 제시하라.

실직 다루기

댄은 회사의 구조 개편에 따른 도전을 받아들일 준비를 하고 출근했다. 그런데 너무나 놀랍게도, 상사가 자기 사무실로 부르더니 해고를 통보했다. 댄은 벽돌로 머리를 얻어맞은 듯한 심한 충격에 고개를 가로저었다. 사무실을 비우고 회사를 떠났으나 여전히 전혀 믿기지 않았다.

그로부터 몇 주 후, 댄은 불안과 우울과 분노의 감정에 휘청거렸고 자신이 이렇게 저렇게 말하거나 행동했다면 회사의 마음을 돌릴 수도 있었을 거라 생각했다. 좀 더 열심히 일했다면, 경영진에게 얘기를 좀 더 했더라면, 자신의 가치를 좀 더 높였더라면… 이런 생각들이 분노로, 다음은 슬픔으로 바뀌었다.

댄은 다른 사람의 삶을 그린 영화를 보고 있다고 느꼈다. 실직이 그의 생각 속에 들어오는 데 몇 주가 걸렸다. 처음에, 그는 꼼짝 못 했고 아무것도 하지 못했다. 일단 충격이 가시자, 급여와 경력과 실직에 관한 불확실성이 공포와 불안의 감정을 일으켰다.

커져가는 걱정에 대응하기 위해, 댄은 이러한 상실을 대하는 방식을 바꿔야 했다. 그는 '…면 어쩌지'라는 생각을 멈췄고, 미래에 관한 걱정을 적어내려가기로 했다. 어떤 걱정이 실제였는가? 이렇게 결정하자, 아무것도 하지 않는 상태에서 벗어나기 위해 스스로 빠르게 취할 수 있는 행동 단계가 두세 가지 생각났다.

앞으로 나아가는 데 중요한 단계는 자신이 느끼는 분노에 매이지 않는 것이었다. 댄은 사장이 자신을 해고해야 했다는 것을 알았으나 그래도 그를 용서할 수 없었다. 용서하지 않으려는 마음은 댄의 기분과 영적 삶에 영향을 미쳤다. 그래서 그는 기도했으며, 용서하고 미래를 하나님께 맡기기로 결정했다.

마침내 댄은 실직을 받아들이고 전체적인 행동 계획을 짤 수 있었다. 실직과 관련된 여러 감정이 이따금 고개를 처들곤 했으나, 걱정에 굴복하지 않았다. 비결은 감정을 헤쳐나가며 감정에 갇히지 않는 것이었다. 어떤 날은 다른 날보다 나았다. 마침내, 댄은 다시 자신감과 긍정적 시각을 갖고 일의 세계에 뛰어들 준비가 되었다.

해고가 아무리 부당하게 느껴지고 실제로 부당했더라도, 댄은 실직하고 새 일자리를 구한 유일한 사람이었다. 그는 필요한 단계들을 취할 때, 절망적 생각이나 버림받았다는 느낌에 굴복하지 않도록 조심해야 했다. 새로운 직장을 찾는 동안 운동하고 더 잘 먹으며 자원봉사를 한 게 도움이 되었다.

직장을 잃을 때 수반되는 감정들이 슬픔과 비슷하다는 것을 이해하면 도움이 된다. 슬픔의 과정이 전속력으로 진행되는 동안, 충격 - 부정 - 분노 - 슬픔 - 타협 - 수용의 사이클이 안팎에서 작동한다. 이 기간, 몇몇 행동 단계가 이 과정을 더 수월하게 해준다. 하나의 행동 방침은 귀를 기울이고 당신이 기회를 갖게 도와줄 사람에게 전화하는 것이다. 그와 동시에, 이상적인 고용주를 연구하고 그 조직에 관해 최대한 배우며, 어떻게 재취업을 준비해야 하는지 배워라. 이전의 업무 경험, 교육, 봉사 활동, 교회, 취미를 토대로 의미 있는 연결점을 찾아보라. 소셜미디어가 이런 연결을 찾는 데 도움이 될 수 있다. 당신이 "왜 직장을 그만두셨어요?", "자신의 가장 큰 약점이 뭐라고 생각하세요?" 같은 어려운 질문에 답하는 훈련을 도와줄 사람을 찾아라. 핵심은 걱정이 당신을 마비시키지 못하게 하는 것이다.

균형 찾기

일에서 휴식을 취하고 삶의 균형을 찾아야 한다고 했다. 고위직 지원자를 모집할 때, 사람들이 지원을 꺼리는 이유는 급여에는 관심이 있지만 자신이 과연 가정과 직무 사이에서 건강한 균형을 유지할 능력이 있는지 의문이기 때문이다.[6] 지원자들은 자기 삶을 전체적으로 살피면서 묻는다. "이 승진이 정신 건강과 가정에 걱정과 긴장을 더할 만한 가치가 있을까?"라고.

이것은 중요한 질문이고 우리 모두 대답해야 할 질문이기도 하다. 단지 돈을 더 벌거나 승진하려고 건강을 비롯해 삶의 다른 부분을 얼마나 기꺼이 위태롭게 하겠는가?

바라건대, 걱정을 버리고 일과 사생활 사이에 경계를 세울 만큼 삶의 균형을 소중하게 여겼으면 좋겠다. 승진을 포기하는 게 이해될 때가 있다. 연로한 부모님을 돌보거나, 어린아이들을 돌보거나, 십 대 자녀와 삶에 관해 대화하기 위해 집에 있는 것이 속박이나 돈이나 권력에 더 많은 시간을 내지 못하겠다고 말하는 이유다.

당신은 이렇게 일과 가정 사이에서 균형을 잡으려 애쓰고 있거나 스트레스가 너무 심해 걱정이 당신의 삶을 장악하고 있는가? 많은 회사가 당신이 우선순위를 정하고 스트레스에 더 잘 대처하도록 돕는 근로자지원프로그램(EAP)을 운영한다. 이용 가능한 게 있는지 인사 담당자와 함께 점검해보라. 도움 구하기를 겁내지 말라. 당신의 몸과 마음의 건강이 여기에 달렸다.

걱정 버리기 처방전

몸 B O D Y

일을 내려놓고 잠시 시간을 가져라. 휴가가 남았다면, 휴가를 활용하라.
회사 일을 집에 가져오지 말고, 업무 중 잠시 쉬면서 머리를 맑게 하라.

마음 S O U L

1. 직장 걱정에 힘들다면, 자신이 걱정하는 바를 적어보라.

2. 이 장이 제시하는 하나하나의 걱정에 대한 구체적 전략을 활용하라.

3. 걱정에 길을 잃지 말고, 자신이 바꿀 수 있는 부분을 찾아보라. 다음 목록을
   체크 포인트로 활용하라.

   ☐ 나는 걱정하는 성격인가(쉽게 좌절하거나, 완벽주의자이거나, 노이로제
     가 있는가)?
   ☐ 직장은 내게 딱 맞는가?
   ☐ 업무 환경이 안전한가?
   ☐ 사람들은 나를 귀중한 일꾼으로 보는가?
   ☐ 나는 일을 직장에 두고 나오며, 일을 내려놓고 쉴 줄 아는가?
   ☐ 더 나은 조직이 스트레스를 줄이는 데 도움이 되겠는가?
   ☐ 나는 업무 긴장을 푸는 데 유머를 활용하는가?
   ☐ 나는 불안한 직장에 잘 대처하며, 현실을 받아들이되 그것이 걱정의 근

원이 되지 않게 하는가?

□ (실직한 사람들의 경우) 나는 적극적이며, 실직이 슬프지만 행동하며 앞으로 나아가는가?

□ 나는 일과 내 삶의 나머지 부분 사이에서 균형을 잘 유지하는가?

영혼 SPIRIT

마태복음 6장 25-34절을 묵상하라. 하나님을 신뢰하고 그분께 당신의 오늘과 내일을 맡겨라.

그러므로 내가 너희에게 이르노니 목숨을 위하여 무엇을 먹을까 무엇을 마실까 몸을 위하여 무엇을 입을까 염려하지 말라 목숨이 음식보다 중하지 아니하며 몸이 의복보다 중하지 아니하냐 공중의 새를 보라 심지도 않고 거두지도 않고 창고에 모아들이지도 아니하되 너희 하늘 아버지께서 기르시나니 너희는 이것들보다 귀하지 아니하냐 너희 중에 누가 염려함으로 그 키를 한 자라도 더할 수 있겠느냐 또 너희가 어찌 의복을 위하여 염려하느냐 들의 백합화가 어떻게 자라는가 생각하여 보라 수고도 아니하고 길쌈도 아니하느니라 그러나 내가 너희에게 말하노니 솔로몬의 모든 영광으로도 입은 것이 이 꽃 하나만 같지 못하였느니라 오늘 있다가 내일 아궁이에 던져지는 들풀도 하나님이 이렇게 입히시거든 하물며 너희일까보냐 믿음이 작은 자들아 그러므로 염려하여 이르기를 무엇을 먹을까 무엇을 마실까 무엇을 입을까 하지 말라 이는 다 이방인들이 구하는 것이라 너희 하늘 아버지께서 이 모든 것이 너희에게 있어야 할 줄을 아시느니라 그런즉 너희는 먼저 그의 나라와 그의 의를 구하라 그리하면 이 모든 것을 너희에게 더하시리라 그러므로 내일 일을 위하여 염려하지 말라 내일 일은 내일이 염려할 것이요 한 날의 괴로움은 그날로 족하니라

당신이 외부적인 것 때문에 괴로워한다면,

고통은 그 자체 때문이 아니라

그것에 대한 당신의 평가 때문이다.

당신은 언제든 이 평가를 철회할 힘이 있다.

찰스 케팅

chapter 9

돈

: 빚과 지출을 관리하라

나는 금융전문가가 아니다. 그러므로 이 장이 투자와 관련해 당신의 삶을 바꾸거나 당신의 부를 늘려주지는 않을 것이다. 이 장은 당신이 돈을 바른 시각으로 봄으로써 돈 걱정에 사로잡히지 않도록 도와줄 것이다.

돈은 많은 사람에게 주된 걱정거리다. 퓨 리서치 센터(Pew Research Center)에 따르면, 성인의 35퍼센트가 돈 걱정을 자주 하며, 오직 15퍼센트만 편안하게 산다고 말한다. 게다가, 성인의 52퍼센트는 자신에게 빚 문제가 있다고 한다. [1]

사실, 전 세계 사람들이 돈 걱정을 한다. 2009년 리더스 다이제스트는 세계인들을 대상으로 "당신은 무엇 때문에 스트레스를 가장 많이 받습니까?"라고 물었다. 대부분의 나라에서 돈이 스트레스의 가장 큰 이유였다. 말레이시아, 중국, 싱가포르, 미국 사람들이 돈 걱정을 가장 많이 하는 것으로 드러났다. 프랑스, 이탈리아, 러시아 사람들이 돈 걱정

을 가장 적게 하고 가정 문제를 더 걱정했다. [2]

돈 걱정은 40대에 절정에 이르고, [3] 40대를 넘기면 돈 걱정이 줄어든다(나이 들어 좋은 점도 있네!). 최근의 갤럽 여론조사에 따르면, 일단 50세가 되면 돈 걱정이 상당히 줄어든다. 노인들의 곤경에 관한 온갖 뉴스를 감안하면 믿기 어렵겠지만, 그래도 사실이다.

짐작하겠지만, 같은 조사에서 직장인 중 연봉이 6만 달러가 넘는 사람들이 그 이하인 사람들보다 걱정을 덜 하는 것으로 나타났다. 분명히, 직장과 높은 연봉이 돈 걱정을 줄이는 데 도움이 된다. 남성과 여성 중에, 30대를 제외한 모든 연령층에서, 여성이 남성보다 걱정을 많이 한다. 30대에는 남성과 여성이 똑같이 돈 걱정을 한다. [4]

성별, 나이, 급여에 상관없이, 돈을 어떻게 생각하고 어떻게 쓰느냐에 따라 돈 걱정을 떨치는 데 차이가 난다. 돈은 매일 있어야 하는 필수품이다. 돈이 있어야 음식과 옷을 사고, 교통비며 집세를 내고, 그 밖의 의무를 다한다. 돈은 우리가 외면할 수 있는 게 아니므로 돈을 쓰는 방법에 관해 건강한 시각을 갖는 게 중요하다.

성경은 돈을 어떻게 보는가?

성경은 돈을 자주 언급한다. NIV 번역에서 money라는 단어는 salvation이란 단어보다 자주 사용된다. 예수님은 돈이 중요한 주제라고 느끼셨다. 예수님이 들려주신 36개 비유 중 16개가 돈을 다룬다. 전반적으로, 예수님은 우리에게 돈을 사랑하면 유혹과 문제에 빠지므로 탐욕을 품지 말며, 우리와 하나님 관계가 막히므로 돈을 우상으로 삼지 말라고 경고하신다. 우리는 돈을 잘 관리하는 선한 청지기가 되어 궁핍한 자들에게 자선을 베풀되, 단지 자신을 위해 부를 축적하지는 말아야 한다. 그리고 빚은 일종의 속박일 수 있으니 빚지지 말아야 한다.

돈을 보는 올바른 시각을 가지려면 계획을 세우고 부지런해야 한다. 우리 문화는 부와 재산을 찬양한다. 돈을 삶에서 일어나는 대부분의 문제에 해결책으로 본다. 메시지는 아무리 가져도 부족하다는 것이다. 따라서 돈 부족과 돈을 가지려는 욕망이 걱정을 부른다. 다들 자기가 현재와 미래를 위해 충분한 돈을 가졌는지 걱정한다.

돈 걱정을 줄이는 데 광범위하게 적용할 수 있는 단계들이 있다. 경제 상황이 어떻든, 당신은 이 단계들을 적용할 수 있다. 하지만 우리의 목적은 삶에서 걱정을 제거하는 것이라는 점을 기억하라.

지출을 제어해 돈 걱정 없애기

쇼핑 중독에 빠지지 말라

자신이 쇼핑을 위해 태어났다고 느낀다면, 다시 태어나야 한다! 지나친 씀씀이에는 으레 빚이 따른다. 빚은 매우 현실적인 걱정의 근원이다. 조심하지 않으면, 쇼핑은 빚을 지게 되는 매우 손쉬운 길이다.

쇼핑은 정서적으로 먹는 행위와도 같다. 쇼핑은 기분이 가라앉았을 때 기분을 돋우는 데 사용될 수 있다. 무엇인가를 산다는 기대감에 행복감을 주는 화학 물질이 뇌에서 배출된다. 불안하거나 스트레스를 받을 때 보상(구매할 물품)을 보면, 뇌는 "사! 그럼 기분이 좋아질 거야!"라고 말한다. 보상을 기대할 때 좋은 느낌이 들기 때문에 순간적으로 기분이 좋아진다. 경제적으로 어려울 때라도, 뭔가를 사면 기분이 좋아질 수 있다. 심리학 교수 캐런 파인(Karen Pine)은 여성들을 조사한 후 79퍼센트가 경제적으로 어려울 때 기분을 돋우려고 쇼핑을 한다는 사실을 발견했다.[5] 돈이 궁할 때 우리가 하지 말아야 바로 그 행동을 하는 이유는, 그러면 잠시 기분이 좋아지기 때문이다. 따라서 쇼핑은 걱정을 부르는 정서적 습관이 될 수 있다.

단지 기분 전환을 위해 쇼핑하지 않으려면, 감정을 통제하고 돈쓰기와 무관한 대응 기술을 사용해야 한다. 기분 전환을 위해 돈을 쓰고 싶은 유혹이 들 때, 하루에서 닷새 정도 기다렸다가 아직도 그 물품이 필요한지 보라. 이러한 냉각기간을 가지면, 그 물품이 정말 필요한지 아니면 충동적으로 구매하려는 건지 판단할 시간을 번다.

구매 충동을 일으키는 게 무엇인지 찾아라

당신의 구매 충동을 일으키는 게 무엇인지 찾아라. 정말 필요하지 않은데 돈을 쓴다면 관계 문제, 직장의 스트레스, 자녀양육 문제 같은 정서적 문제가 구매 충동을 일으키는 것일 수 있다. 스트레스를 받거나 불안해하는 사안들을 찾아내고, 건강한 대응 전략을 선택하라.

예를 들면, 당신은 독박 육아의 스트레스에 눌려서 그저 집에서 벗어나 좀 쉬려고 쇼핑몰에 간다. 당신에게 딱 어울리는 원피스가 눈에 들어온다. 그 원피스는 필요하지도 않고, 딱히 그것을 입고 갈 만한 데도 없다. 그러나 순간, 그 옷이 자신에게 너무 잘 어울려 보인다. 그것을 입으면 자신이 특별하게 느껴지고 관심도 받을 것 같다.

옷을 내려놓고 밖으로 나와 친구에게 전화하라. 친구를 만나 커피를 마시고 좋은 대화를 나눠라(대화와 눈맞춤은 스트레스를 줄여주며, 게다가 공짜다). 기분이 좋아지고, 물건을 사고 후회하는 일도 없을 것이다! 무엇보다도, 불필요하게 돈을 쓰지 않았다.

충동구매는 예산 파괴자

"나 진짜 이거 필요했어", "이거 봐, 세일한다!", "난 이걸 가질 자격이 있어!", "기다려야 할 것 같지만, 지금 사면 왜 안 돼?", "이거 아내가 좋아하겠는데?", "그냥 이게 내 마음에 쏙 들어. 그러니 가격은 상관없어!"

친숙한 말인가? 충동구매는 특히 온라인 쇼핑몰에서 하기 쉽고 성행한다. 애태우는 특별 세일, 무료배송, 한정판매 등이 관심을 자극해 결국 사고 만다. UIE(User Interface Engineering)라는 회사가 실시한 테스트에 따르면, 충동구매자들은 온라인 구매를 자극하는 게 무엇인지 알지 못한다.

연구원들은 가격이 아니라 사이트의 카테고리 링크와 디자인이 충동구매를 부추긴다는 사실을 발견했다. 하나의 카테고리 링크를 따라 들어가다 보면, 대개 돈을 쓰고 계속 검색하게 된다. 카테고리 링크는 방문자를 그 사이트의 더 많은 상품 라인과 페이지에 노출시킨다. 더 많은 상품에 노출되면, 충동구매에 영향을 받는다. [6] 디자인은 구매자의 전략에 영향을 미치며, 이 전략이 충동구매를 부추긴다.

이렇게 생각해보라. 당신이 어떤 옷에 받쳐 입을 스웨터가 필요해서 가게에 들어간다. 스웨터는 가게 안쪽에 있다. 그쪽으로 가는 동안, 잠시 멈춰 보석과 신발, 스카프를 둘러본다. 스웨터 진열대에 갔더니 마음에 드는 게 없다. 그러나 다른 옷에 어울리는 귀걸이와 스카프를 발견한다. 온라인 쇼핑몰에서, 당신은 한 가게를 탐색한다. '둘러보는' 동안, 계획에 없던 항목들을 구매한다. 카테고리들을 클릭해 상품을 탐색하노라면 충동구매를 하게 된다.

오프라인에 머물면 충동구매에서 안전할까? 그렇지 않다. 2002년 시카고의 샤피로 앤 어소시에이츠(Shapiro and Associates)라는 회사가 실시한 광범위한 조사에서, 연구원들은 소비자의 거의 3분의 1이 매주 상당한 충동구매를 한다는 사실을 발견했다. 충동구매로 지출하는 평균 금액은 30달러였다. 이 그룹의 4분의 1이 전문점에서 돈을 썼다.

무엇이 충동구매를 일으키는가? 만족감이나 자제력 부족인가? 부분적으로, 둘 다 해당된다. 그러나 우리는 한 상품의 색깔, 소리, 반짝임, 감촉을 비롯한 여러 질감에도 영향을 받는다. 상품이 얼마나 단순해 보이고 자신과 얼마나 관련이 있다고 느끼는지도 충동구매를 자극한다. 눈길을 끄는 진열, 한데 모아놓은 아이템들, 한 가게에서 되풀이해서 파는 아이템, 계산대 근처에 진열된 아이템 등이 모두 충동구매를 일으키려는 마케팅 전략이다. [7] 알다시피, 판매자들은 소비자의 충동구매를 자극하려고 생각과 연구를 많이 한다.

충동구매를 억제하는 한 방법은 온-오프라인 쇼핑몰을 모두 피하고 여러 가게를 돌지 않는 것이다. 내가 애플 컴퓨터를 배우고 있을 때, 애플 컴퓨터 매장이 내가 가장 좋아하는 세 가게 바로 건너편에 있었다. 그래서 매주, 컴퓨터 교육을 받기 전이나 후, 그 가게들을 둘러보았고 대개 뭔가를 사서 나왔다. 컴퓨터 교육이 끝나자, 그 가게에 매주 들르지 않게 되어 지출이 현저히 줄었다. 충동구매의 유혹이 사라졌다. 쇼핑은 우리가 알지 못하는 요인들에 영향을 받는다. 따라서 예산에 맞춰 지출하고, 자제력을 발휘하며, 구매할 때는 냉각기를 가져라. 냉각기는 특히 충동구매에 재갈을 물리는 데 도움이 된다.

돈은 힘의 상징이다. 돈을 쓰면 기분이 좋아질 뿐 아니라 자신이 힘이 있다고 느껴진다. 돈쓰기는 우리가 사회적으로 교류하는 방식에 영향을 미치기 때문이다. 예를 들면, 비싼 자동차를 사서 타고 다니는 것이 신분의 상징으로 인식된다. 돈 있는 사람은 비싼 집을 사고, 자녀를 이른바 귀족학교에 보낼 수 있으며, 사치스런 선물을 사고, 화려한 여행을 하며, 돈 없는 사람들이 할 수 없는 것들을 할 수 있다.

〈사이콜로지컬 사이언스〉에 실린 한 연구에 따르면, 돈을 다루고 만지기만 해도 기분이 좋아진다.[8] 이 연구는 돈을 만지고 생각하면 통증이 줄어들고 사회적 거부감이 누그러진다는 것을 발견했다. 바꾸어 말하면, 돈은 우리의 정서와 사고에 영향을 미친다. 돈은 구체적이며, 우리가 만질 수 있으며, 우리가 원하거나 바라는 것과 교환할 수 있는 것이다.

당신의 삶에서 뭔가 통제 불능이라고 느껴질 때, 구매 행위는 기분을 좋게 할 수 있다. 그러나 이것은 당신이 기르고 싶은 습관이 아니다. 기분이 좋아지거나 자신이 더 힘이 있다고 느끼려고 구매하면 돈 걱정에 빠질 수 있다. 버트 레이놀즈(Burt Reynolds), 킴 베이싱어(Kim Basinger), 개리 콜먼(Gary Coleman), 엠씨 해머(MC Hammer) 등 유명 연예인들이 큰돈을 번 후 파산했다. 마음에 들면 반드시 가져야 한다는 생활방식은 설령 그럴 만한 돈이 있더라도 언제나 오래 가지는 못한다. 주의하지 않으면 돈이 주는 권력감에 중독될 수 있다.

빚지지 말라

빚은 걱정을 낳는다. 오늘날의 경제 상황을 고려할 때, 빚지기는 쉽다. 수년째, 미국인들은 대출 받아 살며 감당할 수 없을 정도로 소비한다. 결국, 빚이 우리 모두를 옭아맨다. 어떤 사람들에게 이것은 집의 압류나 파산, 그 밖의 경제적 어려움을 의미한다. 경제적 어려움에서 회복되려면 인내와 계획이 필요하다. 그 과정에서, 걱정이 당신의 친구가 될 수 있다. 모든 채무 상담자는 하나같이 빚에서 벗어나는 길은 신용카드를 없애고, 없으면 안 쓰는 거라고 말할 것이다. 그렇다면 왜 많은 사람이 이처럼 간단하고 효과적인 조언을 따르는 것을 그렇게 힘들어하는가?

본질적으로, 빚은 당신의 재정에 대해 큰 그림을 보지 못해서 생긴 결과다. 당신이 단기적으로 반응해 지출하고 그 장기적 결과를 고려하지 않을 때 빚은 쌓여간다. 너무나 많은 사람이 분수에 넘치는 생활을 하면서도 "나는 이럴 자격이 있어!"라고 씀씀이를 합리화한다.

로리가 좋은 예다. 대학 졸업 후 취업해 급여도 괜찮았던 그녀는 곧바로 디자이너 가구를 구입하고 저녁도 비싼 데서 먹었다. 로리는 가구 값을 시간을 두고 갚을 수 있다고 생각했지만, 새로운 생활과 할부 지출이 4개월쯤 접어들었을 때 수입보다 지출이 많아졌다. 가구 구매로 예산이 빠듯해져서 급여에 맞춰 살려고 비싼 저녁식사를 중단했지만, 가구 할부액은 몇 년을 더 갚아야 했다. 친구들이 합리적인 휴가를 보내고 이따금 외식도 하는 걸 보면서 비싼 가구 산 것을 후회했다.

나중에야 로리는 자신이 삶에서 한순간, 능력을 벗어난 데다 굳이 필요도 없는 비싼 가구에 매달렸다는 것을 깨달았다. 구매 당시 그녀는 전체 부채와 지출이 아니라 매달 갚을 할부금에만 집중했다. 너무 비싼

월 할부금 때문에 그녀의 생활이 제한되었다.

그래서 자신의 생활방식을 유지하려고 신용카드를 쓰기 시작했는데, 18퍼센트의 카드 이자 때문에 매달 재정에 구멍이 났다. 결국 신용카드를 잘라버리고 허리띠를 졸라매고 할부금을 갚아나갔다. 안타깝게도, 기쁨은 사라졌고 빚은 한참 더 갚아야 했으며, 그렇게도 갖고 싶었던 가구는 과소비를 일깨우는 물건이 되었다.

신용카드로 살지 말라

신용카드는 매력적이지만, 돈 문제의 해결책은 아니다. 급여를 받으면 각종 청구서부터 해결하고, 그다음에 그 달에 감당할 수 있는 범위 안에서만 카드를 써라. 그럴 때라도, 예상치 못한 지출이 생겨 카드 대금이 연체되고 결국 이자가 불어날 수도 있다.

대학생 제이크는 예산을 세워본 경험이 거의 없었다. 그는 신용 쌓기에 도움이 될까 해서 신용카드를 발급받았는데, 처음에는 카드를 안전한 데 두고 사용하지 않다가, 경제적으로 어려운 상황이 닥치자 '카드는 이럴 때 쓰라고 만든 거잖아. 급하니까 이번 한 번만 쓰자'라고 생각했다. 결제일에 그는 돈이 모자라 일부를 결제하지 못했다. 젊은 데다 신용거래 기록이 없어서 연체 이자율이 무려 23퍼센트였다.

결제를 미루다 보니 감당할 수 없는 비용이 추가로 들었다. 그런데 자동차 브레이크가 고장 나서, 예산에 없던 수리비 800달러를 다시 카드로 냈고 이자 비용은 쌓여갔다. 그는 마침내 카드 대금을 다 갚았으나 이자로 250달러나 더 들었다. 지출하지 않아도 되는 돈이었다. 그는 신용카드의 유혹이 너무 강하다고 느껴 결국 카드를 잘라버렸다.

제이크의 이야기는 하루에도 수없이 반복된다. 사람들은 신용카드를 쓰고 빚을 진다. 빚과 함께 걱정이 찾아온다. 걱정을 없애는 가장 좋은 계획은 연체 없이 결제할 수 있을 때만 카드를 사용하는 것이다.

통제할 수 있는 부분만 통제하고 나머지는 내려놓아라

돈 걱정을 그냥 두면 일상의 일부가 된다. 납부할 청구서, 대학까지 뒷바라지할 자녀들, 의료비, 자동차와 집수리 등 돈 쓸 곳은 늘 있기 마련이다. 돈 걱정을 그치려면 최선을 다해 지출 계획을 짜고 자신이 통제할 수 없는 부분은 내려놓아야 한다. 걱정한다고 해결되지 않는다.

알렉스는 내려놓기를 배워야 했다. 그녀는 고통스런 이혼을 겪고 혼자 자녀를 키우게 되었다. 전 남편은 최소한의 자녀 양육비만 주었다. 네 자녀를 키워야 하는 데다 전보다 훨씬 적은 예산으로 살아야 했기에 그녀는 집을 팔고 살림 규모를 줄여야 했다. 처음에는 이러한 변화에 속상했고, 이 모든 변화가 아이들에게 미칠 영향을 매일 걱정했다.

상담가는 정서적으로 만신창이였던 그녀가 상황을 파악하는 시각을 갖게 도와주었다. 그녀는 살림 규모를 줄이고 자신이 통제할 수 있는 부분을 통제해 빚지지 않고 삶으로써 경제적으로 책임 있게 행동했다. 이제는 적극적 단계에 초점을 맞추어 전 남편을 용서하며 응어리를 풀고 앞으로 나아가야 했다. 하나님과 친구들의 도움에 현명한 결정 덕분에 그녀의 가족은 잘 지낼 터였다.

걱정은 아무런 도움이 되지 않았으며, 사실 그녀를 아프게 했다. 알렉스가 통제할 수 있는 것은 두 가지였다. 이혼이 공정하지 않았다고 느꼈더라도 응어리를 풀고 용서할 수 있었다. 분노와 미움을 붙잡는 것은 영혼과 마음과 몸을 좀먹는 것이었다. 그녀는 전 남편이 앞으로 취할 행동이 아니라, 하나님을 신뢰해야 했다.

알렉스가 통제할 수 있는 둘째 행동은 규모에 맞는 집으로 옮기는 것이었다. 이때 그녀는 다시 분노의 감정과 싸워야 했다. 이게 공정한가? 아니다. 걱정이 그녀를 부정적 길로 몰아갔다. 그러나 이사하고 나자 경제적으로 형편이 나아졌다. 전에는 집을 어떻게 유지하고 세금을 어떻게 낼지 걱정했는데 이제 그런 걱정도 사라졌다. 알렉스는 자신이 통제할 수 있는 부분을 통제했고 자신의 통제를 벗어난 부분은 내려놓았다.

다음은 당신의 삶에서 이렇게 하는 일곱 가지 방법이다.

1. 자기 형편에 맞게 살아라

당신은 아이폰, 3D 텔레비전, 새 차, 더 큰 집 등을 원할지도 모른다. 살 형편이 안 되면 사지 말라. 지출을 통제하고 예산에 맞춰 살라. 원하는 것이 꼭 필요한 것은 아니다. 욕구에 굴복하면 걱정스러운 상황에 처하기 십상이다. 원하는 것과 필요한 것을 잘 분별하라.

예를 들면, 나는 아이폰을 원하지만 아이폰이 필요하지는 않다. 바로 지금, 내 계획에서 휴대폰을 바꾸는 것은 타당한 비용 지출이 아니다. 나중에는 아마 휴대폰을 바꿀 것이고, 그러길 바라지만, 지금은 가슴이 아니라 머리로 결정해야 한다. 요점은 당신의 형편이 안 되거나 앞뒤가 안 맞는 지출을 거부하는 것이다. 새로운 기술을 곧바로 받아들이는 얼리어답터라면 구매욕을 견디기가 특히 더 어렵다.

2. 비상금을 준비해두라

긴급 상황에 대비해 계획을 세워두면 걱정을 덜 수 있다. 경험상, 긴급 상황에 대비해 3-6개월 치 생활비를 저축하거나 언제든 사용 가능한 자원을 확보해두어야 한다. 사실, 얼마라도 저축해두면 기분이 좋아지고 걱정이 덜하다. 자신이 할 수 있는 것을 하고 빚을 갚아라.

미혼인 에린은 각종 청구서를 해결하고 나면 남는 돈이 많지 않지만, 그래도 비상시를 대비해 매달 50달러씩 꼬박꼬박 저축한다. 지난 3년간 이렇게 저축해 1,800달러를 모았다. 그녀가 저축을 위해 한 일이라고는 출근할 때 커피를 사서 마시는 대신 직접 끓여서 가져가는 것뿐이었다. 이 간단한 변화는 할 만하다. 그녀는 비상금을 모아둔 덕분에 걱정하지 않는다.

3. 긍정적이 되어라

돈 걱정은 스트레스를 받을 만한 가치가 없다. 어떻게 될지 걱정하기보다는, 당신이 할 수 있는 일을 하고 당신의 삶을 계획하고 누려라. 긍정적 태도를 지녀라. 문제를 해결하거나 도움을 얻거나 상황을 개선할 방법은 언제나 있다. 실망과 돈 문제는 찾아오기 마련이지만, 돈 문제를 대하는 태도가 차이를 만든다. 나처럼, 당신도 실수할 수 있다. 그러나 거기서 배울 수 있다. 실수했을 때, 자신이 무엇을 잘못했는지 알아내라. 늘 긍정적으로 생각하라.

키이스가 이렇게 했으며 아내는 그가 별로 걱정하지 않는 데 놀랐다. 키이스는 잘못된 조언을 듣고 잘못 투자했다. 그는 돈을 잃었으나 주저앉아 자신이 저지른 일을 걱정하려 하지 않았다. 대신에, 금융상담가를 만나 나쁜 거래를 검토하고 어떻게 하면 더 나은 투자를 할 수 있는지에 집중했다. 그는 나쁜 결정에 책임을 졌지만, 미래의 목표에 긍정적 자세를 잃지 않았다. 그는 같은 실수를 되풀이하지 않도록 자신의 실수에서 배웠다.

4. 돈 문제에 적극적으로 행동하라

경제적으로 어려울 때, 내가 졌다고 느끼고 어쩔 줄 몰라 하기 쉽다. 불안하면 흔히 아무것도 하지 않게 되는데, 그런다고 돈 문제가 해결되지 않는다. 경제적으로 어렵다면 조치를 취하라. 지역사회 상담자, 재무 설계사, 채무 상담자, 또는 돈을 잘 관리하며 당신이 존경하는 사람을 만나보라. 그들은 당신이 큰 그림을 보고 압박에서 벗어날 전략을 결정하도록 도울 수 있다. 여기에는 추가로 일자리를 얻거나 급여가 더 좋은 직장을 구하거나 팔 수 있는 것은 팔거나 규모를 줄이는 것 등이 포함된다.

더 나아가, 무료 세미나에 참석하거나 온라인 무료 금융사이트에 가입하거나 자금 전략과 투자에 관한 책을 읽을 수 있다. 핵심은 걱정에 빠져 허우적대는 게 아니라 자신의 상황을 바꿀 생산적인 일을 하는 것이다.

5. 현재 지출을 검토해보라

돈 걱정을 그치기 위해 자신이 어떤 것을 없앨 수 있는지, 거래를 다시 할 수 있는지, 더 나은 가격으로 보험을 갈아탈 수 있는지 등을 살펴보라. 현재의 지출을 모두 검토하고, 지출을 줄일 방법이 있는지 알아보라.

샤론은 자동차 보험을 여기저기 알아보고 휴대전화 서비스도 싼 곳을 골라 매달 지출을 수백 달러 줄였다. 작은 변화들이 월 지출을 바꿔놓는다. 자신의 지출을 정기적으로 점검하고, 절약할 방법을 찾아보라.

6. 예측 가능한 비용은 미리 계획하라

알고 있거나 예측 가능한 비용을 미리 계획하면 걱정을 없앨 수 있다. 예측 가능한 비용으로 졸업, 진학, 집수리, 결혼식, 은퇴, 자동차 수리와 구매, 출산 등이 있다. 저축을 해두지 않았거나 지출을 계획해두지 않았다면 이런 비용을 걱정하기 쉽다.

예를 들어, 자녀들이 학교에 다니기 시작하면, 대학 등록금을 알아보고 저축을 시작하기에 결코 이르지 않다. 아이들이 자라고 관심사와 취미를 찾아갈 때, 이러한 활동에 들어갈 돈을 추가로 챙겨두라. 나는 딸이 무용을 배울 때부터 월 지출 항목에 매달 수업료를 포함시키고, 무용에 필요한 의상과 신발, 토슈즈를 위한 예산을 세워두었다. 십 대라면 이런 비용을 마련하기 위해 아르바이트를 해야 할 수도 있다.

7. 십일조를 하라

수입의 10분의 1을 당신의 교회나 사역에 기부하는 습관을 들여라. 급여를 받으면 곧바로 십일조를 하라. 그러지 않으면 그 돈을 다른 데 쓰고 싶은 유혹을 받는다. 즉시 십일조를 하고 이 돈을 자신의 것이라고 생각하지 않는 습관을 기르는 게 더없이 중요하다.

나는 십일조를 함으로써 빚에서 벗어났다는 사람들의 이야기를 수없이 들었다. 잘 납득되지 않을 수도 있지만, 그렇지 않다. 하나님이 원칙을 세우시면, 그 원칙은 작동한다. 하나님은 자신이 우리에게 주신 돈의 일부를 자신에게 바치라고 요구하신다. 이 명령을 존중하는 것은 하나님을 존중하는 일이며, 삶에 복을 가져다준다.

행복은 살 수 없다

요컨대, 돈 걱정은 종종 자신에게 없는 돈을 쓰는 데서 비롯된다. 우리 문화에서는 구매 압박이 강하다. 그러나 기억하라. 돈이 행복을 가져다 주지 않는다. 로체스터대학의 한 연구에 따르면, 돈은 실제로 불안의 근원이다. 돈을 좇다가 건강을 망치기 십상이다.[9]

이 연구에서, 개인의 성장, 친밀한 관계, 공동체 참여, 몸의 건강에 집중한 사람들은 물질 및 이미지와 관련된 목표를 추구한 사람들보다 신체적, 정서적으로 더 건강했다. 경제적 성공을 통해 부를 얻고 부러움을 산다고 해서 지속적인 만족이 따라오지는 않는다. 우리 문화는 남에게 뒤처지지 않기를 강조하지만, 그렇더라도 돈을 좇으면 삶이 정서적, 영적으로 공허해지고 걱정이 항상 찾아올 수 있다.

부를 쌓고 돈을 버는 것은 전혀 잘못이 아니지만, 돈을 사랑하는 것은 문제다. 돈이 목적을 이루는 수단이 아니라 애정의 대상, 즉 우상이 될 때 문제가 일어난다. 돈은 당신에게 사랑이나 행복을 사줄 수 없다. 그러나 걱정은 사줄 수 있다.

걱정 버리기 처방전

단순히 기분 좋으라고 돈을 쓰는 대신 같은 효과를 낼 다른 활동들을
생각해보라. 이 장에서 친구를 만나 좋은 대화를 나누거나 구매 전에
냉각기를 갖는 것 등 몇 가지 예를 제시했다. 충동구매를 막거나 기분
을 좋게 하는 데 도움이 될 만한 다른 활동들을 열거해보라.

자신의 현재 재정 상황을 점검해보라. 지출을 줄여 재정 상황을 개선
할 방법들이 있는가? 필요한 변화를 이루기 위해, 이 장에서 제시한 체
크 포인트들을 활용하라.

- ☐ 당신은 지칠 때까지 쇼핑을 하는가?
- ☐ 당신은 화가 났거나 기분 전환이 필요할 때 돈을 쓰는가?
- ☐ 당신은 자제력이 필요한 충동구매자인가?
- ☐ 당신은 신용카드 때문에 빚이 있는가?
- ☐ 당신은 재정 계획, 특히 저축과 관련해 재정 계획이 필요한가?
- ☐ 당신은 자신의 수입 범위 내에서 생활하는가?
- ☐ 당신은 긴급 자금을 저축해두었는가?
- ☐ 당신은 예측 가능한 지출을 미리 계획해두었는가?
- ☐ 당신은 정기적으로 십일조를 하는가?

신실하게 드려라.
디모데전서 6장 6-10절을 묵상하라.

그러나 자족하는 마음이 있으면 경건은 큰 이익이 되느니라 우리가 세상에 아무것도 가지고 온 것이 없으매 또한 아무것도 가지고 가지 못하리니 우리가 먹을 것과 입을 것이 있은즉 족한 줄로 알 것이니라 부하려 하는 자들은 시험과 올무와 여러 가지 어리석고 해로운 욕심에 떨어지나니 곧 사람으로 파멸과 멸망에 빠지게 하는 것이라 돈을 사랑함이 일만 악의 뿌리가 되나니 이것을 탐내는 자들은 미혹을 받아 믿음에서 떠나 많은 근심으로써 자기를 찔렀도다

우리는 피할 수 없는 것을 두려워하느라

귀한 시간을 허비한다.

그 시간을 가족을 사랑하고, 친구를 소중히 여기며,

우리의 삶을 사는 데 쓰는 것이 지혜로울 것이다.

마야 안젤루

chapter 10

관계

: 건강하게 반응할 힘을 키워라

관계란 원만할 때는 만족스럽고 그렇지 못할 때는 실망스럽다! 관계는 걱정할 거대한 무대를 제공하기도 한다. 예를 들어, 자녀들이 잘 적응하고 그들의 능력을 십분 발휘할지 걱정하기 쉽다. 연로한 부모님을 돌보고 있다면 돈, 좋은 보살핌, 건강이 당신의 걱정 목록에서 윗부분에 놓일 것이다. 그리고 편치 않은 시댁이나 처가 식구들, 서로 다투는 형제들, 당신의 마당에 대해 불평하는 이웃이 있다. 관계를 조심해서 잘 관리하지 못하면 이 모두는 잠 못 드는 밤을 보태며, 상황을 악화시킨다.

관계가 살아남고 또 제 기능을 할지가 관계와 관련된 주요 관심사다. 다른 사람들이 하는 일은 통제할 수 없으므로, 우리는 언제든 상처받을 수도, 버림받을 수도, 배척당했다고 느낄 수도 있다. 자신이 약하고 무력하다고 느끼기 시작한다. 기억하라. 이 두 감정을 방치하면, 걱정을 부를 수 있다.

속내를 털어놓으면 상처받기도 한다

브라이언은 켈리와 데이트를 시작했을 때 들떠 있었다. 켈리는 조금 신비스러워보였고, 브라이언은 이런 켈리에게 강하게 끌렸다. 두 사람이 함께 보내는 시간이 많아지자, 켈리는 혼란스러운 자기 가정 이야기를 했다. 자라면서, 그녀의 가정은 그야말로 예측불허였다. 부모는 수시로 직장을 옮기고 전국으로 이사를 다녔으며 자녀들에게 안정감을 거의 주지 못했다. 켈리가 16세 때, 아버지는 집을 떠나겠다고 선언해 가족들에게 충격을 안겼다. 아버지가 가정을 버리자 켈리는 심하게 흔들렸고 미래가 불안했다.

결과적으로, 켈리는 브라이언과의 관계에서 방어벽을 쳤다. 켈리는 버림받을지 모른다는 두려움 때문에 속내를 드러내지 않고, 브라이언에게 진정한 자신을 보여주는 대신 늘 신비감을 유지했다. 브라이언은 처음에는 이러한 신비감에 끌렸으나 이제는 좌절감을 느낀다. 그는 켈리를 알기 어려웠고, 켈리를 알려고 애쓸수록 켈리는 그를 더 밀어내는 것 같았다. 켈리는 브라이언과 계속 사귀고 싶었으나 브라이언이 마침내 자신을 떠날 것이 두려워서 그와 더 가까워지지 못했다. 하지만 브라이언은 켈리가 왜 자신과 정서적으로 거리를 두는지 도무지 알지 못하고 켈리가 자신을 좋아하지 않는다고 걱정했다. 이러한 긴장이 둘의 관계를 압박해 결국 그 관계는 깨지고 말았다.

두 사람이 과거 문제를 해결하지 않거나 현재의 두려움을 터놓고 함께 나누지 않을 때, 또는 둘 다 하지 않을 때, 이런 일이 일어날 수 있다. 관계에서, 우리는 상대방이 정서적으로 다가갈 수 있는 사람이고 자신의 필요에 반응하길 원한다. 두 사람이 서로를 알아갈 때, 이런 일이 일어날 수 있다.

1. 한쪽이나 양쪽 모두 자기 속내를 드러내는 위험을 감수하기로 결정할
   수도 있다. 이렇게 하면 대개 관계가 오히려 단단해진다.
2. 한쪽이나 양쪽 모두 방어벽을 치거나 화를 내거나 움츠리기로 결정할
   수도 있다. 이렇게 하면 대개 관계가 깨진다.

관계에서 위험 감수하기

브라이언과 켈리는 방어벽을 치고 서로에게 속내를 내보이지 않았다. 상처받을지 모른다는 걱정에 막혀 친밀감이 깊어지지 못했다. 켈리는 버림받았다는 감정을 전달하지 못해서 두려움으로 꼼짝하지 못했고, 브라이언은 켈리의 정서적 거리를 자신에게 관심 없다는 뜻으로 해석했다. 이러한 불통의 결과는 헤어짐이었다.

이들의 관계가 성장하려면, 켈리는 브라이언에게 왜 그를 믿거나 상처받을 위험을 감수하기를 주저하는지 말해줬어야 한다. 우선, 켈리는 브라이언이 믿고 속내를 털어놓을 수 있는 사람인지 판단해야 했다. 그러려면 아버지에 대한 감정과 브라이언을 분리하고, 브라이언이 아버지와 다른 유형의 남자인지 판단해야 했다. 그러려면 상처받을 위험을 감수해야 할 것이다.

관계에서 자신의 약함을 드러내기로 했을 때, 그 결과로 상처받을 수도 있다. 상대방이 나의 가장 깊은 생각과 감정에 어떻게 반응할지 알 수 없다. 이것은 관계가 그렇게 어려운 이유 중 하나다.

켈리가 브라이언에게 속내를 털어놓았을 때 둘의 관계가 진전될 수도 있고, 그래도 끝났을 수도 있다. 결과는 브라이언이 켈리의 감정을 어떻게 잘 받아들이느냐에 달렸을 것이다. 그가 켈리의 상처 입은 감정을 불편해했다면 그녀를 밀어냈을 것이다.

긍정적 측면에서, 당신이 믿을 수 있는 사람에게 속내를 털어놓을 때, 둘의 관계는 더 탄탄해지며, 받아들여지고 사랑받아야 하는 당신의 필요는 충족된다. 따라서 어떤 유형의 커플 상담은 자신의 가장 깊은 감정을 찾아내고 걱정 없이 표현할 수 있는 안전지대를 마련해주는 것이 목표다. 이런 유형의 치료는 커플이 이런 안전한 자리를 마련해 서로 정서적으로 더 가까워질 수 있게 하는 것이다.

불행히도, 많은 사람이 관계에서 자신의 가장 깊은 감정을 표현하는 것을 안전하지 않다고 느낀다. 이럴 경우, 불안과 걱정이 생긴다. 그것이 켈리에게 일어난 일이다. 브라이언과의 관계가 부모님의 관계처럼 될까봐 걱정한 결과, 켈리는 브라이언이 어떻게 반응할지 확신하지 못해서 속내를 드러내려 하지 않았다. 그녀의 걱정은 상황을 악화시켰다. 켈리는 거리를 두었고, 마침내 그녀가 두려워했던 일이 현실이 되었다.

브라이언은 켈리의 과거가 어떻게 현재의 행동을 유발하는지 몰랐고 관심도 없었기에 그녀의 행동을 자신에 대한 관심 부족으로 해석했다. 브라이언은 켈리에게서 친밀감을 느끼기 어려웠고, 그래서 왜 그러는지 설명해달라고 하기가 불편했다. 켈리를 포기하는 게 더 쉬워 보였다. 브라이언은 켈리가 버거웠고, 그래서 정서적으로 더 쉽게 다가갈 수 있는 사람과 함께하고 싶었다.

함께 어려움 헤쳐나가기

칼과 리타는 어려움을 겪었지만 다른 결과를 얻었다. 칼은 이라크전에 참전했다가 사망자들과 죽어가는 사람들을 숱하게 목격한 트라우마로 외상 후 스트레스 장애가 나타났다.

그는 이라크에서 돌아온 후 아내와 친밀해지기 어려웠다. 아내와 아이들에게 뭔가 나쁜 일이 일어날까봐 끊임없이 걱정했고, 걱정이 너무 심해 아내와 두 자녀를 집 밖에 내보내려 하지 않았다. 칼은 치료 받는 게 너무 싫었지만 가정생활을 방해하는 외상 후 스트레스 장애에서 벗어나려고 치료를 받기로 했다.

그는 이 장애가 어떻게 자신이 친밀감과 상실을 두려워하게 하는지 알게 되었기 때문에 이 문제를 해결하려고 리타와의 관계에 안전지대를 마련했다. 리타가 상담에 참여하면서 그녀의 분노는 응원과 연민으로 바뀌었다. 리타와 칼은 관계 회복에 전념했고, 싸움의 악순환을 긍정적 선순환으로 바꾸었다.

칼은 자신의 걱정이 전쟁 트라우마와 죽음에 대한 두려움 때문인 것을 알았다. 그는 과거의 트라우마를 다루고 그것이 자신의 현재를 지배하게 두지 않음으로써 이런 걱정을 이길 수 있었다. 그는 가족 누군가가 집을 나설 때 자신의 생각을 통제하고 걱정에 내몰리지 않게 하는 법을 배웠다. 무엇보다도, 부부는 관계 문제를 함께 헤쳐나가는 쪽을 선택했고, 둘의 친밀감은 깊어졌다.

무력감

자신이 희생자라고 느끼면 대체로 걱정한다. 희생자들은 힘이 없다고 느낀다. 힘이 없다고 느끼면 걱정이 찾아온다. 기본적으로, 희생자는 삶이 완전히 통제 불능이라고 느끼고 포기한다. 관계에서 무력감을 어떻게 다루느냐는 걱정을 떨쳐버리는 데 매우 중요하며, 자신이 희생자라고 생각할 때는 더욱 그렇다.

내가 통제할 수 있는 것은 무엇인가?

극단적 예를 하나 들겠다. 남편에게 매 맞는 여자가 자신은 무력하다고 느낀다. 그녀는 학대받는 희생자다. 이런 관계에서 걱정은 자연스런 결과다. 또다시 맞았다간 살아남지 못할는지도 모른다. 이것은 실제이며 지속적인 위협이다.

이런 상황에서 그녀는 전혀 힘이 없는가? 아니다. 남편을 떠나, 가정폭력 분야에서 훈련을 받고 그녀를 안전하게 지켜줄 방법을 아는 사람들에게 도움을 받을 수 있다. 떠나는 게 어려운가? 그렇다. 언제든 남편이 찾아내 그녀의 삶을 비참하게 할 수도 있기 때문이다. 그래서 전문가와 안식처가 필요하다. 그러나 그 상황에 머물러 희생자로 남으면 그녀의 걱정은 결코 사라지지 않는다.

핵심은 이것이다. 내가 통제할 수 있는 것은 내가 다른 사람들에게 '어떻게 반응하느냐'뿐이다. 남들이 나를 어떻게 대하느냐는 내가 통제할 수 없다. 이것은 때로 겁이 난다. 부당한 대우가 일어나면 우리는 다른 사람들을 통제할 수 없기에 관계에서 실망하고 안달하며 짜증을 낸다.

그러나 사실, 우리가 다른 사람들에게 영향을 미칠 수는 있지만, 그들이 하는 일을 통제하지는 못한다. 궁극적으로 상대방은 당신을 미치게 하는 방식으로 행동할 수 있고, 때로는 위험하기까지 하다! 이러한 유형의 무력감을 인식하는 것이 건강한 관계의 형성에 매우 중요하다.

그러나 우리는 너무나 자주, 마치 다른 사람을 통제'할 수 있는 것처럼' 행동한다. 이 경우, 걱정이 일어난다. 다른 사람의 행동을 통제할 수 있다고 생각하면, 자신의 행동으로 어떻게 그 사람을 바꿀지 끊임없이 걱정할 것이다. 예를 들면, 학대받는 아내는 '내가 남편을 절대 속상하게 하지 않으면, 남편이 그렇게 화를 내지 않을 거야'라고 생각할 것이다. 말도 안 되는 소리다. 비현실적일 뿐더러(다른 사람을 한 번도 속상하게 하지 않는 사람이 어디 있겠는가?) 남편의 학대가 어느 정도 자신의 책임이라고 가정하기 때문이다. 사실 학대는 전적으로 남편의 책임이다. 그는 삶에 더 잘 대처하고, 멈추는 법을 배워야 한다. 그는 도움을 받고 변할 수도 있지만, 아내가 그를 그렇게 하게 할 힘이 있어서가 아니다. 그 자신이 변하려는 의지가 있어야 한다.

사실은 힘이 없는 게 아니다

다른 사람들을 바꿀 힘이 없다는 것을 인식할 때, 실제로 우리에게 힘이 생긴다. 그것은 건강하게 반응할 힘이다. 따라서 학대받는 아내는 남편에게 분노의 문제가 있는지 볼 필요가 있다. 학대를 멈추지 않으려는 남편에게 아내가 보이는 건강한 반응은 그가 자신의 책임을 인정하고 도움을 받을 때까지 그를 떠나는 것이다. 그 자리에 그대로 남아 학대를 받으면서 자신이 그를 바꿀 수 있다고 생각하는 것은 잘못이다.

이러한 힘없음의 개념을 덜 극단적인 방식으로 적용해보자. 아내가 당신에게 끝도 없이 잔소리를 한다고 해보자. 당신은 아내에게 그러지 말라고 줄기차게 말했으며, 그래도 아내가 계속하면 자신이 크게 화를 낼까봐 걱정이다. 당신은 아내에게 그녀의 잔소리가 정말로 거슬리고 둘의 관계에 부정적 영향을 미친다고 말했다. 그런데도 아내는 도무지 멈추질 않는다. 그러면 당신이 무엇을 할 수 있는가? 아내에게 달라져 야 한다고 계속 주지시킬 수 있는가? 그럴 수도 있다. 그러나 잔소리는 대개 사람들에게 동기를 부여하지 않는다. 그런데도 사람들은 상대방 을 바꾸려 애쓰면서 소용도 없는 같은 일을 더 열심히 반복한다.

모든 잔소리와 애원이 효과가 없을 때, 당신은 변화를 이뤄낼 힘이 없 다고 느낀다. 이런 무력감에 빠지면 나쁜 감정들에 노출되기 쉽다. 그 러면 이혼은 진짜 걱정거리가 된다. 비난과 더불어 정서적으로 멀어지는 악순환이 시작되며, 이것이 이혼으로 이어지기 때문이다.

만일 아내가 해야 할 일 대신, 아내의 타박에 다르게 반응하는 것에 집중하면 어떻게 될까? 바꾸어 말하면, 무력함이 당신에게 변화를 이뤄 낼 힘을 준다면 말이다. 그래서 다음에 아내가 타박하면 당신은 그 자 리를 벗어나고, 그래도 아내가 계속한다면 아내와 함께 있지 않겠다고 말한다. 그래도 아내가 듣지 않고 계속 뭐라 하면 당신은 방을 나간다. 이렇게 함으로써, 당신은 희생자의 위치에서 벗어나고 자신이 바꿀 수 있는 부분, 즉 자신의 대응을 책임진다.

당신의 대응을 바꾸는 데서 흥미로운 점은 이렇게 하면 부정적 순환 이 바뀌고 마침내 당신의 아내가 바뀔 수도 있다는 것이다(당신이 진심이라는 것을 아내가 알 때). 아내는 더 이상 당신을 힘없는 사람으로 보지 않을 것이다. 그러면 관계가 영향을 받는다. 그러므로 자신이 힘이 없다고 느낄 때라도, 당신은 힘이 없는 것이 아니다.

내가 바뀌면 관계의 역학이 바뀐다

당신이 대응 방식을 바꾸면, 아내가 더 화가 나서 당신을 더욱 심하게 비난할까봐 걱정될지도 모른다. 그럴 수도 있다. 그러나 이것을 걱정하는 대신 자신의 입장을 고수하라. 변화를 만드는 것은 현재의 상호작용 패턴을 흔든다는 뜻이다. 당신이 흔들리지 않는다면, 당신이 달라졌기에 아내도 마침내 행동을 바꿀 것이다. 당신이 상호작용 패턴을 바꿨기 때문에 이제 상호작용이 전과 다르다. 당신이 다르게 행동할 때, 상대방도 다르게 반응한다.

톰은 교회 지도자인 목사님과 의견 충돌이 있었다. 톰은 그 목사님이 어떤 잘못을 해서 큰 문제를 일으켰다고 믿었고, 그래서 그 분을 만나 지적했다. 목사님은 톰을 꾸짖고 그가 부정적이며 불평과 불만을 그쳐야 한다고 했다. 톰은 불평하고 있던 게 아니며, 오히려 갈등을 해결하려 애쓰고 있었다. 목사는 톰에게, 자신이 책임자이므로 톰이 자신의 권위에 복종해야 한다고 했다(나는 이런 일을 너무 많이 보았다). 사실, 그는 톰을 위협하고 어떤 대립도 차단하려고 했다.

톰은 갈등을 조종하려는 지도자의 시도에 이의를 제기했으나, 이런 도전으로 교회에서 자신의 위치를 잃게 될까봐 걱정했다. 그는 문제해결에서 손을 뗐으나 몇 달 동안 이 일로 불안했고 지도자와의 관계가 껄

끄러웠다. 지도자는 톰이 이 문제를 다시 제기할까봐 걱정되어 톰이 권위에 복종할 의무가 있다는 점을 더욱 강조했다. 톰은 자신이 지도자와 맞섬으로써(그는 지도자와 맞서지 않았다) 잘못을 하지는 않았을까, 자신이 더는 교회에서 제 역할을 못 하지는 않을까 걱정했다. 두 사람 사이에 신뢰가 없었고, 둘은 이 갈등을 해결하지도 않았다. 문제는 해결되지 않은 채로 있었다.

톰이 목사를 덜 불안하게 해서 문제를 마주하게 할 수 있지 않았을까? 아니다. 톰은 목사를 대면하려 애썼고 다른 사람들과 함께 목사를 대면하려고도 해보았다. 그러나 지도자는 문제를 다루기를 거부했고 사실, 갈등을 중단시키려고 자신의 힘 있는 지위를 이용해 톰을 협박했다.

몇 달을 걱정하던 톰은 다른 방법을 시도해 두 장로와 함께 지도자를 대면했다. 지도자가 여전히 거부하자 마침내 톰은 이 문제를 교회 운영위원회에 내놓았다. 운영위원회는 지도자를 다룰 권한이 있었고, 실제로 그렇게 했다.

중요한 것은, 목사가 힘으로 톰을 누르려 해도 톰이 포기하지 않았다는 것이다. 톰은 교회를 떠나고 싶지 않았으나 해결되지 않은 이 갈등에 고심해야 했다. 이것이 그를 좀먹고 있었기에, 그는 초점을 지도자의 부당한 행위에서 자신이 할 수 있는 일로 옮겼다. 그는 걱정에 매일 수도 있었고, 자신의 믿음에 따라 행동할 수도 있었다. 즉 마태복음 18장의 성경적 모델을 활용해 그 사람을 대면하고, 목사가 용서를 구하지 않더라도 그를 용서할 수도 있었다. 어쨌든, 톰은 그를 용서해야 했다. 지도자를 다루는 것은 하나님의 일(그리고 위원회의 일)이었고, 톰이 지도자의 문제에서 조금도 나아갈 수 없었기 때문이다.

톰의 선택은 자신이 믿는 바에 순종하고 용서하는 것이었다. 이로써 톰은 자유로워져 걱정에 매이지 않고 영적생활에서 진전을 이루었다. 그가 앉아서 걱정만 하는 쓸데없는 일을 그치고 새로운 방식(위원회에 내놓기)으로 행동하기 시작했을 때, 마침내 문제가 해결되었다.

당신이 어떤 관계에 갇혀 있다고 느껴지면 초점을 상대방에게서 자신에게로 옮겨라. 자신의 행동을 주의 깊게 살피고 자신이 달라져야 하는지 판단하라. 당신의 대응이 달라지면 관계의 역학이 달라진다. 당신이 굴복하고 옛 대응 방식으로 돌아가지 않는다면 말이다. 기억하라. 당신은 상대방을 바꿀 수 없지만 당신이 그 사람에게 대응하는 방식은 바꿀 수 있으며, 그러면 관계가 역동적으로 바뀐다.

신뢰를 쌓아라

정직하지 못하고 서로 소통하지 않으면, 관계에 의심이 쌓인다. 예를 들어, 친구를 의심하면 그 친구를 신뢰하지 않을 것이다. 비키는 가장 친한 친구 앤이 자신을 험담하고 다니는 것을 알게 되었다. 앤은 친구들에게 비키가 대학생 때 파티라면 환장을 했었다고 했고, 비키를 잘 모르는 사람들에게도 그녀의 술버릇을 시시콜콜 얘기했다. 비키는 과거의 행동이 자랑스럽지 않았고 자신의 실수가 사람들의 입에 오르는 게 싫었다. 그래서 절친한 친구가 자신의 험담을 했다는 사실에 마음이 상했다.

비키가 앤을 대면했을 때, 앤은 자신의 말을 대수롭지 않게 여겼고 별 것 아니라고 했다. 그러나 그 부정(否定)이 불신의 상처를 낳았다. 친구들이 비키에게 여러 차례 전화해 앤이 무슨 말을 했는지 알려주었고, 그래서 비키는 앤이 자신에게 정직하지 않다는 것을 알았다. 비키는 더 이상 앤에게 개인적인 문제를 믿고 터놓을 수 없었다. 우정에 금이 갔다.

신뢰가 부족하면 걱정이 끊임없이 일어난다. 어느 관계든 신뢰가 핵심이다. 신뢰가 없으면, 걱정이 비집고 들어와 문제를 일으킨다.

마음을 열면 신뢰가 깊어진다

레이는 헌신하기를 힘들어했다. 그는 여러 여자와 사귀었다. 모두들 자신의 훌륭한 파트너가 될 줄 알았으나 관계가 친밀해질 때마다 헤어졌다. 그는 자신이 헌신을 두려워하기 때문에 남은 평생 혼자가 될까봐 두려웠다. 그는 이혼한 가정에서 자란 성인아이였고, 치 떨리던 부모의 이혼을 경험하고 싶지 않았다. 레이는 자신의 헌신 공포증이 어린 시절의 경험 때문이라는 것을 알고도, 이에 대해 아무것도 하지 않았다.

레이첼이 그의 삶에 들어왔을 때, 상황이 달라졌다. 레이는 레이첼에게 완전히 빠졌으나 여전히 헌신이 두려웠다. 레이첼은 마침내 그에게 결혼하든지 아니면 헤어지자고 최후통첩을 했다. 레이는 걱정했다. 레이첼을 잃고 싶지 않았다. 그는 가까운 친구와 의논한 후 용기를 내어 상담을 받고, 자신이 헌신을 두려워하는 뿌리에 부모의 이혼이 안겨준 고통이 있음을 알았다. 이것을 해결하려면 이 문제에 마음을 열어야 했다. 그렇게 하자, 신뢰가 쌓이기 시작했다.

"내가 관계 문제의 근원"이라고 인정하기란 늘 쉽지 않은 일이다. 그러나 마음을 열고 문제를 해결하려 할 때, 신뢰가 쌓이고 관계가 회복될 희망이 있다. 관계가 살아남을지 아닐지 걱정해봐야 좋을 게 없다. 당신이 관계에서 어떻게 반응하고 행동하느냐가 관계의 생존에 영향을 미친다. 이것이 당신이 통제할 수 있는 부분이다. 관계가 막혔거나 흔들리거나 건강하지 못할 때, 반응을 바꾸고 변화가 있는지 보라. 상대방이 다르게 행동해야 할 필요성에 집중하지 말라. 앞으로 나아가려면, 걱정이 아니라 행동이 필요하다.

자신의 기대를 분명히 하라

걱정 없는 관계를 만드는 과정에는 자신이 원하는 것과 필요한 것을 분명히 하는 것도 포함된다. 그리고 나서 당신의 원칙을 고수하라(어려운 부분이다). 당신의 필요를 분명히 밝혔더라도 타협하면 걱정이 일어난다. 예를 들면, 당신이 일부일처주의자와 결혼하고 싶은데 일부다처주의자와 사귄다면 걱정하는 게 당연하다. 그들이 당신 때문에 바뀔 것 같지는 않다. 남자와 여자가 자신의 기대를 분명하게 밝히지만 정작 행동에서는 타협할 때가 얼마나 많은지 모른다. 걱정을 초대하는 격이다.

반면에, 기대가 너무 비현실적이라서 결코 헌신된 관계를 찾지 못할 수도 있다. 당신의 기대를 점검하고 그것이 현실적인지 확인하라. 사람들은 완벽하지 않다. 당신의 희망 목록에 있는 모든 항목을 충족시키는 사람을 만나길 바란다면 당신의 기대를 재고하라. 당신이 파트너에게 원하는 바를 아는 것은 좋지만, 아무도 충족시키지 못할 만큼 당신의 기대치를 높이지는 말라.

성격 좋고 매력적이며, 건강한 가정에서 자란 토냐는 억대 연봉을 받는 남자를 만나겠다고 결심했다. 35세에 그녀는 인생의 동반자를 찾을 수 있을지 걱정하기 시작했다. 나는 토냐와 함께 그녀의 기대 목록을 살펴보다가 연봉 부분을 재고해보라고 했다. 정말로 억대 연봉이어야 했을까? 자신을 한참 성찰해본 후, 그녀는 아니라고 결론 내렸다. 토냐의 교회에는 그녀에게 관심이 있지만 연봉이 그만큼은 안 되는 남자가 있었다. 토냐는 그의 데이트 신청을 여러 차례 거절했다. 그에게 많이 끌리긴 했지만 그가 비영리 단체에서 일한다는 것을 알기 때문이었다. 토냐가 자신의 가치를 손상시키지 않으면서 기대치를 낮추자 데이트도 좋아졌다. 그녀는 동반자 찾기에 걱정이 아니라 희망을 갖게 되었다.

더러는 이렇게 생각할지 모르겠다. '그건 토냐 얘기지. 나는 내 이상형을 기다리고 있다고.' 그렇게 하면서 걱정하지 않을 수 있다면 그렇게 하라. 나는 여러분에게 자신의 기대를 살피고 그중 어느 것이 건강한 관계 요소(신뢰, 정직, 진실성 등)에 기초하는지 판단하라고 조언하고 싶다. 때로 우리가 우리를 행복하게 해주리라 생각하는 것들이 관계에서는 전혀 효과가 없다.

자녀에 대한 걱정

부모들이 한 세대 전보다 자녀들을 더 걱정하는 것 같다. 여기에는 여러 가지 이유가 있다. 세상이 예전보다 더 무섭게 느껴진다. 내가 자라던 시절에는 문을 잠그지 않았고 이웃을 믿었다. 걸어서 등교하면서 납치될까봐 두려워한 적이 없다. 그때는 디지털 기술이 없어서 사이버 폭력을 가하는 사람도 없었다. 24시간 내내 광고에 노출되지도 않았기에 디자이너의 옷을 입어야 한다는 압박도 느끼지 않았다. 목록은 끝이 없다. 요점은 급속한 변화의 속도가 가정에 긍정적 영향과 부정적 영향을 끼쳐서 걱정거리를 많이 안겨주었다는 것이다. 자녀를 양육하려면 시대의 변화에 뒤처져서는 안 된다. 그래야 자녀를 도울 수 있다. 이것은 걱정스러울 수 있다.

독립의 문제

며칠 전, 대학 지원서를 작성하는 아들을 도우면서 내가 대학 지원서를 쓸 때를 생각해보았다. 나의 부모님은 전혀 도와주지 않으셨다. 둘 다 훌륭한 분이었으나 나의 지원 과정을 걱정하지 않으셨다. 나 혼자 잘해낼 거라 생각하셨고, 무슨 일이 일어나든 그건 일어난 일이며 내가 독립해 가는 한 과정이라고 여기셨다.

아들을 돕는데 의문이 들었다. 우리는 자녀들이 행복하고 성공하길 바라서 그들을 위해 너무 많은 걸 해주는 게 아닐까? 아이들을 위해 이것저것 해주다가 그들의 독립심을 약화시키지는 않을까? 생각해보라. 당신은 자녀들이 최고의 교육을 받고, 팀에 선발되고, 좋은 친구들을 만나고, 자신의 열정을 발견하고, 자신의 목적을 알고, 영적으로 강하게 살지를 걱정하는가? 이것들은 좋은 관심사다. 그러나 걱정한다고 자녀들이 이 목표들을 이루는 데 실제로 도움이 되는가? 자녀들이 하는 행동의 결과에 그들보다 더 신경 쓰지 않고, 일이 이루어지게 하려고 애쓰는 데 그들보다 더 많은 에너지를 쏟지 않으려고 주의하라.

그저 생존하기

다른 한편으로, 더러는 자신이 하루를 버틸 수 있을지 걱정한다. 한부모

자녀양육과 경제적 스트레스, 가정 파괴가 늘어나면서, 당신이 생존에 집중해야 하기 때문에 당신의 자녀들은 스스로 알아서 해야 한다. 그럴 때 이들의 필요는 간과되고 무시된다. 따라서 문제는 균형이다. 당신의 환경이 어떻든지, 자녀들의 필요를 부족하지도 과하지도 않게 채워주어라. 이 과정에서, 걱정에 빠지지 않게 주의해야 한다.

내 아이들의 미래가 어떨지 궁금해지기 시작할 때, 그들이 마주할 세상을 언뜻 보았기에 불안해지기 시작할 수 있다. 그때 나 자신에게 나는 삶의 도전들에도 불구하고 잘 해냈다고 일깨운다. 나는 엘리트 학교에 갈 기회도, 특권이나 경제적 이점도 없었지만, 서로 사랑하고 최선을 다하신 부모님이 계셨다. 더 중요한 것은 부모님이 내게 믿음의 힘을 가르쳐주셨다는 것이다. 내가 약할 때, 하나님은 강하시다. 하나님은 내 발걸음을 명하신다. 나는 이 여정에서 혼자가 아니며, 희망과 미래의 약속이 있다. 믿음은 우리가 부모로서 쉼을 얻을 곳이다. 모든 기회가 내 자녀에게 찾아오리라는 희망이 아니라, 하나님께 순복할 때 자녀의 삶에 성취될 계획이 있음을 아는 데서 얻는 쉼 말이다.

자녀들을 있는 그대로 두기

우리 문화에서 아이들은 기회가 엄청나게 많다. 그래서 자상한 부모들은 자녀의 달란트를 끌어내거나 자녀를 뭔가 특별한 데로 이끌 수 있는 순간을 하나라도 놓치고 싶어 하지 않는다. 그러나 자녀에게 가장 좋은 것을 주려는 열정에서 자기 꿈과 자녀의 꿈을 혼동하지 않도록 주의해야 한다.

딸의 무용 교실에서 엄마들의 대화를 자주 듣는데, 정도가 지나친 엄마들이 있다. 이들은 딸의 무용 경력을 너무나 걱정한 나머지 사소한 일에도 분통을 터뜨린다. 나는 무용이 경쟁인 것을 알지만, 엄마와 아이 중에서 투자를 많이 하는 쪽은 누구인지 궁금할 때가 많다. 아이들이 무용을 아주 잘하더라도, 자라면서 무용으로 진로를 택하지 않을 수도 있고 흥미를 잃거나 부상으로 무용을 못 하게 되거나 단순히 다른 곳에서 열정을 발견할 수도 있다. 부모가 무용 교육에 시간과 돈을 쏟아 부은 후 이런 결과를 받아들일 수 있는지 묻고 싶다.

자녀를 키우면서 받는 도전은 그들의 독특함과 그들이 꿈을 좇는 일에 그들을 어떻게 안내할지를 아는 것이다. 자녀를 향해 내 계획이 아니라 하나님의 계획을 좇을 때 걱정이 사라질 수 있다. 그 과정에서, 아이들은 버둥대지만 그러면서 인격이 형성된다. 이렇게 꼭 필요한 분투를 우리가 막고 싶지 않다. 우리에게 주신 예레미야서 29장 11절의 약속을 믿고 안심하라.

여호와의 말씀이니라 너희를 향한 나의 생각을 내가 아나니
평안이요 재앙이 아니니라 너희에게 미래와 희망을 주는 것이니라

선택과 결과에 집중하기

부모는 자녀가 그들의 선택이 낳은 결과를 이해하도록 도울 수 있다. 예를 들면, 자녀가 정크 푸드를 먹고 살이 찔 경우, 당신은 선택할 수 있다. 비만을 걱정할 수도 있고, 자녀가 건강한 음식을 택하고 자기 선택의 결과를 이해하도록 이끌어줄 수도 있다. 아들이 나쁜 친구들을 선택한다면, 그 아들은 자신의 선택이 초래할 문제를 이해하고 더 나은 선택

을 하도록 인도받아야 한다. 부정적 결과가 미래의 결정에 영향을 미친다. 자녀양육은 자녀가 삶에서 좋은 선택을 하도록 이끌어주는 것이다.

자녀양육은 진을 빼는 일이지만, 그래도 시간과 에너지를 쏟아 자녀가 지혜롭게 선택하고 문제를 해결하며 자신이 한 행동의 결과에 책임지도록 가르칠 때 보상이 따른다. 부모의 일은 가만히 앉아 자녀의 결정을 걱정(이러면 진이 빠진다!)하는 게 아니라, 자녀를 이끌고 가르치는 것이다. 관여하라. 자녀의 친구들을 알라. 자녀가 어디에 가는지 확인하라. 자녀의 행동을 살펴라. 자녀와 가까이 있고 마음을 열고 토론하라. 각 상황에서 말을 해줌으로써 자녀의 생각에 영향을 끼쳐라. 자녀에게 믿음과 도덕적 삶을 가르쳐라. 자녀의 마음을 이해하라. 자녀와 함께 기도하고 당신이 그들 편이라는 것을 자녀가 알게 하라. 그러나 자녀가 할 일을 대신해주지 말라. 때로 자녀가 버둥댈 때 그냥 두라. 자녀의 필요를 무시하지 말라. 자녀에게 개인적인 책임을 가르치라.

자녀를 양육할 때, 부모는 모든 부분을 다 걱정할 수도 있고, 최선을 다하고 하나님이 당신과 자녀를 도우시리라 믿고 그분을 신뢰할 수도 있다.

역기능 가정에서 자라면 역기능 행동 패턴을 배운다. 우리들 대부분은 가정에서 배웠으며, 현재의 가정에서 원치 않을뿐더러 다음 세대에 물려주고 싶지 않은 이런 행동 패턴을 몇 가지는 알고 있다. 어느 가정도 완벽하지 못하기에, 당신은 앙금을 어느 관계에든 가져갈 수 있다.

관건은 당신에게 앙금이 얼마나 많으며, 그것을 어떻게 처리하느냐이다. 자신의 부정적 관계 패턴을 인정하고 그것을 고치며 살아갈 때 걱정은 사라질 수 있다. 문제는 사람들이 자신에게 원가정이 어떻게 영향을 미쳤는지 모르거나, 앙금을 제거하려 애쓰지 않는다는 것이다. 어느 쪽이든, 당신은 누군가나 자신에게 걱정의 근원이 될 것이다.

걱정 없는 관계는 드라마나 문제가 없는 관계가 아니다. 양쪽이 더 나은 사람이 되려고 꾸준히 노력하는 데 동의하는 관계다. 걱정 없는 관계에 있는 사람들은 자신들에게 문제가 있다는 것을 알지만, 그 문제를 처리하는 데 동의한다. 이들은 자신의 문제를 부정하길 그치고, 자신이 틀렸을 때 인정하며, 그 과정에서 달라진다. 이혼하겠다고 위협하거나 부인으로 일관하지 않고, 문제를 헤쳐나가려고 힘을 쏟는다.

부모님에 대한 걱정

나는 인생에서 연로한 부모님을 보살펴야 하는 단계에 있다. 아버지는 90세이시고, 어머니는 84세에 세상을 떠나셨다. 두 분 모두 장수하셨고 생산적인 삶을 사셨다. 나이 먹는 것은 여러모로 도전이다. 연로한 부모님을 돌보는 많은 사람이 부모님 걱정으로 잠을 못 이룬다. 부모님의 건강이 나빠지고 독립된 생활이 어려워지기 시작하면, 그분들의 존엄성을 존중하면서 그분들을 보살펴드리기가 어려울 수 있다.

걱정하는 대신, 정보를 얻고 계획을 세워라. 그러면 부모님과 어려운 대화를 최대한 일찍 나누는 데 도움이 된다. 오빠와 내가 부모님께 그분들의 장례 계획을 세워야 하지 않겠느냐고 말씀드렸던 때를 결코 잊지 못할 것이다. 우리는 부모님 중 한 분이 돌아가셨을 때 슬픔 중에서 무엇을 해야 할지 걱정하고 싶지 않았다. 그래서 그분들의 소망을 존중하고 그분들이 원하시는 것을 알기 위해, 그분들과 대화를 나눌 뿐 아니라 장례식장을 찾아가 협의해야 했다. 나는 이것이 우울한 경험이 될 줄 알았는데, 놀랍게도 아니었다. 어머니나 아버지가 돌아가셨을 때 어떻게 해야 할지에 대한 모든 걱정이 사라졌다.

보살핌도 다르지 않다. 계획을 세워두었다면, 어떤 계획인가? 안타깝게도, 가족들이 연로한 부모님의 필요를 늘 채워드리지는 못한다. 따라서 부모님을 어떻게 돌보고, 그 관리와 물류 비용은 어떻게 할지 등을 고려한 실행 계획이 필요하다. 돌봄의 세계에서는 정보가 힘이다. 서비스와 법적인 부분을 잘 알수록 걱정이 줄어든다. 그러므로 이 부분에서 정보를 얻고, 알아보고, 무료 세미나에 참석하며, 부모님과 의논하라. 부모님을 존중하되, 더 힘든 때를 대비해 계획을 세우시게 하라. 당신이 연로한 부모라면, 당신을 돌보는 문제에 대한 결정을 자녀들에게 떠넘기지 말고 계획을 세워라.

관계와 걱정에 관한 결론은 이것이다. 가능한 가장 좋은 사람이 되려고 최선을 다하라. 그 이상은 당신이 다른 사람을 통제할 수 없고, 걱정한다고 문제가 해결되지도 않는다! 걱정을 그치고 당신을 다듬기 시작하라. 당신이 해결할 수 있는 문제는 해결하고, 한계와 경계를 정하며, 자신이 문제 관계에 어떻게 대응하는지 점검하라. 그 대응 방식에서 무엇을 바꿀 수 있는가? 다른 사람이 해야 할 부분을 더는 걱정하지 말라.

걱정 버리기 **처방전**

몸 BODY

인간관계에서 자신의 행동과 반응/대응에 초점을 맞춰라. 긴장이 고조될 때 자기진정(self-soothing)과 이완 방법을 실행하라. 진정해야 할 필요가 있다면 잠시 시간을 내라. 소통과 문제해결을 위해 노력하라.

마음 SOUL

더 나은 사람이 되기 위해 당신의 삶에서 자신이 바꿀 수 있는 부분을 하나 찾아보라. 이것을 목표로 삼고 이런 변화가 당신의 관계에 어떻게 영향을 미치는지 지켜보라. 일단 눈을 다른 사람들에게서 자신의 약점으로 돌리면, 진정한 변화가 일어나기 시작한다.

영혼 SPIRIT

시편 4편 4,5절을 묵상하라.

불평하려거든 해라. 다만 빈정대지는 마라. 입을 다물고, 네 마음의 소리에 귀 기울여라. 하나님의 법정에 호소하고 그분의 평결을 기다려라 메시지 성경

걱정 없는 삶

미래를 걱정하고 과거에 연연하면

현재를 누리지 못한다.

에밀리 기본스

순간을 살고
현재를 누리자

걱정과 이별하려면 삶에서 일어나는 일을 받아들여야 하고, 변하려는 의지도 있어야 한다. 이 말은 모순이 아니다. 바로 지금 우리는 삶에서 일어나는 일을 받아들일 수 있지만, 과거의 문제와 현재 상황, 미래의 도전 때문에 어쩌면 변화가 필요하다는 것도 안다. 일상의 예를 들어보자.

변화하며 받아들이기

제니퍼는 일이 지루해져서 출근길이 기대되지 않는다. 이 직장을 잡은 것은 절실했고 일이 필요했기 때문이었다. 지금은 일자리 찾기가 쉽지 않아서 지루함을 견디지만, 갇힌 느낌이 든다. 알아보니, 직장을 옮기고 더 관심 있는 새로운 분야에 뛰어들려면 학교로 돌아가 공부를 더 해야 한다. 그러려면 내년까지 저축을 해야 한다.

그러나 제니퍼는 현재 처한 자리를 받아들이면서 상황을 바꿀 수 있다는 것을 깨닫고는, 지루한 직장을 걱정하는 대신 직장에 다르게 접근하기로 했다. 그녀의 일은 도전을 해야 하는 것이 아니기에 업무가 쉽고 스트레스도 별로 없다. 덕분에 미래를 계획하고 더 나은 직장을 찾으며 세미나와 워크숍에 참석할 시간적 여유가 있다.

제니퍼는 자기가 한 일이라곤 직장을 싫어한 것뿐이라는 사실에 비참함을 느꼈다. 그녀의 새로운 목표는 현재 상황을 받아들이되 미래의 변화를 계획하는 것이었다. 계획을 세우자 현재를 자유롭게 누릴 수 있었다. 일은 비록 지루했지만, 그 일의 긍정적인 면에 집중하자 태도가 달라졌다.

과거의 문제나 미래의 관심이 현재를 압도하지 않도록 주의해야 한다. 걱정 없는 사람들은 어떻게 현재를 붙잡고 만족하며 즐기는지 안다. 그러려면 대개 순간의 긍정적인 데 집중하고 낙관적 태도를 유지해야 한다. 제니퍼는 직장이 있었고, 각종 청구서를 꼬박꼬박 잘 해결했으며, 미래의 변화를 위해 저축도 하고 있었다. 이 모두가 긍정적이었다! 그녀의 사무실에는 좋은 사람들이 있었고 업무 환경도 만족스러웠다. 그녀는 현실을 받아들이고 낙관적 태도를 가지자 현재를 누릴 수 있었다. 걱정은 그녀를 비참하게 만들 뿐, 조금도 도움이 되지 않았다.

르네의 경우는 제니퍼와 달랐다. 르네는 미래를 걱정하지는 않았으나 과거를 내려놓고 현재를 누리려 하지 않았다. 과거에 무분별한 성생활을 했던 그녀는 그리스도인이 되기 전의 성적 관계들이 더럽고 수치스럽다고 느꼈다. 자신은 손상된 상품이며 그 과거 때문에 누구도 자신을 건강한 방식으로 사랑하지 못할 것이고 어떤 남자도 자신을 받아들이지 않을 거라고 걱정했다.

경건한 상담자를 만나면서, 그녀는 과거의 성적 문란함을 회개했다면 하나님이 자신을 용서하셨을 뿐더러 자신의 죄를 씻어주셨다는 것을 이해하기 시작했다. 하나님은 그녀가 깨끗하고 온전하다고 보시며, 그녀의 과거를 그녀에게 불리하게 사용하지 않으신다. 성경이 뒷받침하는 이 깨달음 덕분에, 그녀는 삶이 달라졌고 걱정에서 해방되었다. 르네는 여전히 과거 행동의 정서적 여파를 감수해야 하지만, 하나님과 새롭게 출발했기에 걱정이 사라졌다는 것을 알았다. 이제는 하나님을 기뻐하고 그분이 주신 삶을 기뻐할 수 있으며, 자신이 자신의 과거 문제를 다루지만 더는 수치의 희생자가 아니라는 것을 안다.

지금이 너무 힘들 때

그러나 현재가 스트레스로 넘칠 때는 어떨까? 어려워 보이는 현실을 어떻게 받아들여야 하며, 하나님이 우리 뒤에 계시는 것을 여전히 믿어야 할까? 어제 나는 바로 이 문제로 고민하는 여성의 이메일을 받았다. 그녀는 26년을 함께 산 남편이 자신을 버리고 다른 여자에게 가서 낙담했고 불안해했다. 남편은 새 여자와 함께 집에 들러 아들을 데려갔다. 새 커플은 행복하고 서로 사랑하는 것 같았다. 이 때문에 그녀는 완전히 무너졌다. 모든 게 너무나 불공평해 보여 힘들어했다. 바른 길을 가려 애썼던 여인은 우울하고 외롭다. 반대로 바람피우고 다른 여자와 함께 있는 남편은 행복하고 복을 받은 것 같다. 그녀는 불안하고 비참했다. 현실이 고통스러웠다.

나는 그녀가 가여웠다. 고통스런 이혼 후, 전 남편이 다른 여자와 있는 모습을 지켜보기란 결코 쉽지 않다. 그러나 그녀에게 마음을 지키라고 했다. 단지 전 남편이 행복해 보인다고 해서, 그의 행동에 아무 결과도 따르지 않으리라는 뜻은 아니다. 바로 지금, 그녀는 분노와 불용(不容)에 매이지 않도록 주의해야 한다. 전 남편은 달라지려는 의지가 없어 보이며, 그녀를 냉담하게 대한다. 이것이 그녀가 받아들여야 할 불편한 현실이다.

어느 날, 전 남편은 자신이 전처를 어떻게 대했는지 하나님께 대답해야 할 테지만, 지금 그녀가 통제할 수 있는 유일한 변화는 그녀의 마음에 있다. 그녀는 비통함이 자신의 기쁨을 대신하거나 만족스러운 삶을 앗아가게 두어서는 안 된다. 그녀의 눈에 보이지 않더라도, 하나님은 그렇게 하겠다고 약속하셨기에 그녀를 위해 일하신다. 순간, 그분의 손이 분명하지 않을지도 모른다. 그러나 믿음은 "하나님께서 좋은 것을 가지고 계시며, 그분이 당신과 함께 계심을 믿으라"고 말한다. 마침내, 하나님이 각 사람을 심판하시고 정의가 이뤄질 것이다. 그때까지, 우리는 자신의 행동과 대응에 책임을 져야 한다. 우리는 안 좋은 일들이 일어나는 것을 막을 수 없다. 되새겨볼 말이다.

조니의 이야기

내가 알기로 조니 에릭슨 타다(Joni Eareckson Tada)만큼 받아들임과 변화의 섬세한 균형을 잘 보여준 사람이 없다. 운 좋게도, 전미 상담자 모임에서 그녀의 강연을 다시 들었다. 그녀의 강연을 들을 때마다 감동을 느끼고 겸손해진다. 어쩌면 당신도 그녀의 이야기를 잘 알 것이다.

1967년, 그녀는 교통사고로 사지가 마비되어 늘 휠체어 신세를 진다. 사고 후, 이 17세 소녀의 마음에서 자살 충동과 믿음이 죽어라 싸웠다. 그녀는 처음에 많은 사람이 어려운 상황에서 던지는 질문의 답을 찾으려 했다. 어떻게 사랑의 하나님이 이런 비극을 허락하실 수 있지? 나쁜 일이 일어날 때, 우리는 어떻게 하나님을 신뢰해야 할까? 정말로 부정적 환경을 그분의 능력이 드러날 기회로 보아야 하나? 이런 상황에서 통제권은 누구에게 있는가?

그녀는 해답을 찾다가 그리스도의 삶에 이르렀다. 그리스도의 십자가 죽음을 묵상하다가 하나님의 뜻은 그리스도께서 죽는 것이라는 결론을 내렸다. 그러나 어떻게 이렇게 악해 보이는 일이 하나님의 뜻에 속할 수 있을까? 그녀의 대답은 천국과 지옥이 땅의 동일한 사건들에 참여한다는 것이다.

유다가 예수님을 배신했을 때, 무리가 예수님을 죽이라고 소리쳤을 때, 로마 군인들이 예수님을 고문했을 때, 빌라도가 예수님에게 사형을 언도했을 때, 지옥이 일했다. 그러나 사도행전 4장 28절은 이들이 하나님이 미리 결정하신 일에 가담했다고 말한다. 그 순간에 하나님이 계셨다.

십자가의 승리는 지옥이 일할 때 천국도 일한다는 것을 보여준다. 사탄의 계획은 예수님을 쓰러뜨리는 것이었으나 하나님의 계획은 이 끔찍한 사건을 활용해 인류를 구원하는 것이었다. 자신이 살아온 이야기를 하면서, 조니는 하나님이 우리를 위해 그리고 자신의 영광을 위해 악을 선으로 바꾸신다고 짚어낸다. 십자가에서, 역사상 가장 흉악한 살인이 하나님의 가장 영광스런 순간이 되었다.

우리 삶에서도 천국과 지옥이 같은 사건에 가담한다. 고난은 여전히 미스터리지만, 우리가 믿음으로써 고난으로 난파되길 거부할 때 하나님께 영광을 돌리게 된다. 걱정은 이런 난파에서 큰 역할을 한다. 모든 것을 아시는 하나님은 우리 삶의 트라우마와 어려움을 활용해 우리를 변화시키고 그분의 이름을 영화롭게 하실 때가 많다. 그러나 걱정과 두려움과 불안은 우리를 그분의 목적에서 엇나가게 할 수 있다.

고난 자체가 좋지는 않지만, 고난에는 목적이 있다. 하나님은 고난을 허용하시고 고난에서 선을 끌어내시며, 고난은 우리를 변화시킨다. 하나님의 약속은 모든 것이 합력하여 우리 삶에서 그분의 계획과 목적을 성취하리라는 것이다. 우리는 비통해하고 절망하며 하나님을 신뢰할 수 없다고 결론 내릴 수도 있고, 하나님을 신뢰하고 그분이 하시는 일을 조용히 지켜볼 수도 있다.

고난을 받아들일 때, 더 나은 날이 언뜻 보이기 시작한다. 변화가 일어날 것이다. 우리 몸이 영화롭게 되고, 눈물이 사라지며, 기쁨이 완전해질 것이다. 영원을 향하는 받아들임은 평안을 준다. 현실과 더 나은 내일의 약속을 받아들일 때 미래를 걱정하지 않으면서 순간을 살 수 있다. 미래는 결정되었다. 하나님을 사랑하는 자들에게 멋진 미래가 펼쳐질 것이다!

마음을 천국에 고정할 때, 땅에서 걱정 없이 살 수 있다. 순간을 받아들이고 하나님이 우리를 바꾸시게 할 선택은 우리 몫이다. 삶에서 일어나는 일은 우리의 통제 밖이지만, 누가 영광을 받느냐는 우리에게 달렸다.

조니는 고난을 통해 대부분이 아직 알지 못하는 하나님을 알고 받아들였다. 그녀가 고통의 새로운 면을 얘기할 때마다, 나는 하나님의 은혜를 보고, 자기의 환경에도 불구하고 하나님의 선하심을 믿는 사람을 본다. 그럴 때면 나 자신이 겸손해진다.

작년에 그녀는 날로 심해지는 고통을 청중에게 알렸다. 전에는 그녀가 잠을 잘 수 있게 남편이 매일 밤 두 차례 자세를 바꿔주었다. 최근에는 다섯 차례로 늘었다. 그녀는 매일 밤 침대에 누워 고통을 없애달라고 하나님께 애원할 때마다 십자가에 달리신 그리스도의 모습을 다시 보았다. 그분의 피로 얼룩진 발을 보았고 그분의 고난에 참여한다는 게 무슨 뜻인지 알았다. 마음으로 그녀는 피로 얼룩지고 자신을 위해 상처 난 그분의 발을 붙잡았다. 그녀는 자신의 아픔을 그 십자가 앞에 다시 내려놓고, 불평한 것을 회개했다.

그녀의 메시지는 고통은 타락한 이 세상의 일부지만, 고통 속에 허우적대지 말고 그것을 예수님의 발 앞에 가져가라는 것이었다. 그 순간, 예수님은 우리의 고통을 해결하시고 제때에 초자연적인 평안을 주신다. 결국, 하나님은 우리가 욥처럼, 무슨 일이 있더라도 그분은 선하시다고 결론짓기를 원하신다.

내가 통제하려는 환상을 버려라

걱정의 주된 이유는 불확실성이다. 따라서 불안해하지 않고 현실을 받아들이는 것이 걱정 내려놓기의 기본이다. 그러려면 내가 통제하려는 환상을 버려야 한다.

앞서 배웠듯이, 부정적 사건들을 예상해봐야 그 사건들은 실제로 일어나거나 일어나지 않는 것에 아무 영향도 미치지 않는다. 그러므로 불확실한 미래를 마음으로 받아들이고, 하나님이 다스리시며 우리가 어떤 어려움을 만나든지 우리와 함께하며 그 어려움을 헤쳐나가리라고 약속하신다는 것을 알아야 한다.

최근에 나는 한 친구와 통화하면서 우리가 삶에서 실제로 통제할 수 있는 부분이 거의 없다는 것을 새삼 깨달았다. 그녀는 20년을 함께 산 남편이 돌연사했다고 했다. 남편은 최근에 정기 검진을 받았고 결과도 아주 건강하다고 나왔는데, 며칠 후 식탁에 앉아 있다가 갑자기 호흡 곤란을 일으키더니 몇 분도 안 돼 쓰러졌다. 곧바로 911을 부르고 심폐 소생술을 했으나 아무 반응이 없었다. 남편의 죽음은 갑작스러웠고 충격이었으며 전혀 예상 못한 일이었다. 이러한 유형의 트라우마는 우리를 대개 불안에 몰아넣는다.

남편의 죽음과 관련된 그 친구의 충격과 부정(否定)은 이제 가라앉았다. 남편의 빈자리가 날마다 더 실감나기 시작했지만, 남편의 죽음에 대한 그녀의 태도와 대응은 그녀의 적극적 믿음으로만 설명될 수 있다. 그녀는 삶의 불확실성을 어느 때보다 절감했으나 오늘도 내일도 하나님을 신뢰하려는 의지 또한 어느 때보다 컸다.

나와 이야기할 때, 그녀는 슬펐으나 하나님과 친밀한 동행만이 줄 수 있는 평안을 체험하고 있었다. 남편은 전임 사역자였고, 그녀는 남편이 여러 해 수많은 사람들에게 전한 그 메시지대로 살기로 결심했다. 하나님은 그분이 말씀하신 그런 분이거나 그런 분이 아니거나 둘 중 하나다.

삶의 모든 것이 달라지고 있었으나 그녀는 현실을 받아들였다. 그녀는 하나님을 의심하지 않았다고 여러 차례 말했다. 그래봐야 시간과 에너지 낭비일 뿐이었다. 그녀의 결혼생활은 멋졌고, 그녀는 남편과 함께 지낸 시간과 그들이 양육한 자녀들에 관해 감사했다. 그녀는 남편이 하나님과 함께 있는 것보다 자신과 땅에서 함께 사는 게 더 좋다고 하나님께 말씀드렸다. 남편이 없는 삶은 쉽지 않을 것이다. 그러나 그녀는 하나님을 곁에 모셨기에 인생의 다음 장을 자신 있게 헤쳐갈 수 있다고 확신했다.

그녀는 작은 것들이 눈물나고 남편을 생각나게 한다고 했다. 한 시간을 통화했는데, 그녀가 현실을 인정하고 남편의 죽음을 받아들이는 게 분명했다. 하나님의 은혜가 거기 있었고, 그분의 능력이 이 어려운 때에 그녀를 붙들고 있었다. 걱정이 그녀의 마음을 사로잡기 쉬웠는데도, 그녀의 생각에 걱정이 자리하지 않았다.

나는 그녀를 위해 기도하지만, 그녀가 이 어려운 때를 이겨낼 수 있을지 걱정하지 않는다. 아프고 어려운 날들이 이어질 테지만, 그래도 그녀는 하나님이 자신을 버리시지 않았다는 믿음으로 살아간다. 주의 지팡이와 막대기가 그녀를 안위하신다. 그녀는 친숙한 시편 23편 말씀을 살아내고 있다. 그녀의 결론은?

"내 상황에도 불구하고 하나님은 신뢰할 수 있는 분이시다!"

순간을 살고 현재를 누리자

순간을 살려면 순간에 집중해야 하는데, 이것은 많은 사람이 간과하는 기술이다. 대부분 너무 미래 지향적이라 순간을 즐기지 못한다. 최근에 나는 한 유명한 배우가 유망한 프로듀서, 감독, 배우들에게 하는 강연을 들으며 이것을 절실히 깨달았다. 배우 지망생 시절, 그의 꿈은 시추에이션 코미디 출연이었다. 여러 해, 그는 연기력을 갈고 닦으면서 관객 앞에 섰다. 그는 배우로 일하는 게 감사했지만, 미래를 너무나 걱정한 나머지 현재를 즐기지 못했다. 매일 불안에 휩싸였다.

그는 몇 년 후 꿈을 이루었다. 시트콤에서 모두가 탐내는 역할을 맡았으나 꿈을 이루면 얻을 줄 알았던 기쁨은 없었다. 그는 목표 성취에 대한 걱정과 불안 때문에 정상에 오르는 과정을 즐기지 못했음을 깨달았다. 정상에 오르자 상당히 공허했다.

그가 헐리우드에서 경험한 것들 중에서 나눈 메시지, 아주 통렬하게 청중에게 준 교훈은 모든 순간을 누리고 현재를 살며 미래는 하나님께 맡길 것, 현재를 받아들이지 못해 기쁨의 순간을 놓치지 않게 하라는 것이었다. "잠시만요, 지금을 즐겨요. 내일을 걱정하지 마세요. 내일은 하나님이 돌보실 겁니다."

바로 지금, 당신은 무엇을 느끼며 무엇을 생각하는가? 긴장을 느끼는가? 뭔가 잘못될 수도 있을 일을 생각하는가? 미래를 지나치게 걱정해 오늘을 누리지 못하는가? 아니면 과거가 너무 불안해 오늘에 집중하지 못하는가? 자신의 생각과 감정을 살펴라. 걱정하는 사람들은 대개 긴장이나 스트레스를 느낀다. 이들은 그 순간에 긴장을 늦추지 못한다. '… 하면 어쩌지'라는 부정적 생각이 이들의 마음에 밀려든다.

순간에 집중하고 상황을 있는 그대로 받아들이려고 하라. 자신의 실수를 생각하지 말고, 다음에 뭘 해야 할지 고려하지 말며, 자기비판의 소리에 귀를 기울이지 말라. 단순히 그 순간에 집중하라. 가만히 있어라. 성경이 가르치는 대로 하라. 내일 일을 염려하지 말라. 내일은 내일이 돌볼 것이다(마 6:34). 경청하라. 생각을 하나님 안에 머물게 하고 그분의 사랑과 자비와 보살핌을 받아들여라. 이것들을 생각하며 잠시 쉬어라.

나는 걱정이 나의 하루에 기어들 때마다 그렇게 한다. 하던 일을 멈추고 순간에 집중하며 하나님을 주목하고 그분의 은혜에 잠긴다. 이 작은 그침이 다시 집중하고 불안한 생각을 사로잡는 데 도움이 된다. 하나님이 누구이시며 그분이 내 걸음을 어떻게 인도하시는지 재확인함으로써, 걱정을 내려놓을 수 있다.

그냥 숨 쉬며 긴장을 풀어라

당신의 걱정스러운 상태를 바꾸려면, 먼저 몸에 집중하라. 바로 지금, 몇 차례 숨을 깊게 쉬어라. 심호흡을 하면 몸의 긴장이 풀린다. 다음과 같이 하라.

1. 손을 갈비뼈 바로 아래 놓아라.
2. 코로 천천히, 깊게 숨을 들이마셔라. 깊이 숨을 들이마시고 있다면, 배에 올려놓은 손이 올라간다.
3. 숨을 잠시 멈추어라.
4. 이제 천천히 코와 입으로 숨을 내쉬어라. 숨을 내쉴 때, 몸의 긴장을 풀어라.
5. 이렇게 열 번을 반복하면, 몸이 긴장을 풀고 이완될 것이다.

심호흡만으로 긴장이 풀리지 않는다면, 4장에서 소개한 점진적 근육 이완법을 실행하라. 순간을 즐기려면, 몸의 긴장에 주목하고 몸을 이완시키는 게 중요하다. 심호흡과 근육 이완법은 몸의 긴장을 푸는 쉬운 방법이다. 다음으로, 당신의 생각에 주목하라. 생각도 6장에서 말한 대로 가라앉히고 사로잡을 수 있다.

기도와 묵상으로 마음을 가라앉혀라

성경은 하나님의 말씀을 주야로 묵상하라고 충고한다. 하나님의 말씀은 몸과 마음과 영혼을 치유하고 평안을 준다. 나는 흔히 생각이 복잡해 잠 못 이룰 때 성경 한 부분이나 예수님의 이름에 집중한다. 이렇게 묵상하는 순간에는 하나님과 함께 있게 된다. 다른 모든 것을 그치고 지금 여기에 집중하게 되며 그분의 임재를 알게 된다.

기독교의 묵상은 오늘날 매우 인기 있는 동양적 형태의 명상과 다르다. '마음 챙김' 또는 착념(mindfulness)이라는 용어를 들어보았을 것이다. 대개 '지금 이 순간에 집중하는 성향'을 갖는 것을 가리키며, 정신 건강에서 고통과 스트레스를 다루는 데 활용된다.

동양의 명상에서는 마음을 비우고 모든 생각에서 벗어나며, 생각은 판단 받지 않는다. 기독교의 묵상은 뚜렷이 다르다. 신약성경은 마음을 지속적으로 새롭게 해야 한다고 말한다(고후 4:4 ; 롬 1:28). 마음의 성향은 그리스도 생각에서 멀어지려는 것이다. 기독교 신학에서 우리의 생각은 중요하며, 예수께서 마태복음 5장 28절에서 말씀하셨듯이 판단을 받는다.

사도 바울은 우리 속에 선한 게 전혀 없음을 일깨운다(롬 7:18). 바꾸어 말하면, 비췸을 얻지 못한 우리 마음은 자신을 비추지 못한다. 하나님 없는 명상은 스트레스를 줄여줄 지는 몰라도 영혼에 생명을 주지 못하며, 따라서 사람을 온전하게 하지는 못한다. 진정한 안식은 그리스도에게서 오며(마 11:28), 자기노력으로 흉내 낼 수 없다.

동양의 명상은 하나님과 무관하게 내면의 힘과 지혜를 깨우는 데 목적이 있다.[1] 성경은 하나님과 무관한 지혜는 어리석고 헛되다고 말한다. 신자에게, 지혜는 하나님을 알고 그분의 뜻을 아는 것이다(고전 3:18-20; 골 1:9,10). 지혜는 선택된 소수만을 위한 신비가 아니며, 하나님을 찾는 누구에게나 열려 있다. 지혜는 마음의 초월이 아니라, 하나님에게서 온다.

기독교의 묵상은 하나님의 사람에 초점을 맞춘다. 시편 1편 2절은 복 있는 사람은 밤낮으로 하나님의 율법을 묵상한다고 말한다. 시편 기자는 또한 자기 마음의 묵상이 하나님께 열납되기를 기도했는데, 인격적 관계뿐 아니라 옳고 그름의 판단을 암시한다. 그리스도인의 마음은 우리의 영혼에 내주하시는 하나님에 대한 생각으로 가득하다. 하나님이신 그리스도께서 우리의 영혼에 내주하신다.

그리스도인들에게 착념은 하나님과 사람 사이의 능동적 과정이다. 하나님은 우리를 생각하시며(시 8:4), 우리는 그리스도의 마음을 품어야 한다. 그러려면 하나님이 누구신지 묵상하고 기도 중에 그분에게 귀 기울여야 한다. 우리 안에서 일하시는 성령의 능력으로 날마다 마음을 새롭게 하고(롬 12:2), 마음을 다해 하나님을 사랑하며(마 22:37), 그분의 법을 우리의 마음에 심어야(히 10:16) 한다. 묵상은 하나님과 연결되고, 하나님과 함께하며, 그분의 음성에 귀 기울이고, 우리 생각을 그분의 생각에 맞추는 한 방법이다. 이렇게 하면 그분과 멀어지는 게 아니라 더 가까워진다.

성경은 "너희는 애쓰지 말고 내가 하나님이라는 것을 알라"라고 말씀한다(시 46:10). 애써봐야 걱정만 부른다. 하나님이 누구신지 알 때 안식할 수 있다. 평안의 처방이 빌립보서 4장 5-9절에 나온다.

너희 관용을 모든 사람에게 알게 하라 주께서 가까우시니라 … 끝으로 형제들아 무엇에든지 참되며 무엇에든지 경건하며 무엇에든지 옳으며 무엇에든지 정결하며 무엇에든지 사랑 받을 만하며 무엇에든지 칭찬 받을 만하며 무슨 덕이 있든지 무슨 기림이 있든지 이것들을 생각하라 너희는 내게 배우고 받고 듣고 본 바를 행하라 그리하면 평강의 하나님이 너희와 함께 계시리라 빌 4:5,8,9

기도하고, 감사하며, 간구를 하나님께 아뢰며, 참되고 경건하며 옳으며 정결하며 사랑받을 만하며 칭찬받을 만한 것들을 생각하는 것이다. 이러한 영성 훈련의 결과는 하나님의 평안이다(7절).

불안을 느낄 때, 하나님의 좋은 것들을 묵상하라. 그분의 임재를 연습하라. 걱정은 하나님의 임재와 공존할 수 없다.

걱정 버리기 **처방전**

몸 B O D Y

순간에 집중하는 훈련을 하라. 당신의 몸에 집중하라. 긴장의 징후들을 살펴보라. 이제 앞서 말한 대로 심호흡으로 긴장을 풀어라.

마음 S O U L

1. 다시 한번 순간에 집중하라. 머릿속에 어떤 생각들이 마구 일어나는가?
2. 그게 걱정스러운 생각들이라면, 그것들을 사로잡아 그리스도께 가져오라.

영혼 S P I R I T

당신은 하나님이 트라우마나 어려움에 개입하시는 것에 관해 어떻게 하나님의 약속들로 당신의 마음을 새롭게 하고, 그분께서 모든 것이 합력하여 당신에게 유익하게 하고 계신 것을 믿어라. 그분을 신뢰하고, 당신의 불신을 도와달라고 그분께 기도하라. 당신이 고통 중에 있을 때, 그분은 당신의 말을 들으신다. 이런 사실에 그분께 감사하라. 애쓰기를 그치고 그분이 하나님이심을 알라. 빌립보서 4장 6,7절을 묵상하라.

> 아무것도 염려하지 말고 다만 모든 일에 기도와 간구로, 너희 구할 것을 감사함으로 하나님께 아뢰라 그리하면 모든 지각에 뛰어난 하나님의 평강이 그리스도 예수 안에서 너희 마음과 생각을 지키시리라

자신에게 닥칠 수 있는 최악의 상황을 마주하고

이겨낼 수 있다고 판단할 때,

당신은 걱정하는 습관에서 벗어날 것이다.

아놀드 글래소

chapter 12

하나님이 계시기에
걱정을 이긴다

걱정의 배후에는 "일어나는 모든 일이 우리의 통제를 벗어난다"는 믿음이 있다. 대체로 이것은 사실이다. 그러나 걱정꾼은 한 발 더 나아가, 모든 것이 우리의 통제를 벗어날 뿐 아니라 어느 누구도 '아무것도' 통제하지 못한다고 믿는다. 우리를 위해 일하시고, 큰 계획을 보거나 삶을 지휘하시는 하나님은 없다고 여긴다. 우리가 그분의 임재를 기억할 때라도, 걱정꾼들은 그분이 계시지 않은 것처럼 행동하며, 하나님을 잊거나 인간 수준으로 끌어내리거나 자신의 일상에 초대하지 않는다.

불신앙과 무지는 하나님이 계신다는 사실을 바꾸지 못하며, 도리어 걱정을 낳는다. 생각해보라. 걱정한다는 말은 자신은 도움을 받지 못하고 자기 삶에 대한 통제권도 거의 없다고 믿는다는 뜻이다. 당신이 하는 일은 이루어질 수도 있고 이루어지지 않을 수도 있다. 그 결과를 알 길이 없다. 내가 이것을 정말로 믿는다면, 항상 걱정할 것이다! 이것이 문제다. 너무나 자주, 나는 하나님이 얼마나 크시며 내 삶에 어떻게 개입하시는지를 잊고, 그분이 계시다는 것조차 잊는다. 기본적으로, 걱정할 때 나는 그분을 무시한다.

하나님이 누구시며 우리와 어떻게 연결되는지 온전히 알 때 걱정은 발을 붙이지 못한다. 기억하라. 이것은 절대로 고난을 당하지 않거나 나쁜 일이 일어나지 않는다는 뜻이 아니다. 오히려 하나님이 언제나 우리와 함께 계시고, 어려움을 헤쳐나가도록 도우신다는 뜻이다. 우리는 혼자가 아니다. 하나님이 우리 삶에 계실 때, 우리의 부정적 경험이 선하게 사용되며 우리를 더 강하게 한다는 약속이 있다. 무슨 일을 만나든지, 하나님은 우리로 헤쳐나가게 하실 것이다.

왜곡된 하나님관

너무나 많은 사람이 잘못된 하나님관을 갖고 움직인다. 우리는 전능하신 하나님을 오해해서, 그분이 하지 않으시는 나쁜 일들로 그분을 비난하기 일쑤다. 이렇게 하는 중요한 이유는 부모에 관한 경험과 관련이 있다.

아버지 하나님

가족 안에서 자라며 우리의 하나님관은 부모에게 양육 받은 경험에 영향 받는다. 부모는 하나님의 원형(原型) 역할을 하며, 부모가 우리를 어떻게 대했느냐가 하나님을 비롯해 권위자들에 대한 생각을 형성할 때가 많다. 그러면 우리는 부모에 대한 자신의 개념을 아버지 하나님에게 적용하는데, 이 적용은 하나님의 실제 모습이 아니라 대개 우리의 경험에 기초를 둔 것이다.

예를 들어, 아버지가 독재자였다면 하나님이 독재자라고 생각하는 경향이 있다. 아버지가 약속을 안 지켜 실망시켰다면, 하나님도 그러실 거라 생각한다. 어머니의 비난을 자주 들었다면, 하나님도 나를 비난하실 거라 생각한다. 아버지가 잘못을 전혀 바로잡아주지 않았다면, 하나님도 내 죄에 신경 쓰지 않으실 거라 생각하기 쉽다. 부모에게 인정받기 위해 그들의 기대치를 충족시켜야 했다면, 하나님께 인정받으려면 잘해야 한다고 하나님에 대해서도 똑같이 생각할지 모른다.

진실은 당신이 무엇을 하든 하나님이 그것 때문에 당신을 더 잘 받아들이시는 것이 아니다. 그분은 이미 당신을 받아들이셨다. 당신의 결점과 실패와 모든 것을.

걱정스러운 생각 뒤에는 종종 양육 받은 경험에 기초한 왜곡된 하나님관이 자리한다. 이런 왜곡된 하나님관 때문에 하나님은 믿을 수 없는 분이라고 생각한다. 앞 장에서 배웠듯이, 하나님이 신뢰할 수 없는 분이라면 당연히 걱정해야 한다. 하나님과 그분의 웅장한 계획이 없으면, 삶은 마구잡이가 되고 운에 기초하며 목적이 없을 테니까. 참으로 걱정스러운 세계관이다.

부모가 우리에게 미친 영향 평가하기

나의 하나님관이 부모에게 양육 받은 경험에 얼마나 영향을 받는지 알아보는 쉬운 방법이 있다. 빈 종이를 세 칸으로 나눠라. 맨 왼쪽 칸에 아버지 하나님, 가운데 칸에 아버지, 오른쪽 칸에 어머니라고 쓰라. 아버지 하나님이라고 쓴 칸에 성경에 나오는 하나님의 성품들을 적고, 다음 칸들로 옮겨 그 성품이 당신의 아버지와 어머니에게도 적용되는지 확인하라. 이렇게 하면, 하나님에 관한 왜곡이 일어났을 법한 부분을 찾는 데 도움이 된다.

아래 예는 믿을 만하지 못하고 사랑을 거의 보여주지 못한 아버지를 둔 사람의 대답을 기초로 작성한 것이다. 그는 하나님의 성품을 열거하면서 그분의 성품이 자기 아버지와 대조적이라는 것을 알았다. 이러한 점검은 그의 시각을 다시 생각하는 데 도움이 되었다. 그는 자신이 하나님을 생각하는 방식이 부모의 양육에 크게 영향을 받았다는 것을 깨달았다.

아버지 하나님	아버지	어머니
1. 그 무엇도 나를 그분의 사랑에서 끊지 못한다(롬 8:35–39)	아니오	예
2. 그분은 내 평생에 나를 인도하실 것이다(신 1:31 ; 사 46:3,4)	아니오	아니오
3. 그분은 나를 보배롭고 존귀하게 여기신다(사 43:4)	아니오	아니오
4. 그분은 나를 기뻐하신다(시 149:4)	아니오	아니오
5. 그분은 내게 은혜를 아낌없이 베푸신다(엡 1:7,8)	아니오	아니오
6. 그분은 내 죄와 악을 기억하지 않으신다(히 8:12)	아니오	예
7. 그분은 신뢰할 수 있는 분이다(시 9:10; 33:20–22)	아니오	예
8. 그분은 내게 한 약속을 모두 지키신다(수 21:43–45)	아니오	아니오
9. 그분은 내게 가장 좋은 것만 주려 하신다(시 31:19)	예	예
10. 그분은 절대로 내게 거짓말을 하지 않으실 것이다(딛 1:2)	아니오	예

긍정적인 면에서, 우리에게 경건한 성품들을 보여주는 부모가 있거나 있었다면, 하나님의 사랑과 은혜가 가정에서 삶으로 나타나는 것을 볼 수 있기에 그분의 사랑과 은혜를 받아들이기가 더 쉽다.

다쳤을 때 위로해주는 어머니를 두었다면, 그 딸이 어려울 때 하나님이 자신을 어떻게 위로하실 수 있는지 아는 데 도움이 된다. 아들을 무조건 사랑하는 아버지라면, 아들이 하나님의 무조건적 사랑을 아는 데 도움이 된다. 자녀에게 좋은 것을 주는 부모라면, 자녀는 하나님이 준비해두신 좋은 것을 받아들이는 데 도움을 받는다. 가정에서 경험하는 좋은 것은 하나님의 선하심을 받아들이는 데 도움이 된다.

이제 당신의 부모와 하나님의 성품에서 긍정적으로 비슷한 점들을 찾아보라. 대부분의 경우, 긍정적으로 비슷한 점들도 있게 마련이다.

각자가 할 일은 자신의 하나님관을 살펴 그중 어떤 것이 하나님의 말씀이 아니라 부모나 보호자에 대한 자신의 경험에 기초하는지 판단하는 것이다. 하나님을 어떻게 생각하느냐에 부모는 도움이 되는가, 방해가 되는가? 하나님은 유일하게 완전한 부모이시기 때문에, 우리가 부모에게서 얻는 개념들을 하나님께 잘못 적용할 가능성이 있다. 이를 바로잡으려면, 진리를 알고 진리와 부모에 대한 경험을 분리해야 한다.

누군가에게 상처 받았거나 성경을 잘 모르거나 하나님에 관해 사실이 아닌 것을 배웠을 때도 하나님을 틀리게 그려내기 쉽다. 좋은 소식은 하나님이 정말로 어떤 분인지 이해할 때 그 누구도 희생자가 아니라는 것이다. 부모와의 관계가 긍정적이든 부정적이든, 그 외 삶에서 어떤 경험을 했든지, 우리는 삶에서 하나님의 임재와 말씀으로 그분을 친밀하게 알 수 있다. 하나님이 어떤 분인지 정확히 알면 가정에서 잘못된 하나님관을 바로잡고 희생자 역할에서 벗어날 수 있다.

무엇이 하나님관을 왜곡하는가

성경에 관한 무지

어떤 사람들은 자라면서 종교 훈련을 전혀 받지 않고, 순전히 경험이나 정보매체나 주변 사람들을 통해 하나님관을 형성했다. 십 대 청소년 두 명과 상담했을 때의 일이다. 둘 다 그리스도인이라고 했으나 둘은 성관계를 맺고 있었다. 그들에게 어떻게 자신의 행동이 옳다고 믿느냐고 묻자 이렇게 대답했다. "성경에 사랑장이 있잖아요. 고린도전서 13장이요. 거기서 서로 사랑하면 성관계를 가질 수 있다고 하잖아요."

고린도전서 13장을 직접 펴놓고 찾아보았다. 자신들이 사실로 믿는 말을 찾을 수 없자, 그들은 놀랐다. 그들은 성경이 무엇이라고 말씀하는지 몰랐다. 무슨 말 하는지도 모르면서 지껄여대는 친구들의 말을 그대로 믿은 것이다. 그들은 혼전 성관계는 받아들일 수 없는 것임을 알았을 때, 하나님이 자신들을 기독교에서 쫓아내실 거라 생각했다. 나는 하나님이 그러지 않으신다는 것을 성경으로 보여주어야 했다.

하나님의 은혜와 자비는 용서를 낳았고, 우리는 회개할 때 이것을 이해한다. 그러나 하나님의 말씀이 우리 삶의 기준이어야 한다. 간음하다 잡혀온 여인의 경우처럼, 우리가 죄를 짓고 회개할 때 예수님은 우리를 정죄하지 않으시지만 더는 죄짓지 말라고 하신다.

잘못된 신학이나 교리

때로는 잘못된 교리를 배운 탓에 하나님에 대한 잘못된 이미지를 펼쳐 간다. 내 아들이 초등학생일 때, 하루는 주일학교에서 깡충깡충 뛰어나와 1달러를 헌금했다고 말했다. 당시에 그 아이는 십일조에 대해 배우고 있었지만, 그가 헌금한 진짜 이유는 주일학교 선생님의 잘못된 가르침 때문이었다.

그녀는 아이들에게 만약 1달러를 헌금하면 3달러 혹은 4달러를 돌려받을 것이라고 말했다. 이런 개념을 뒷받침하는 성경 말씀은 없다. 성경은 우리가 십일조를 하면 복을 받을 것이라고 하지만, 그 복이 헌금액의 3배 증가라고 말하지는 않는다. 만약 우리가 이 잘못된 신학적 개념을 바로잡지 않았다면, 내 아들은 하나님께 실망하고 약속을 지키지 않는 분으로 생각했을 것이다.

잘못된 가르침은 교회와 미디어에 널리 퍼져 있으므로 당신은 반드시 모든 것을 성경 말씀에 비추어 확인해보아야 한다. 잘못된 가르침은 하나님에 대해 진짜가 아닌 믿음으로 이어질 수 있다.

상처받은 감정

감정적으로나 관계적으로, 영적으로 상처받았을 때 잘못된 하나님관이 마음에 심어질 수 있다.

나는 오빠가 죽었을 때 그 상처 때문에 하나님은 신뢰할 수 없는 분이라는 거짓말에 쉽게 넘어갔다. 나는 하나님이 나쁜 일이 하나도 일어나지 않게 다 막지는 않으신다는 진실을 마주하고 싶지 않았다. 그 진실은 너무나 고통스러웠다! 하나님에게 화를 내는 게 더 쉬웠다. 오빠가 죽었을 때 "하나님은 신뢰할 수 없는 분"이라는 거짓말이 내 마음에 심어졌고 해가 갈수록 점점 자라 걱정과 의심을 일으켰다.

또는 불임의 고통 때문에 하나님은 자신을 돌아보지 않으신다고 결론짓는 여인을 생각해보라. 이제는 중독에서 벗어났으나, 자신은 너무나 심하게 훼손되어 하나님에게 쓰임을 받을 수 없다고 믿는 예전의 중독자를 생각해보라. 어릴 때 매를 맞아 자신은 하나님 보시기에 쓸모없다고 믿는 사람을 생각해보라. 자신이 하나님께 가치 있음을 증명해야 한다고 믿는 완벽주의자를 생각해보라.

감정이 상처 입을 때 거짓말이 마음에 심기기 쉽다. 하나님에 관한 진실을 알지 못하거나 상처를 그분 탓으로 돌린다면, 그분의 성품에 의심이 일어나기 시작한다. 그러므로 상처 받을 때 이러한 부정적 생각들이 마음에 심기지 않도록 주의해야 한다. 이를 피하는 방법은 하나님의 성품을 알고 그분과 인격적 관계를 기르는 것이다. 하나님의 말씀을 공부하고 그분의 참 성품을 점점 알아가면, 거짓된 생각들이 마음에 일어나거나 누군가 우리에게 거짓된 생각들을 가르치더라도 그것을 믿을 가능성이 줄어든다.

다시 말하지만, 생각을 바로잡는다고 나쁜 일이 전혀 일어나지 않거나 삶에 스트레스가 없는 것은 아니다. 한 친구가 이런 농담을 했다. 그가 그리스도인이 되었을 때, 그를 그리스도께 인도한 사람이 이제 그에게는 아무런 문제도 생기지 않고 그의 삶에는 행복만 있을 거라고 했다는 것이다. 얼마나 말도 안 되는 생각인가! 하나님의 온전한 말씀에 근거하지 않은 생각이며 나쁜 신학이다!

진실은, 우리가 타락한 세상에 살지만, 하나님이 언제나 우리와 함께 계시며 어려운 순간들을 헤쳐나가게 하신다는 것이다. 이런 확신이 없으면, 희망도 없다. 삶은 마구잡이가 되고 의미가 없어지며, 걱정이 유일한 선택이 될 것이다.

고통을 견디는 유익한 방법

삶이 힘들어질 때, 하나님은 우리를 버리지 않으신다. 우리는 결코 혼자가 아니다.

> 여호와 그가 네 앞에서 가시며 너와 함께하사 너를 떠나지 아니하시며 버리지 아니하시리니 너는 두려워하지 말라 놀라지 말라 신 31:8

이것을 알고 하나님이 모든 것이 합력하여 우리에게 선을 이루게 하겠다고 약속하셨다는 것을 알면, 고통을 견디고 그 고통이 우리를 압도하지 못하게 하는 데 도움이 된다. 우리는 버림받았고 혼자라고 '느낄지도' 모르지만, 사실이 아니다.

암과 싸우는 여인이 있다고 하자. 화학치료는 메스껍고 몸의 진을 다 빼고 결과는 불확실하다. 그러나 하나님은 그녀가 이 모든 일을 겪을 때 곁에 있겠다고 약속하신다. 당신이 아는 부정적 사실과 경험에도 불구하고, 당신에게는 하나님의 임재와 도움이라는 약속이 있어 위로를 준다. 걱정하는 사람은 이 약속을 잊고 자신이 혼자 삶을 헤쳐나가야 할 것처럼 느낀다.

한 TV 드라마를 보다가 이 교훈을 절감했다. 주인공이 암과 싸우고 있었다. 그녀는 신앙인이 아니었다. 싸움은 불안과 절망과 낙담으로 가득했다. 어떤 환자들은 차도가 있고, 어떤 환자들은 차도가 없다. 그녀는 매일 자신이 살지 죽을지 걱정했고, 모든 게 다 마구잡이라는 말을 자주 했다. 주인공이 희망을 전혀 갖지 못하고 마구잡이 운명에 체념하는 게 안타까웠다. 그러나 암이라는 현실에 하나님을 포함시키면, 희망이 있고 위로가 있으며 그분의 임재가 그 순간 평안을 준다.

몸의 이완

하나님을 포함시키고 고통을 견디는 한 방법은 당신에게 고통을 안겨 주는 것을 생각할 때, 신체 이완법을 실행하는 것이다. 몸을 이완할 때, 부정적 생각을 취해 경건한 생각과 나란히 두라. 그 장면의 배후에서 일하시는 하나님을 상상하고 이완된 상태를 유지하라.

건강한 전환

고통을 견디는 법을 배우려면 훈련이 필요하다. 아픔과 고난의 현실을 걱정 없이 마주하기가 쉽지 않다. 문제를 아는 것(받아들임)과 문제에 주저앉는 것(걱정)은 전혀 다르다.

걱정이 엄습한다고 느낄 때, 생각을 문제에서 다른 사람에게로 돌려라. 기분을 좋게 하고 고통을 이겨내는 오래된 전략이다. 걱정하는 대신, 누군가에게 감사 편지를 쓰거나, 친구에게 전화를 걸어 심부름을 해주거나 아기를 대신 봐주겠다고 하거나, 푸드뱅크에서 일하면서 당신의 상황을 더 불행한 누군가와 비교하라. 누군가 어디선가 당신보다 더 큰 문제를 겪고 있다.

때로 이런 시각은 자신의 개인적 상황에 덜 집중하는 데 도움이 된다. 자신의 문제를 부정하며 살라는 말이 아니다. 타인에게 집중함으로써 자기 문제를 객관적으로 보라는 뜻이다.

중독으로 자신을 마비시키거나 파괴적 행위를 하지 않는다면, 전환(distraction)은 문제에서 벗어나 더 나은 것들로 마음을 돌리기에 유익한 도구다. 전환은 현실이나 아픔을 외면하는 회피가 아니라 초점을 다시 맞출 기회다. 전환이 생각을 다른 데로 돌리려는(distract) 시도와 다르다는 것을 명심하라. 생각 누르기나 마음을 다른 데로 돌리기는 효과가 없지만, 건강한 형태의 전환은 안도감과 새로운 초점을 준다.

예를 들면, 사람이 암을 해결할 수는 없지만, 친구를 활발하게 만나고 희망을 주는 이야기를 읽으며 도움이 필요한 친구와 이야기 나눌 수는 있다. 전환을 활용해 현실에 대응하면 고통을 이기는 데 도움이 된다. 이러한 전환은 생각을 걱정에서 다른 사람들이나 다른 것들로 옮겨 준다. 건강한 전환은 걱정을 잠시 그치게 한다.

순간을 개선하기

고통을 견디는 데 사용할 수 있는 또 다른 전략은 "순간을 개선하기"이다. 불안이나 걱정을 느낄 때, 안전하다고 느끼는 곳(예를 들면, 사랑이 가득한 하나님의 품)을 상상하고, 기도하며, 긴장을 풀고, 이 한순간을 헤쳐나가는 데 집중하라. "이것도 지나가리라"고, 이것이 장차 누군가에게 도움을 주거나 하나님에게 영광을 돌리는 데 활용될 수 있다고 자신을 격려하라.

더 나아가, 자신이 겪는 고통에서 초점을 옮겨라. '왜 나야? 왜 하필 지금 이런 일이 일어나는 거야?'라고 생각하는 대신, 그 고통을 인간 경험의 일부로 받아들여라. 욥처럼, 당신은 "왜 나입니까?"라는 물음의 답을 결코 듣지 못할 수도 있다. 어떤 질문은 영원의 이쪽 편에서 답을 얻지 못한다. "왜 나입니까?"에 초점을 맞추면 아무 데도 이르지 못하고 절망에 이를 뿐이다. 기억하라. 행동하는 믿음은 보이지 않거나 이해되지 않는 것을 믿는 것이다.

한 번에 하나씩 해결하기

치료 전문가 마샤 리네한(Marsha Linehan)은 "한 번에 하나의 위기에 초점을 맞춰라"라고 조언했다. 이것은 "이봐, 로마는 하루아침에 세워진 게 아니야!"라고 말하는 현대식 방법이다. 누구나 삶에 스트레스와 해결할 문제가 있지만, 모든 것을 한 번에 다 해결하면서 정신도 온전할 수는 없다. 리네한은 한 번에 여러 문제가 아니라 한 문제에 집중해야 한다는 것을 일깨운다.

이것은 "내일 일을 염려하지 말고 내일 일은 내일이 염려하게 하라" 하신 예수님의 가르침에도 부합한다. 우리가 모든 문제를 다 해결하거나 모든 나쁜 일을 곧바로 처리해야 한다는 기대는 걱정을 낳는다.

찬반 목록 작성하기

결정내리는 것이 걱정된다면 좀 더 안심이 되게 그 결정과 관련된 찬반 목록을 작성해보라. 그 목록을 살필 때, 그렇게 결정한 이유가 강화될 것이다. 이런 목록은 결정을 내린 후 잘못된 결정을 한 건 아닐까 걱정하지 않게 도와주는 가시적 방법이다. 당신은 잘못된 결정을 내릴지도 모른다. 그러나 목록에 당신의 생각이 기록되므로, 적어도 왜 그런 결정을 내렸는지는 안다.

던은 연로한 부모님과 수천 마일 떨어져 살기에 죄책감에 짓눌리고 있었다. 그녀는 부모님 댁 가까이 이사 가는 문제를 분석하고 걱정을 잠재우려고 이런 찬반 목록을 작성했다. 목록을 작성한 후, 각 항목에 가중치나 우선순위를 부여하고, 1부터 5까지 점수를 매겼다. 1은 중요도가 가장 낮고, 5는 중요도가 가장 높았다. 예를 들면, 직장을 그만둔다는 항목은 반대 쪽에 자리했고 5점이 부여되었다. 다 끝내고 목록을 다시 보니, 반대 쪽 항목이 찬성 쪽 항목보다 많았다. 이런 과정은 그녀가 그 자리에 그대로 있겠다는 자신의 결정에 만족하는 데 도움이 되었다.

걱정을 내려놓는 실제적 방법이 많다. 각 방법은 신념과 생각과 행동을 어떤 식으로든 바꾸는 일을 포함한다. 이런 방법들이 '하나님이 우리의 삶에 관여하시기 때문에 해결하지 못할 만큼 큰 문제는 없다'는 것을 확신하는 데 도움이 된다면, 걱정 없이 내일을 맞을 수 있다. 또한 걱정하는 습관을 버리고 순간에 집중하며 행동할 수 있다.

걱정 버리기 처방전

몸 BODY

이완, 건강한 전환, 순간을 개선하기, 한 번에 하나씩 해결하기, 찬반 목록 작성하기를 활용해 스트레스를 줄이는 법을 배워라.

마음 SOUL

이 장이 제시하는 실제적 도움들을 하나씩 당신의 삶에서 걱정이 있는 부분에 적용하라. 이 방법들을 당신의 어떤 스트레스를 해결하는 데 도움이 되겠는가?

이완 :

건강한 전환 :

순간을 개선하기 :

한 번에 하나씩 해결하기 :

찬반 목록 작성하기 :

상처가 어떻게 당신이 하나님에 관한 거짓말에 넘어가기 쉽게 하는지 생각해보라. 이제 이런 생각들을 당신이 하나님에 관해 알고 있는 바와 나란히 놓아보라. 성경 깊이 들어가 하나님의 성품에 관해 배울 수 있는 만큼 배워라. 상황이 불확실하거나 어려울 때 그분의 성품을 믿어라.

요한복음 14장 6절에서 예수님이 하신 말씀을 묵상하라.

내가 곧 길이요 진리요 생명이니

나는 비천에 처할 줄도 알고

풍부에 처할 줄도 알아

모든 일 곧 배부름과 배고픔과

풍부와 궁핍에도 처할 줄 아는

일체의 비결을 배웠노라

내게 능력 주시는 자 안에서

내가 모든 것을 할 수 있느니라

사도 바울

chapter 13

만족에 이르는
비결

만족이 당신의 인생 목표 중 하나인가? 그렇다면 우리의 문화를 고려할 때, 그 목표는 달성하기 어렵겠다. 매체들은 날마다 "절대로 지금 가진 것에 절대 만족하지 말라"는 메시지로 우리를 폭격한다. 행복하려면 더 많은 상품, 더 많은 권력, 더 많은 돈, 더 많은 명예를 가져야 한다고 말한다. 한 마디로, 다다익선(多多益善)이다. 우리는 이러한 만족의 길에 팔렸고 분명히 이 길을 받아들이고 있다. 높은 소비자 부채율만 봐도 알겠지만, 사람들은 분수에 맞는 생활에 만족하지 않는다. 더 큰 집, 더 비싼 차, 명품 브랜드, 비싼 장난감, 그리고 최신 기술을 원한다.

광고주들은 "지금 사고 나중에 지불하세요. 당신은 당신이 감당할 수 있는 것에 상관없이 가장 크고 가장 좋은 것을 받을 자격이 있습니다"라며 자신들의 상품을 사기 전에는 결코 행복할 수 없다고 우리를 설득한다. 그들은 우리의 불만족을 이용해 번창한다. 더 많은 것을 원하는 끝없는 욕망이 상품을 팔고 구매욕을 자극한다. 우리는 이미지를 유지하고 주변 사람들에게 뒤처지지 않으려면 무엇이든 최신 제품을 가져야 한다. 갖지 못하면 자부심이 위협받는다.

몇 년 전, 남녀의 깨진 관계를 그린 TV 광고를 보았다. 여자는 매우 슬펐으나 신상품 스웨터를 보는 순간 표정이 밝아졌다. 나는 광고 하단의 글귀를 보고 웃었다. "관계는 영원하지 않지만 스웨터는 영원하리라!" 스웨터가 지속적인 행복을 주기 때문에 스웨터와 남자를 바꾼다?

불만족은 어디에나 있다

우리는 잠시도 그치지 않고 더 많은 것과 더 좋은 것을 추구한다. 더 좋은 직장과 더 좋은 집을 찾는다. 직장을 옮기거나 직업을 바꿀 때, 흔히 더 나은 삶, 더 나은 수입, 승진이나 진보를 위한 더 나은 기회를 기준으로 삼는다.

여기에 결혼생활의 불만족을 더하라. 이혼율이 여전히 높고, 이혼이 두려워 동거를 선택하는 사람이 갈수록 늘어난다. 관계가 우리의 가장 깊은 갈망을 만족시키지 못할 때, 우리는 다른 누군가가 그 공허나 필요를 채워줄 것이라 생각하며 배회한다. 불만족은 자신의 권리 주장과 공정한 대우 요구로도 이어진다. 공정한 대우를 받고 더 나은 파트너를 만나면 행복해지고 불만이 그칠 것이라고 생각한다.

사실이 아니다. 불만족의 뿌리는 다른 누군가가 우리를 행복하게 하지 못하거나, 우리 자신이 유행에 뒤처지거나, 완벽한 짝을 찾지 못한 데 있는 것이 아니기 때문이다.

심지어 교회도 지속적인 불만족을 겪는다. 작은 교회는 더 커지길 원하고, 큰 교회는 교인들이 원하는 친밀감을 채워주려 안간힘을 쓴다. 교인들은 목사, 당회나 교회 운영위원회, 예배 형식, 청소년부 리더에게 불만이 많다. 리더들의 귀에 불만이 끊이지 않는다. 당신은 교인들을 즐겁게 하는 것이 교회의 목적이라 생각할지 모른다(나는 이 부분에서 유죄다!). 그러나 이렇게 생각한다면, 예배자가 아니라 교회 소비자다.

또한 불만족의 문화가 삶의 모든 부분에서 생각에 파고들도록 허용하기 쉽다. 우리의 문화는 끊임없이 변하는 문화다. 기술, 패션, 디자인, 제조… 어느 분야든 다르지 않다. 우리는 흐름에 뒤처지지 말아야 한다. 흐름이란 유행을 따라잡는다는 뜻이다. 풍만한 마릴린 먼로부터 비쩍 마른 트위기(Twiggy, 영국의 모델 겸 배우, 가수)까지, 끊임없이 달라지는 미의 기준이 여자들을 끊임없이 불안하게 한다. 문화가 규정한 미의 기준에 미치지 못할까봐 걱정하고, 외적인 아름다움과 젊음을 탐한다.

몇 년 전, 《당신의 허벅지와 화해하기》(Making Peace with Your Thighs)라는 제목으로 신체에 대한 불만족을 다룬 책을 쓰면서 우리의 문화가 신체에 대한 불만족을 고착화하는 것을 재고하길 바랐다. 안타깝게도, 더 큰 문화에서 별로 달라진 게 없다. 더 많은 상품과 서비스를 팔려고 더 많은 불만족을 만들어내는 똑같은 길을 가는 것 같다.

불만족은 걱정을 낳는다. "내가 따라갈 수 있을까?", "내가 원하는 것들을 살 수 있을까?", "그거면 충분할까?", "이 모든 게 나를 행복하게 해줄까?", "내가 다른 사람과 결혼했다면 행복할까?" 이런 끊임없는 생각들이 불만족을 키우고 마침내 죄로 이어질 수 있다. 하나님처럼 되려 했던 아담과 하와의 욕구, 동생을 향한 가인의 질투, 타인의 아내를 향한

다윗의 욕정, 예배를 받으려는 사탄의 욕망, 돈 때문에 예수님을 판 가룟 유다, 백성이 섬기는 유일한 왕이고 싶었던 헤롯의 바람을 생각해보라. 시간이 지나면서, 커져가는 불만족은 이 모든 예에서 죄로 이어졌다.

어려운 중에 갖는 만족

신앙 때문에 자유를 잃는다고 상상해보라. 신앙 때문에 당신은 감옥에 갇혔고, 처형을 당할 것이다. 독재자는 이미 당신의 친구를 죽였다. 처형되기 전날 밤, 당신은 사슬에 매여 두 병사와 문지기 사이에서 잠을 자야 한다. 잘 자겠는가?

베드로 사도는 잘 잤다. 어찌나 곤하게 잤던지 주의 천사가 감옥에 밝은 빛을 비추고 옆구리를 찔러 그를 깨워야 했다. 놀라운 이야기다! 처형당할 참인데도, 베드로는 마지막 밤을 걱정하며 초조하게 보내지 않았다. 그는 교회가 자신을 위해 기도하고 있다는 것은 알았지만, 자신이 그날 밤 기적적으로 감옥을 걸어 나갈 줄은 몰랐다. 그는 하나님을 신뢰했고 자신의 삶을 향한 하나님의 계획을 믿었다. 그의 마음은 하나님께 고정되었기에 더없이 평화로웠다. 그러지 않았다면, 걱정에 무너졌을 것이다!

사도 바울과 만족

또 한 사람은 부패한 관리들이 자신을 거짓으로 고발해 가택 연금을 당했다. 그는 자신이 어떻게 될지 너무나 잘 알았다. 그는 고통을 이겨냈고 숱한 어려움을 겪었다. 매를 맞고 감옥에 갇혔으며, 돌에 맞아 죽음

직전까지 갔고, 탔던 배가 세 차례 난파되었고, 잠도 못 자고 굶주렸으
며, 강도와 강과 바다와 유대인들과 이방인들과 광야와 거짓 형제들 때
문에 위험에 처했다.

가택 연금 중에, 그는 자신을 잘 대해준 빌립보 그리스도인들에게 편
지를 썼다. 사도 바울은 가택 연금 중이라 빌립보 교회에 직접 가서 설
교하고 사역할 수는 없었으나, 자유롭게 편지를 쓸 수 있고 찾아오는
사람들을 만나거나 선물을 받을 수는 있었다. 바울은 빌립보의 그리스
도인들이 자신의 필요를 듣고 선물을 보낸 지 10년이나 되었다는 것을
알았다. 그런데 빌립보 교회가 사람을 통해 그에게 선물을 보냈다. 선
물이 도착했을 때, 바울은 빌립보 교회의 아름다운 마음이 기뻤다. 그는
빌립보 교회로부터 소식을 못 들은 지 10년이나 되었다며 불평하지 않
았다. 대신에, 빌립보 교회가 그럴만한 사정이 있겠거니 했고, 그들이 지
금껏 자신을 도울 기회가 없었을 뿐이라고 믿었다.

성경은 바울이 이 선물에 감사한 것은 자신의 필요 때문이 아니었다
고 말한다. 그는 하나님이 자신을 돌보신다고 믿었고, 필요한 것들이
많았지만, 적은 것에도 만족했다. 그의 변함없는 확신은 하나님의 주권
과 타이밍에 근거했다. 그는 하나님이 자신을 위해 행동하시리라는 것
을 알았고, 자신의 삶을 자신 있게 주님의 손에 맡겼다.

바울은 모든 시련을 통해, 하나님이 때와 시기를 주관하신다는 것을
배웠다. 그는 하나님이 모든 것을 그분의 목적에 맞게 정하셨고 모든 것
이 합력하여 자신에게 유익하게 하신다는 것을 믿었다. 선물을 보낸 빌
립보 교회에 감사한 후, 바울은 만족에 관해 말한다. 만족의 비결이 빌
립보서에 나온다.

그리스도인의 자족

"만족"으로 번역된 헬라어 단어 "아우타르케스"는 "자족하다" 또는 "독립하다"라는 뜻이다. 자족(自足)은 헬라 문화에서 덕목으로 여겨졌고, 성경 시대에 널리 사용된 용어다. 그러나 성경적 개념은 당시 헬라 문화 및 스토아 철학에서의 개념과 달랐다. 스토아학파는 상황에 체념함으로써 만족에 이른다고 믿었다. 이것은 전적인 무관심을 가리키는 용어였고, 일종의 고대판 "아무렴 어때"나 "난 상관없어"였다.

바울이 빌립보서 4장에서 논하는 만족은 스토아 철학의 무관심과는 상관없다. 그의 만족은 그의 믿음에 뿌리박고 있었다. 그가 감옥에서 느낀 깊은 기쁨은 그와 하나님의 관계, 그리고 그에게 일어난 모든 일에서 나타난 하나님의 선하심에서 왔다. 바울과 그리스도의 연합, 그리스도 안에 그리스도와 함께 계신 하나님과의 연합이 만족의 비결이었다.

바울이 시련 중에 기뻐할 수 있었던 것은 그가 고난을 받아야 하는 왜곡된 이유가 있어서가 아니라, 그 시련이 열매를 맺고 용기를 낳았기 때문이었다. 그는 우리에게 어떤 상황에서든 만족하라고 말하는데, 그 자신이 살면서 겪은 숱한 어려움과 영광스런 상황들이 이러한 그의 말을 뒷받침한다. 하나님은 그가 어려울 때는 인내하고 풍족할 때는 번성하도록 그에게 힘을 주셨다.

바울은 환경이 아니라, 자신과 하나님의 관계를 통해 만족을 배웠다는 것을 알게 되었다. 바울은 결코 자신이 환경의 희생자라며 불평하지 않았다. 그는 하나님이 자신의 모든 필요를 공급하실 것을 알았기에 걱정하지 않았고, 이런 까닭에 많든 적든 만족할 수 있었다고 말한다. 우리 시대의 생각과는 현저히 대비된다.

자족은 배워야 하는 것

자족은 주어지는 것이 아니다. 충분히 성취하거나 축적해서 오는 것도 아니다. 자족은 자연스런 상태도 아니다. 오히려 배우고 길러야 한다. 자족한다는 말은 자신의 상황에 만족하며 편안해한다는 뜻이다. 이것은 자신을 향상시키거나 더 잘하려 해서는 안 된다는 뜻이 아니다.

자족은 안주가 아니다. 그러나 자신의 환경을 개선하려 노력할 때 그 동기를 주의 깊게 살펴야 한다. 커져가는 불만족이나 극단적 걱정이 동기인가? 하나님은 우리가 성장하길 원하시지만, 또한 이 순간 그분께서 주신 삶에 만족하길 원하신다. 만족할 때, 우리는 탐심에서 해방되고 소유의 노예에서 해방된다.

자족은 마음에 있다. 그것은 하나님이 모든 것이 합력하여 우리에게 선이 되게 하신다고 믿는 것이다. 하나님이 다스리시므로 우리는 걱정할 필요가 없다. 흥미롭게도, 걱정과 불평은 가르칠 필요가 없다. 그러나 하나님과 우리의 삶을 향한 그분의 계획을 따르길 배우려면 훈련이 꼭 필요하다. 시선을 하나님에 맞추면 삶의 환경에 휘둘리지 않고 걱정에 장악되지 않는다.

바울은 최악의 상황에서도 투덜대거나 불평하거나 겁에 질리거나 걱정하지 않은 아주 훌륭한 본보기다. 그는 어려울 때 균형감을 잃지 말고, 하나님을 불신하지 말며, 끈기 있게 하나님의 길에 복종하라고 우리에게 도전한다. 언제나 희망이 있다. 하나님께서 친히 바울의 믿음에 고요한 평온함을 주셨다. 바울은 모든 상황 속에서 기뻐했다. 얼마나 큰 도전인가!

다윗은 시편 23편에서 "여호와는 나의 목자시니 내게 부족함이 없으리로다"라고 노래했다. 이 말을 정말 믿는다면, 걱정할 이유가 없다. 많은 경우, 우리는 하나님을 우리의 목자로 신뢰하는 법을 배워야 한다. 하나님은 이스라엘이 자신들이나 다른 민족을 의지하지 않고 그분을 신뢰하는 법을 배우도록, 이스라엘을 광야로 인도하셨다. 그리고 때로 같은 목적에서 우리를 광야로 인도하신다.

자급자족에 훈련된 사람들에게 전적 의존이라는 이 가르침은 쉽지 않다. 이것은 내가 7년간 불임과 싸우며 배운 교훈이었다. 내 평생 처음으로, 나는 내 몸이 하기로 되어 있는 것을 하게 할 수 없었다. 아기를 가질 수 없었다! 끝없는 노력과 고통스런 시술, 눈물과 절망의 밤이 나를 짓눌렀다. 내가 무엇을 해도 달라지는 것은 없었다. 나를 도우실 분은 하나님뿐이었다.

슬프게도, 나는 이러한 확신으로 몸부림을 시작한 게 아니라 끝냈다. 그러나 하나님의 은혜로, 내가 그분 없이는 아무것도 할 수 없음을 깨달았다. 정신을 놓지 않고 시술과 실망을 견디며, 아기를 가진 친구들과 잘 지내려면 날마다 하나님의 임재가 필요했다. 날마다, 내 마음은 하나님의 진리로 새로워져야 했다. 실망을 이겨내려면, 무엇보다도 하나님이 나를 버리거나 벌하지 않으시리라는 확신이 내 마음에 있어야만 했다.

자녀와 관련해 내 삶을 향한 하나님의 계획에 복종했을 때, 나의 계획을 내려놓아야 했다. 오랜 내어 맡김의 과정을 통해 하나님의 길이 내 길보다 낫다는 결론을 내리고, 마침내 하나님께 항복했다.

'내 뜻이 아니라 당신의 뜻을 이루소서.'

나는 독립심을 갖고 스스로 일하라고 배우며 자랐다. 나는 꽤 고집이 셀지도 모른다. 그러나 하나님이 우리에게 우리는 통제권이 없으며 그분이 절실히 필요하다는 것을 일깨워주시는 방법이 있다. 나의 경우, 불임이 나를 하나님을 온전히 의지하는 자리로 이끌었다.

만족의 비결을 배우려면, 걱정에서 하나님께로 눈을 돌려야 한다. 하나님은 우리의 필요를 보시고, 그것을 충족시키실 마음과 의지와 능력이 있다. 그분은 우리 안에 계시기에, 결코 어려울 때 우리를 떠나지 않으신다. 하나님의 영적 군대가 우리를 두르며, 그분의 힘은 우리 만족의 근원이다. 사도 바울이 말했듯이, 아무것도 염려하지 말고 모든 일에 감사하라. 기도로 당신의 필요를 하나님께 아뢰고, 그분이 행하실 일에 감사하라. 그분의 평안이 당신의 마음을 채울 것이다.

걱정하라는 유혹을 받을 때, 눈을 상황에서 하나님께로 돌려라. 참되고, 경건하며, 옳고, 정결하며, 사랑받을 만하며, 칭찬받을 만한 것들을 생각하라. 그러면 흔들리지 않고, 당신에게 그 순간 필요한 평안이 찾아올 것이다. 하나님이 당신과 함께 계신다. 그분의 평안을 받아들여라. 그분 안에서 쉼을 얻어라.

걱정 버리기 처방전

주변을 둘러보라. 당신은 자신의 삶에서 눈에 보이는 무엇을 감사하는가? 감사하라.

1. 당신이 만족하지 못하는 까닭은 참 평안을 주지 못할 것들이나 사람들을 의지하기 때문이 아닌가?

2. 당신이 만족하지 못하는 까닭은 권력과 명예와 물질과 외모에 관한 우리 문화의 거짓말을 믿기 때문이 아닌가?

3. 이 둘 중 어느 한쪽이라면, 사람이나 사물을 의지하는 데서 돌아서라.

시편 28편 7절을 묵상하며 감사하라.

여호와는 나의 힘과 나의 방패이시니 내 마음이 그를 의지하여 도움을 얻었도다 그러므로 내 마음이 크게 기뻐하며 내 노래로 그를 찬송하리로다

내일 일을 위하여 염려하지 말라

내일 일은 내일이 염려할 것이요

한 날의 괴로움은 그날로 족하니라

예수 그리스도

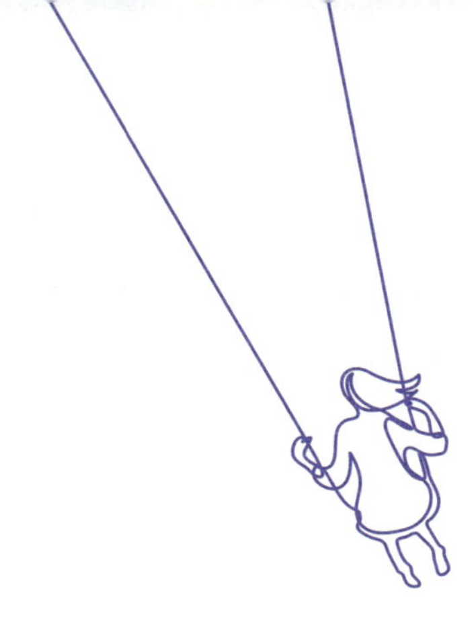

chapter 14

걱정 없는 삶을 길러라

앞에서 말했듯이, 걱정 없는 삶은 길러지는 것이다. 어느 슬로건처럼 "인생은 즐거워"서 걱정 없는 삶이 저절로 이뤄지는 게 아니다. 힘든 시기가 우리에게 찾아올 것이다. 예수님은 요한복음 16장 33절에서 "세상에서는 너희가 환난을 당하나"라고 이것을 분명하게 말씀하신다. 이것만 보면, 이러한 고통과 어려움이 있으리라는 예언은 우리를 쉽게 걱정에 내몰 수 있다. 그러나 예수님은 여기서 멈추어 우리를 걱정이나 절망에 버려두지 않으신다. 예수님은 강력한 말씀으로 끝을 맺으신다.

"담대하라 내가 세상을 이기었노라"

싸움에서 이겼다. 죽음이 그분을 잡지 못했고, 그분은 부활의 능력으로 살아나셨다. 이 때문에, 우리는 걱정에 이별을 고하고 하나님의 평안을 받을 수 있다. 예수님은 우리에게 위로의 말씀을 주신다.

"너희는 마음에 근심하지 말라"(요 14:1).

　예수님의 말씀대로 살 수 있는 이유는 단 하나, 그분이 우리 안에 거하시는 성령을 통해 걱정을 이길 힘을 주시기 때문이다. 시간과 경험은 우리가 환경이 어떠하든 확신을 갖고 사는 법을 가르쳐주실 것이다.

하나님을 확신하는 삶

바로의 군대에게 추격당할 때 이스라엘의 자녀들은 하나님을 확신하며 행하는 법을 배워야 했다. 이스라엘이 애굽을 떠난 후, 놀라운 일이 일어났다. 하나님은 바로의 군대가 그분의 백성을 추격하게 하셨다. 당신은 이 사실에 어려워할는지 모른다. 성경에서 숱하게, 하나님은 타인들의 악을 이용해 자신의 목적을 이루신다.

　이스라엘이 홍해에 이르렀을 때, 위기가 닥쳤다. 바로의 군대가 맹추격해오는데 바다는 너무 넓고 깊어 건널 수 없었다. 이스라엘은 꼼짝없이 갇혔고, 상황은 절망적이었다. 그러나 하나님에게 너무 어려운 일이란 없다. 하나님은 기적처럼 홍해를 갈라 자신의 자녀들을 건너게 하신 후, 애굽 군대를 수장시키셨다. 거듭거듭, 이스라엘에 보낸 메시지는 하나님이 그들을 위하시면 걱정할 게 없다는 것이었다. 하나님은 이스라엘에게 하나님이 승리를 가져다주겠다고 자주 말씀하셨다.

　고백컨대, 나는 하나님이 승리를 주신다는 사실을 내게 일깨워야 한다. 필시, 나는 공포에 질린 이스라엘 사람 중 하나였을 것이다. 환경이 힘들어 보이면, 영적 안경을 쓰는 것을 잊기 쉽다. 너무나 자주, 나는 상황을 인간의 눈으로 본다. 나는 크고 깊은 바다를 건널 길이 없다고 보고, 하나님이 길을 내시리라고 믿지 못한다.

열왕기하 6장에 나오는 엘리사 선지자의 이야기는 하나님이 승리를 주시며 우리는 두려워하지 말아야 한다는 것을 아주 잘 일깨워준다. 아람 왕이 이스라엘을 급습하려 했지만, 이스라엘은 매번 자신의 계획을 이미 알고 있었다. 왕은 신하들을 불러 어떻게 자신의 계획이 새나갔는지 추궁했다. 신하들이 엘리사 선지자가 왕의 비밀 계획을 알았던 것으로 보인다고 하자, 아람 왕은 엘리사를 찾아 당장 잡아오라고 명한다.

이튿날 아침, 엘리사와 그의 사환이 일어나 보니 아람 군대가 성을 에워싸고 있었다. 사환은 벗어날 길이 보이지 않아 공포에 질렸다. 그러나 영적 눈이 열려 있던 선지자는 사환이 보지 못한 것, 즉 불말과 불병거로 무장한 여호와의 군대가 엘리사를 에워싸고 보호하는 것을 보았다. 선지자는 사환도 눈이 열려 보이지 않는 영적 세계를 보게 해달라고 기도했다. 그리고 아람 군대가 눈이 멀게 해달라고 기도했다. 하나님은 그 기도에 응답하셨고, 엘리사는 눈먼 군대를 이스라엘 왕에게로 이끌었다. 아람 군대가 이스라엘 왕 앞에 이르자 하나님은 이들의 눈을 여셨다. 이스라엘 왕은 엘리사의 말대로 사로잡힌 이들을 죽이지 않고 잘 먹여서 돌려보냈다.

이러한 하나님의 놀라운 역사는 아람 군대로 침략을 그치고 이스라엘에서 철수하게 하기에 충분했다. 두려움에 관해 얘기해보라! 하나님은 이들로, 하나님의 백성과 싸우려면 영적 군대와 맞서 싸워야 한다는 것을 보게 하셨다. 원수보다 큰 하나님의 능력을 알게 되면 우리는 두려워하지 않게 된다. 승리는 우리의 것이다!

하나님과 함께하는 삶

여러 번 말했듯이, 평안과 만족의 삶을 살려면 삶의 불확실성을 받아들여야 한다. 아무리 걱정해도 바뀌지 않으며 우리의 통제를 벗어난 것들이 있다. 우리의 행동에는 늘 어느 정도 위험이 따른다. 이러한 불확실성을 받아들이는 것이 하나님과 함께하는 삶으로 가는 길이다. 하나님도 모르게 일어나는 일은 없으며, 하나님은 우리가 마주하는 일을 아시고 우리가 혼자 그 일을 마주하도록 내버려두지 않으신다. 하나님의 지속적 임재는 불확실한 미래를 받아들이도록 우리에게 확신을 준다.

그렇더라도, 하나님을 확신할 때 수동적이어서는 안 된다. 믿음의 삶은 적극적이며, 모든 일에서 하나님과 협력하라고 요구한다. 삶을 하나님께 맡기고 적극적으로 믿음으로 살 때, 평안과 안식이 찾아온다. 그 과정에서 문제해결 능력을 기르고, 지혜를 찾으며, 도움을 구하고, 자기 돌봄을 실행하며, 순종하고, 중심 잡힌 삶을 산다. 이 장의 나머지 부분에서는 이러한 걱정 없는 삶 기르기의 다양한 부분에 초점을 맞추겠다.

걱정은 쓸모없다는 것을 믿어라

지금쯤 당신의 생각이 걱정에 관해 힘을 갖는다는 것을 확신했길 바란다. 걱정에 관한 믿음은 얼마나 많이 걱정하는지에 직접 영향을 미친다. 걱정거리가 삶에서 한자리 차지하고, 걱정이 쓸모 있다거나 유익하다고 믿을수록 더 걱정한다. 걱정이 쓸모없고 그 어떤 긍정적 유익도 잠시뿐이며 궁극적으로 해를 끼친다고 믿을 때에야 걱정을 버릴 수 있다.

이 시점에서, 당신은 걱정이 유익하다는 생각에 대해 어떤 입장인가?

걱정을 내려놓으려면 걱정이 유익하다는 생각을 버려야 한다. 평안한 삶은 걱정을 조금도 존중하지 않는다.

결과에 집착하지 말라

평안하고 고요한 삶을 살려면 상황이 초래하는 결과도 내려놓아야 한다. 무슨 일이 어떤 구체적 결과를 낳길 필사적으로 바랄 때, 기다림은 대개 걱정을 동반한다.

과정에서 하나님을 신뢰하라

지난 한 달 동안 이것을 절실히 깨달았다. 우리 교회는 경매에서 교회에 필요한 건물을 추가로 매입하려 했다. 예측 불가능한 상황에서, 최신 건물이 터무니없이 낮은 가격에 나왔다. 건물은 비어 있었고 우리 교회가 쓰기에 딱 좋은 공간이었다. 이 건물의 매입이 교회의 공간과 성장 문제의 해답으로 보였다. 게다가 최신 건물이라 더욱 끌렸다.

교회 지도자들은 기도했으며, 구체적 가격을 제시한 데서 그쳐야 한다고 느꼈다. 예산을 면밀히 살핀 후 제시 금액을 정해 거래를 제안했고, 추가 협상은 하지 않았다. 은행이 우리의 제안을 받아들이든지, 아니면 거래는 거기서 끝이었다. 우리는 결과에 매이지 않았다. 교회는 그 건물을 꼭 얻고 싶어 했지만, 하나님의 계획이 아니라면 그러지 않을 작정이었다.

목사님은 이렇게 말씀하셨다. "이번이 우리가 정말 잘 활용할 수 있을 건물을 매입할 기회라고 믿습니다. 우리는 제시 금액을 제한했습니다.

기도했고, 지혜를 구했으며, 금액과 방향을 정한 후, 그 금액을 은행에 제시했습니다. 우리가 이 건물을 얻느냐가 중요한 게 아니고, 그 과정에서 하나님을 신뢰하느냐가 중요합니다. 하나님께서 우리에게 필요한 것을 우리가 필요한 때에 주실 것입니다. 이 건물이 우리를 위한 게 아니라면, 하나님께 다른 계획이 있는 줄 알고 기꺼이 포기하겠습니다.”

처음부터 분명했다. 우리는 결과에 안달하지 않았다. 구매를 추진하는 과정에서 하나님을 궁극적 공급자로 여겼기에 확신을 잃지 않았다. 우리가 반드시 이 건물을 손에 넣어야 한다는 생각으로 필사적으로 매달렸다면, 걱정과 불안이 작동하고 걱정에 빠졌을 것이다.

결국 이 건물을 매입했지만, 목사님은 우리가 처음에 제시한 가격이 받아들여지지 않으면 깨끗이 포기하겠다는 것을 줄곧 분명히 하셨다. 이 건물을 사지 못했더라도, 우리의 믿음이나 하나님에 대한 확신은 흔들리지 않았을 것이다. 너무나 놀라운 부분은 교회 지도자들이 바라는 결과에 전혀 얽매이지 않았다는 것이다. 그래서 하나님의 인도하심에 완전히 마음을 열고 거래에 임할 수 있었다. 결과적으로, 그 과정에서 걱정은 얼씬도 못했다.

우리는 얼마나 자주 이러한 하나님의 공급에서 쉼을 얻는가? 너무나 자주, 우리는 하나님보다 앞서가며 내내 걱정한다. 일이 바라던 대로 풀리지 않으면, 쉽게 실망하고 하나님이 우리를 저버리셨다고 생각한다. 우리는 하나님이 하시는 일을 전체적으로 다 보지 못하며, 따라서 결과에 관한 우리 생각이 언제나 최선은 아니라는 것을 경험을 통해 배워야 한다. 때로는 우리가 원하지 않거나 기대하지 않은 길에서 돌아서면 더 나은 길을 갈 수 있다.

하나님이 전체적으로 다 보신다는 것을 믿어라

한 엄마는 아들이 유치원에 들어갈 때까지 혼자 화장실에 가지 못할까 봐 걱정했다. 유치원에 가려면 혼자 화장실에 갈 수 있어야 했다. 시간이 흘러도 아들은 준비되지 않았고 엄마의 걱정은 쌓여갔다. 엄마는 아들을 유치원에 보내고 싶었지만, 유치원에 갈 날이 다가올수록 아들은 더 자주 사고를 쳤다. 엄마가 다그칠수록 아들은 더 뒷걸음쳤다. 엄마가 결과에 너무 집착해서, 걱정이 아들과 엄마의 관계에 영향을 미쳤다.

압박감이 너무 심했고 힘겨루기가 일어났다. 엄마는 난감한 상황에 처했다. 결국, 엄마는 아들의 등원을 늦춰야 했다. 화장실 훈련은 그 후로도 여섯 달이나 걸렸다. 아들의 시간표를 따르고서야, 엄마는 편안해졌다. 어떤 일은 우리의 계획대로 되지 않는다. 결과에 집착할 때, 스트레스와 걱정이 늘어날 수 있다.

어느 아버지도 비슷한 상황에 처했다. 아버지는 아들이 아이비리그 대학에 들어가길 간절히 바랐고, 아버지의 이런 바람에 온 가족이 큰 걱정에 빠졌다. 다들 너무 걱정해서 부담을 느낀 아들은 그만 면접을 망쳤다. 아들은 아버지를 실망시킬까봐 너무 걱정한 나머지 긴장을 풀지 못했고, 아들이 입학 허가를 못 받을까봐 너무 걱정한 아버지는 입학 허가서가 올 때까지 잠도 제대로 못 잤다. 온 가족이 결과에 집착했다. 걱정이 몰아쳤고 걱정 때문에 원하는 결과를 거의 얻지 못했다.

결과를 바라는 것과 결과에 집착해 걱정에 사로잡히는 것은 다르다. 원하고 바라는 것은 괜찮지만, 그것이 실현되지 않을 때 유연한 자세를 취해야 한다. 이 아버지가 아들에게 대학 진학과 관련해 최선을 다하고 하나님의 인도를 믿으라고 격려할 수 있었다면, 아버지는 잠을 더 잘 잤을 테고 아들은 자신 있게 면접을 치렀을 것이다.

궁극적으로, 우리는 최선을 다하고 확실한 결과 쪽으로 행동을 취하며, 하나님이 문을 열거나 닫으시리라 믿고 그분을 신뢰해야 한다. 이렇게 할 수 있을 때, 하나님이 다스리신다는 것을 알고 편안하게 결과를 받아들일 수 있다.

이번에도 욥의 이야기가 무엇인가를 너무 꼭 붙들지 않는다는 개념을 강화하는 데 도움이 된다. 욥의 이야기에서, 하나님은 욥이 가질 수 없는 시각을 갖고 계셨다. 우리는 삶의 전체적인 그림을 보지 못한다. 상황이 바라는 대로 흘러가지 않고 하나님이 만족스런 설명을 하지 않으실 때, 걱정에 빠지지 않게 주의하라. 욥처럼, 궁극적으로 하나님은 선하시며 신뢰할 수 있는 분이라고 결론 내려야 한다.

문제해결을 훈련하라

앞 장에서, 걱정에 빠지지 않으려면 문제해결이 중요하다고 했다. 병적인 걱정은 '내가 이 문제를 해결할 수 있다'는 자신감의 결여와 관련이 있고, '나는 문제해결 과정을 통제할 수 없다'는 믿음과도 관련이 있기 때문이다. 하나님과의 관계가 두 문제를 다 해결한다. 우리에게 필요한 것을 우리가 필요할 때 하나님이 주신다고 확신해야 한다. 하나님이 우리 삶을 다스리신다는 것을 알 때, 안심이 된다. 효과적인 문제해결은 당신의 자원에도 달렸다. 당신에게 방법이 있다면 대개 문제를 해결할 수 있다. 감사하게도, 하나님은 믿을 수 있는 자원이다. 그분은 해답을 갖고 계신다. 그분과 함께라면, 언제나 해답이 있다.

문제가 생길 때 충동적이거나 부주의한 행동을 피하고 문제를 다루려면 문제해결 기술을 익혀야 한다. 앞의 예에서, 우리 교회 지도자들은 문제를 만났다. 교회는 공간이 더 필요했다. 우리가 공간 문제를 풀 수 있다는 확신은 하나님을 의지하는 데서 왔다. 우리는 기도하고 하나님의 때를 기다리며 선택을 추구하면 공간 문제가 마침내 해결되리라는 것을 알았다. 문제를 해결할 수 있다는 확신은 높았다. 이 확신의 근거는 능숙한 협상이나 은행과의 가까운 관계가 아니라(둘 다 도움은 되겠지만), 교회를 위해 일하시는 하나님의 능력이었다.

교회 지도자들에게 과정에 대한 통제권이 있었는가? 아니다. 그러나 이들은 하나님이 자신들을 위해 일하시리라 믿었다. 따라서 이 선택을 추구하고 결과를 받아들여야 했다. 앞으로 나아가려면 행동이 필요했다. 리더들은 모든 선택을 탐구하고 협상하며 성령의 인도를 따라 부지런히 움직여야 했다.

교회의 건물 매입은 신속하게 끝맺었다. 대부분의 문제는 이렇게 신속하게 해결되지 않으며, 그 과정에 인내가 필요하다. 문제해결이 오래 걸릴수록 걱정의 유혹은 커진다. 그러므로 문제를 만날 때, 합리적인 시간을 두고 해결하는 게 걱정을 그치는 데 크게 도움이 된다.

문제를 해결해야 하는 위치에 있을 때, 몇몇 해결책을 시도해보라. 효과가 없다면, 다시 해보라. 할 수 있는 일은 다 해보았다고 느낄 때까지 포기하지 말라. 그런 후, 자신이 최선을 다했다는 사실에 안도하라. 이런 개념과 관련이 있으며 내 친구가 자주 인용하는 말이 있다.

"모든 게 당신에게 달린 것처럼 행동하고 모든 게 하나님께 달린 것처럼 기도하라."

문제해결자가 되는 법

문제해결은 걱정과 싸우는 데 활용되는 매우 중요한 기술이므로, 당신이 이 기술을 전체적으로 알고 연습하는 데 도움이 되도록 몇 가지 지침을 소개하겠다.

1. 문제에 대해 긍정적 태도를 길러라

해결책이 있다는 확신을 가져라. 해결책이 보이지 않을 때 하나님을 신뢰하라. 하나님이 배후에서 당신을 위해 일하고 계신다.

2. 실제 문제들을 인식하고 확인하라

문제를 만들어내지 말라. 걱정꾼들은 가능한 온갖 부정적 시나리오를 상상한다. 그러나 문제해결자들은 문제를 보고 해결에 집중한다. 눈앞의 실제 문제에 집중하라.

3. 문제를 정의하라

걱정꾼들은 문제를 정의하는 데 매우 능하지만, 대개 그 정의에 매인다. 이들은 정의를 뛰어넘어 해결책을 찾지 못한다. 해결책으로 나아갈 수 있도록 문제를 분명하게 정의하는 데서 시작하라.

4. 가능한 해결책을 찾아라

일어날 수 있는 모든 문제에 매이지 말고, 가능한 해결책에 집중하라. 해결책들을 개발하고 그것들이 모두 훌륭한 아이디어인지 걱정하지 말라. 핵심은 몇몇 선택을 생각하는 것이다. 묘안을 찾아라. 기도하라. 하나님께 지혜를 구하라.

5. 어떤 해결책을 쓸지 결정하라

걱정꾼들은 흔히 결정을 내리는 데 필요한 것보다 많은 정보가 필요하다고 느낀다. 증거를 쌓으려다 보면 과정이 느려질 수 있다. 몇몇 해결책을 찾아낸 후, 하나를 추구하며 어떤 일이 일어나는지 보라.

6. 자신의 해결책을 적용하라

위험을 감수하라. 시도해보라. 진취적으로 행동하라.

걱정스러운 생각을 회피하거나 억누르지 말라

평화로운 삶을 기르는 또 다른 비결은 걱정스러운 생각을 처리하는 방
법을 바꾸는 것이다. 기억하라. 생각 누르기는 효과가 없다. 걱정스러
운 생각을 누르면 몸은 일시적으로 차분해질지 모르지만, 걱정스러운
생각이 마음을 계속 몰아쳐서 이전보다 훨씬 더 많은 것을 파괴한다. 생
각을 눌러 걱정을 통제하려 하면 실제로 걱정이 그대로 유지된다!

해결책은 걱정스러운 생각이 왔다가 가도록 두는 것이다. 마음에 걱
정이 들어올 때마다, 그 싸움을 기억하라. 육의 마음은 그리스도의 마
음과 충돌한다. 그러나 생각을 사로잡으면 생각이 어디로 가는지 통제
할 수 있다. 생각을 사로잡으려면, 그리스도의 마음을 가져야 한다. 그
리스도라면 그 생각에 대해 어떻게 생각하시겠는가?

걱정스러운 생각들을 컴퓨터 스팸 메일처럼 생각하라. 스팸 메일이 당
신의 메일함에 들어오는 것은 당신이 통제할 수 없다. 그러나 그 메일을
열지 않고 지울 수는 있다. 걱정스러운 생각들이 당신의 마음에 일어나
지만, 그 생각들을 열지 말라. 삭제하라. 바울의 조언을 활용하라.

친구 여러분, 참된 것과 고귀한 것과 존경할 만한 것과 믿을 만한 것과 바람직한 것과 품위 있는 것을 마음에 품고 묵상하십시오. 최악이 아니라 최선을, 추한 것이 아니라 아름다운 것을, 저주할 만한 일이 아니라 칭찬할 만한 일을 생각하십시오. 내게서 배운 것과, 여러분이 듣고 보고 깨달은 것을 실천하십시오. 그러면 모든 것을 협력하게 하시는 하나님께서, 그분의 가장 탁월한 조화 속으로 여러분을 끌어들이실 것입니다. 빌 4:8,9 메시지

도움을 구할 때를 알라

걱정 없는 삶을 기르지 못하게 막는 장애물 중 하나는 필요할 때 도움을 구하기를 거부하는 것이다. 흔히, 자존심이 이를 막는다. 길을 묻지 않으려는 사람들처럼, 자존심은 길을 잃게 할 뿐이다. 누구도 모든 문제를 늘 해결하지는 못한다. 가장 강한 영적 삶조차 압도하는 상황들이 있다. 그래서 하나님은 우리를 공동체에 두시고, 그리스도의 몸을 그렇게도 소중히 여기시는 것이다. 몸이 제 기능을 하려면 모든 지체가 다 필요하다.

"린 온 미"(Lean on me)라는 팝송의 첫 두 소절은 우리에게 서로가 필요하다는 것을 보여준다. 작사자는 우리 모두 슬픔과 고통이 있지만, 지혜롭다면 서로에게 기댄다고 말한다. 우리는 친구들이 필요하고, 자신이 강하지 않을 때 강한 사람들이 필요하다. 우리가 도움이 필요한 사람들을 돕듯이, 우리에게 친구가 필요할 때면 그들이 우리의 친구가 되어준다.

나는 "닥터 민틀, 귀찮게 해드려 정말 죄송해요. 다시는 귀찮게 하지 않을게요"라고 시작하는 이메일을 받을 때마다 깜짝 놀란다. 무엇보다도, 나는 도움을 구하는 이메일을 받은 것이다. 그러므로 당신은 나를 귀찮게 하는 게 아니다. 내가 나를 열어두는 것은 돕기 위해서다. 도움을 구하면서 죄책감을 느끼지 말라. 꼼짝 못할 때 도움을 구하는 것은 좋은 일이다.

인생을 혼자 감당하려 애쓸 때 엄청난 스트레스를 받는다. 도움을 구하는 것은 약하다는 표시가 아니라 강하다는 표시다. 우리는 섬이 아니라 공동체에서 산다. 어려울 때 응원하고 격려해주는 가족과 친구들은 삶이 힘들 때 꼭 필요한 도움이다.

건강하지 못하게 남에게 의존하는 습관을 기르라는 말이 아니다. 오히려, 당신은 삶을 나누는 건강한 상호 의존이 필요하다. 위기와 필요의 순간에 서로 응원할 때, 걱정이 도망간다.

최근, 내 오촌 조카가 예상치 못한 수술을 몇 차례 받았다. 정상을 넘어선 합병증이 몸에 심각한 문제를 일으켜 그녀는 40일 넘게 입원과 퇴원을 반복했다. 의사들이 무엇이 잘못됐고 어떻게 바로잡을지 찾아낼 동안, 이 아가씨는 이러지도 저러지도 못하는 처지가 되었다.

비슷한 상황에 처한 가정들처럼, 이 가정도 인터넷사이트에 사연을 올리고 격려와 기도와 응원을 부탁했다. 이 사이트는 사람들이 사랑과 관심을 표현하는 통로를 제공한다. 댓글마다 하나님이 이 가정을 버리지 않으셨고 이들을 위해 일하신다는 것을 일깨워준다. 다른 사람들의 사랑과 관심이 걱정을 몰아낸다.

믿음과 격려의 말이 사람들이 겪는 고통을 축소시키는 것은 아니다.

그러나 우리는 하나님에게 받은 위로로 다른 사람들을 위로한다. 어려운 때 상처 입은 사람들과 함께 울며 슬퍼한다. 상처에도 불구하고, 우리는 하나님이 우리와 함께하신다는 믿음을 굳건히 한다.

걱정하는 사람은 자신이 도움 받을 데도 없고 희망도 없다는 생각에 짓눌린다. 그는 환경에 굴복하고 하나님을 그 환경에 가둔다. 그러나 믿음의 사람은 하나님의 능력이 가장 어려운 환경에서도 작동한다는 것을 알기에 현실에 발을 딛고 움직인다. 따라서 하나님과 그분의 선하심을 신뢰할 때 걱정은 쫓겨난다. 두려움이 이러한 신뢰를 보지 못하게 가린다.

과거를 재활용하지 말고 내려놓아라

가정상담 치료사로서, 나는 내 삶의 이 부분에서 곤란을 겪는다. 나는 과거가 현재에 미치는 영향을 너무나 잘 안다. 이것 자체는 문제가 아니다. 사실 나의 일을 잘하려면 실제로 이런 이해가 꼭 필요하다. 그러나 과거가 미래에 일어날지 모를 일을 지배하게 두면 걱정이 일어난다.

최근에 아들에게서 이것을 보았다. 다른 많은 청년들처럼, 아들도 대학에서 전공을 몇 차례 바꿨다. 그때마다, 어떤 학점들은 새 전공에서 인정받지 못해 고스란히 날렸다. 아들이 가장 최근에 전공을 바꿨을 때, 나는 이번에도 학점을 잃을까봐 걱정했다. 그런 일이 전에도 있었기 때문이다. 평가위원회가 다른 사람들이고 아들의 이전 전공과 새 전공이 예전 경우보다 더 비슷한 코스였는데도, 나는 과거 경험을 근거로 걱정했다. 나는 새로운 상황이 어떻게 다른지 확인하지 않았다. 설령 학점이 인정되지 않더라도, 내가 걱정한다고 뭐가 달라졌겠는가? 아무것도!

과거는 현재를 지배하지 못한다

관계에서, 과거에 관한 걱정은 현재와 균형을 이루어야 한다. 특히 하나님의 경륜에서, 과거는 현재를 지배하지 못한다. 과거를 무시하라는 뜻이 아니다. 예를 들어 당신이 어떤 사람과 사귈지 결정하려 한다면, 그의 과거뿐 아니라 당신이 보고 있는 현재도 고려해야 한다. 그 사람이 예전에 욱하는 성격이 있었다면, 이 부분에 주의하고 이것이 현재에도 나타나는 신호가 있는지 보는 것이다. 이것이 지혜다.

그러나 과거를 아는 것과 그것 때문에 사람을 판단하는 것에는 미묘한 차이가 있다. 사람들은 성장하며 치유되고 과거의 희생자로 남지 않는다. 변화가 가능하다는 여지를 두라.

요한복음 8장에서 예수님이 성전 뜰에서 가르치고 계실 때, 당시의 종교학자들이 간음하다 현장에서 잡힌 여자를 끌고 왔다. 모세 율법은 간음한 여인을 돌로 쳐 죽이라고 명했다. 그러나 종교 지도자들은 예수님을 시험하고자 당신이라면 어떻게 하겠느냐고 다그쳤다. 예수님은 놀라운 반전을 이루신다. "너희 중에 죄 없는 자가 먼저 돌로 치라."

물론, 아무도 돌을 던지지 않았고, 다들 슬금슬금 꽁무니를 뺐다. 그녀를 고발할 자가 하나도 남지 않자, 예수님은 여인을 정죄하지 않으시고, 따뜻한 음성으로 죄의 삶에서 떠나라고 하셨다. 자비와 죄를 그치라는 경고가 어우러졌다. 그녀의 삶이 변하려면, 그녀 자신이 죄에서 돌이켜야 했다.

회개할 때, 우리 안에 계신 그리스도의 능력이 우리가 과거에서 벗어나도록 힘을 주신다. 그러나 걱정이 떠나게 하려면, 행동이 달라져야 한다. 애초에 문제를 일으켰던 일로 돌아간다면 재발할 것이 거의 확실하다. 그러나 변화를 약속하고 새로운 방식으로 행동하면 걱정이 물러갈 수 있다. 변화가 지속될지는 시간이 말해준다. 이 여정에는 은혜가 있다.

진정한 변화가 일어나고 있는지 분별하기

관계가 갈등을 겪고 있을 때, 상대방에게서 진정한 변화를 찾아내려면 지혜가 필요하다. 과거를 걱정해봐야 아무 소용이 없다. 현재의 행동에 집중하고 변화가 실제로 일어나는지 판단하는 게 더 낫다. 변화가 진짜가 아니라고 드러날 때, 관계를 지속할지, 새로운 경계를 정할지, 다른 방향으로 나갈지를 결정하려면 더 많은 지혜가 필요하다. 변화가 필요한 사람이 당신이라면, 걱정을 덜 하고 당신의 삶에 자유를 가져다주는 일들을 하라. 당신은 자신의 선택을 통제한다. 자신의 행동에 대한 책임을 받아들일 때 변화가 지속된다.

예를 들면, 과거에 관한 일반적인 걱정에는 어릴 때 부모의 이혼을 경험한 성인들이 포함된다. 이혼은 그 당시뿐 아니라 자녀들의 성장 과정에도 영향을 미친다. 성인이 된 그들은 종종 자신이 사랑에 빠질 때 결국 버림받거나 결혼생활이 이혼으로 끝나지 않을까 걱정한다. 부모에게서 보았던 것 때문에 배우자를 어떻게 선택할지 걱정한다. 또한 불륜이 부모의 이혼 사유 중 하나였다면 그것을 걱정하기도 한다.

이러한 염려는 현실이며, 친밀함은 가정에서 배우는 것이다. 그렇더라도 기억하라. 하나님이 당신의 삶에 함께하실 때 당신은 과거의 희생자가 아니다. 당신이 어떤 짐을 관계에 가져왔는지 알고 그것을 잘 처리하는 것은 중요하지만, 관계에서 친밀함으로 그것을 다루는 방식을 바꿀 수 있다. 이혼의 부정적 영향을 걱정하지 말라. 그 대신, 이혼이 지운 짐을 내려놓는 데 힘을 쏟아라. 걱정은 아무것도 고치지 못하니까.

당신의 결혼생활이 부모님처럼 비극으로 끝날 필요는 없다. 이혼은 자녀에게 부정적 영향을 끼치지만, 그들을 실패한 성인으로 운명 짓지는 않는다. 이혼은 당신이 문제를 헤쳐나가게 할 수 있다. 이러한 결심은 새 힘과 능력을 기르는 데 도움이 될 수 있다.

거듭 말하건대, 과거에 대한 죄책감으로 현재나 미래를 걱정한다면, 삶에서 그리스도의 능력을 알지 못하는 것이다. 그리스도 안에 있으면, 당신은 더 이상 정죄나 심판을 받지 않는다. 우리 모두 부족하고 죄를 짓지만, 예수님이 우리 죄를 사하는 최종 희생제물이 되셨기 때문이다. 우리는 율법이 아니라 은혜 아래 산다. 그러므로 우리는 실수할 때, 더 이상 옛 율법으로 정죄를 받는 게 아니라, 그리스도를 통해 의롭다 함을 받는다. 그러므로 과거에 대한 걱정은 버려야 한다. 과거는 용서받았다. 그리스도께서 주신 자유를 누리며 살라.

중심 잡힌 삶

믿음의 사람에게 중심 잡힌 삶은 바른 우선순위를 갖고 하나님은 그분이 말씀하신 그대로이며 자신의 약속을 지키는 분이라고 믿는 것이다. 마태복음 6장 33절에서, 예수님은 중심 잡힌 삶을 처방하신다.

너희는 먼저 그의 나라와 그의 의를 구하라 그리하면 이 모든 것을 너

희에게 더하시리라

중심 잡힌 삶은 하나님과 그분의 나라를 구하는 삶이다. 예수님이 세상에서 사역하실 때 하나님나라가 가까웠다고 선포하셨다(막 1:15). 예수님은 자신을 두고 말씀하고 계셨다. 하나님이 세상에 오셨기에 하나님나라가 그분을 따르는 자들에게 임했다. 예수님의 가르침이 그 가르침에 귀를 기울이는 자들에게 하나님나라를 드러냈다.

산상설교에서 예수님은 무리에게 잘 사는 법을 가르치시고 팔복을 통해 하나님나라의 가치관을 제시하신다(마 5:1-12). 그분이 강조하시는 가치는 당시와 오늘의 문화가 제시하는 가치와 충돌한다. 하나님나라의 삶은 겸손, 박해를 감수하려는 자세, 하나님 명령을 따르는 순종, 거짓 경건에 맞서는 바른 행동, 기도, 물질적 가치관에 맞서는 영적 가치관, 하나님의 뜻에 복종하기를 포함한다.

이 모두는 하나님께 철저히 헌신하고 의지할 때 가능하다. 하나님나라를 따르는 자로서, 우리의 목표는 자신이 아니라 하나님을 위해 사는 것이다. 하나님은 그분을 온전히 신뢰하는 겸손한 자를 좋아하시는 것이 분명하다.

예수님은 문화에 크게 만연한 물질과 부와 성취의 길을 따르면 중심 잡힌 삶에 이르지 못한다고 말씀하신다. 이와는 반대로, 하나님나라는 회개와 겸손을 통해서 부르신다. 예수님을 삶의 주인으로 받아들일 때, 하나님나라가 우리 안에 거한다. 우리는 더 이상 우리 자신의 것이 아니며, 걱정과 절망의 지배를 받지 않고 하나님께 내어 맡길 때 우리에게 능력을 주는 새로운 나라의 시민이다.

하나님의 나라와 의를 구할 때 우리는 걱정할 필요가 없다. 하나님이 우리의 기본적 필요를 채워주시기 때문이다. 우리가 우리 삶을 향한 하나님의 계획에 장단을 맞출 때, 하나님은 자신이 자신의 목적과 약속을 궁극적으로 성취하겠다고 단언하신다. 하나님은 그분께 내어 맡긴 삶을 궁극적으로 책임지신다. 우리는 이것을 제대로 이해할 때, 확신을 갖고 평안할 수 있다. 하나님이 다스리신다.

더 나아가, 예수님은 걱정한다고 해서 우리의 생명이 잠시도 연장되지 않는다고 덧붙이신다.

너희 가운데서 누가, 걱정한다고 해서, 제 수명을 한순간인들 늘일 수 있느냐? 마 6:27 새번역

예수님은 현대의 스트레스 연구 없이도 걱정하면 생명이 짧아지고 몸이 해를 입는다는 것을 아셨다. 우리의 창조자로서, 그분은 그분이 설계한 몸에 걱정이 끼치는 영향을 아신다! 내일 일은 내일이 염려하게 하라는 그분의 말씀은 우리의 자기돌봄을 위한 것이다. 하나님께 중심을 둔 삶은 미래를 걱정하지 않는 삶이다.

날마다, 하나님은 우리의 필요를 기도로 아뢰라고 하시며, 그러면 자신이 채우겠다고 말씀하신다. 하나님께서 우리가 생각하는 방식과 시간에 필요를 채우지 않으실 수도 있지만, 우리를 더 잘 아시는 그분의 지식을 따라 채우실 것이다.

시편이 선포하듯이, 하나님은 우리가 아픔과 고뇌를 아뢸 때 귀찮아하지 않으신다. 우리의 감정은 돌고 돈다. 행복이 슬픔으로, 의기양양이

낙담으로…. 우리의 상태가 어떻든, 우리의 현실을 하나님께 아뢸 수 있다. 어려울 때, 하나님은 우리가 환경에 휘둘리지 않도록 힘을 주실 것이다. 하나님을 신뢰하는 자들은 행복하다. 하나님께 중심을 둔 삶은 걱정이 없다.

중심 잡힌 삶으로 가는 길

전도서를 처음 읽었을 때 우울해졌다. 절망이라는 무거운 주제 때문에 나 자신이 패배자라고 느꼈다. 당대의 가장 지혜롭고 가장 힘센 사람이 삶은 의미가 없다고 외쳤다. 내 속에 있는 모든 것이 이 익명의 저자인 전도자에게 치료법을 제시하고 싶어 했다. 부와 권력과 명예를 가졌던 그가 삶에 관해 내린 결론은 당신이 냉장고를 열고 아이스크림을 한 통 퍼먹고 싶게 할 것이다! 먹고 마시고 즐겨라. 내일이면 죽는다. 나쁜 일이 좋은 사람들에게 일어난다. 어쨌든, 삶은 서글프다.

읽을수록 전도자에게 약이, 어쩌면 항우울제가 필요하다는 생각이 강하게 들었다! 전도서에서는 제대로 풀리는 게 없는 것 같다. 부와 권력을 축적할 수는 있지만, 삶은 여전히 무의미하다. 모든 게 헛되다! 그때 나는 핵심을 깨달았다.

하나님을 떠나 살 때, 아무리 많은 재물도 의미가 없으며 만족을 주지 못한다. 사실, 이러한 풍요가 흔히 불안과 걱정을 낳는다. 부와 명예와 권력이 걱정을 끝낸다고 말하는 시대에, 전도서는 이 모두를 다 갖는 게 해독제가 아니라는 것을 일깨운다.

전도자의 마지막 지혜가 전도서 끝에 나온다. 그는 하나님을 경외하고 그분의 명령을 지키라고 결론짓는다. 하나님이 선악 간에 모든 것을 심판하실 것이다(전 12:13,14). 결국, 하나님 외에 그 무엇도 만족을 주지 못한다. 여러 장에서 고뇌를 쏟아낸 후, 지혜는 하나님이 진정한 만족의 근원이라고 선언한다.

지혜를 구하라

지혜는 태초부터 욕망되었다(desired). 하나님이 아담과 하와를 창조해 에덴에 두셨을 때, 사탄이 하나님이 금하신 열매를 먹으라며 하와를 유혹했다. 창세기 3장 6절은 이렇게 말한다.

> 여자가 그 나무를 본즉 먹음직도 하고 보암직도 하고 지혜롭게 할 만큼 탐스럽기도 한(desirable) 나무인지라 여자가 그 열매를 따 먹고 자기와 함께 있는 남편에게도 주매 그도 먹은지라

"지혜롭게 할 만큼 탐스럽기도 한"이라는 말에 주목하라. 최초의 유혹은 지혜를 얻으려는 갈망을 포함했다. 모든 지혜의 근원이 매일 하와 곁에 있었다. 하와는 하나님과 함께 거닐며 대화했다. 하나님의 지혜를 언제든 얻을 수 있었다.

뱀의 유혹은 하나님처럼 되거나 그분과 맞먹는 수준에 오르라는 것이었다. 사탄은 하나님 수준으로 올라가려는 욕망 때문에 하늘에서 쫓겨났다. 이제 사탄은 자신과 함께 하나님을 타도할 공범을 찾는다. 하와는 하나님 대신 뱀에게 귀 기울였을 때 죄를 지었다. 하와는 하나님의

길 대신 자신의 길을 가기로 했고, 이러한 결정으로 관계와 역사가 바뀌었다. 지혜는 하나님의 지시에 불순종하여 얻어지는 게 아니다. 우리를 하나님보다 높여주는 지혜란 없다. 사실, 이렇게 하려 하면 걱정이 일어날 뿐이다.

진정한 지혜만이 걱정을 제거한다

하나님이 빠진 지혜는 진정한 지혜가 아니다. 하나님이 지혜다. 하나님의 지혜가 우리의 일상과 만날 때, 걱정과 불안이 사라진다. 따라서 지혜를 갈망해야 한다. 잠언 4장 5-9절은 이렇게 말한다.

> 지혜를 얻으며 명철을 얻으라 내 입의 말을 잊지 말며 어기지 말라 지혜를 버리지 말라 그가 너를 보호하리라 그를 사랑하라 그가 너를 지키리라 지혜가 제일이니 지혜를 얻으라 네가 얻은 모든 것을 가지고 명철을 얻을지니라 그를 높이라 그리하면 그가 너를 높이 들리라 만일 그를 품으면 그가 너를 영화롭게 하리라 그가 아름다운 관을 네 머리에 두겠고 영화로운 면류관을 네게 주리라

솔로몬 왕은 지혜를 구하는 게 얼마나 중요한지 알았다. 그는 부왕 다윗을 이어 하나님의 선민(選民)을 다스리는 왕이 되었을 때, 자신이 물려받은 일이 참으로 엄청나다는 것을 깨달았다. 왕이란 벅찬 자리였다. 열왕기상 3장 7-10절에서, 솔로몬은 하나님께 자신은 너무 어리고 아는 것도 없는데 너무나 많은 백성을 책임져야 한다고 했다. 대부분 그가 좀 주눅이 들었다는 데 동의할 것이다. 솔로몬은 하나님께 백성을

잘 인도하는 데 필요한 듣는 마음과 선악을 분별하는 영을 구했다. 솔로몬은 자신에게 경건한 지혜가 필요하다는 것을 알았고, 자기 혼자서는 왕의 직무를 수행할 수 없다고 덧붙였다.

하나님이 우리의 간구에 응답하실 것이다

하나님은 지혜를 구하는 솔로몬의 간구에 아주 기쁘게 응답하셨다. 솔로몬이 구한 지혜를 주실 뿐만 아니라 솔로몬에게 지혜에 관해 그와 같은 자가 결코 없으리라고 말씀하셨다. 덤으로 부귀와 영화도 주셨고, 솔로몬이 하나님의 명령을 지키면 장수(長壽)도 주겠다는 것을 분명히 하셨다. 솔로몬은 지혜롭게 다스릴 지혜를 구함으로써 이 모두를 얻었다.

야고보서 1장 5절에 따르면, 우리가 지혜를 구할 때 하나님은 후히 주신다.

> 너희 중에 누구든지 지혜가 부족하거든 모든 사람에게 후히 주시고 꾸짖지 아니하시는 하나님께 구하라 그리하면 주시리라

야고보는 하나님에게 무조건 순종하며 거룩하게 살아가는 맥락에서 이러한 간구를 논한다. 그는 믿음의 시련이 우리를 강하게 한다는 것을 알고 인내하며 시련을 견디라고 촉구한다. 하나님께서 이 과정에서 우리를 도우시려고 지혜를 주어 우리를 인도하시리라고 말한다.

그러므로 시련이 닥칠 때 걱정하기보다 하나님께 지혜를 구해야 한다. 하나님은 우리가 좌절하고 불안이 조성되는 상황에 처할 때, 필요한 지혜를 후히 주시겠다고 약속하신다.

이것의 강력한 예를 예수님의 제자들에게서 볼 수 있다. 예수님은 제자들을 준비시켜 자신의 증인으로 내보내면서 이들이 박해를 받을 거라고 하셨다. 그러나 그럴 때, 이들은 자신의 힘으로 일하지 않을 것이다. 마태복음 10장 19절에서, 예수님은 이들에게 박해 받을 때 확신을 가지라고 촉구하셨다. 이들이 붙잡혀 심문을 받을 때, 해야 할 말을 자신이 줄 것이기 때문이었다. 누가복음에서도 비슷한 말씀을 하셨다. 제자들이 회당이나 통치자들이나 집권자들 앞에서 심문 받을 때 어떻게 자신을 변호할지 걱정하지 말라는 것이었다. 그분이 이들의 변호자가 되어 주실 것이다.

누가복음 21장 14절에서, 예수님은 제자들에게 걱정하지 않기로 결심하라고 촉구하셨다. 이것은 이들이 생각을 사로잡고 성령께서 자신들의 말을 이끄시게 해드린다는 것을 암시했다. 바꾸어 말하면, 이들은 어려운 상황을 해결하는 데 필요한 지혜를 얻을 것이다. 오늘도 다르지 않다. 걱정하지 말라. 당신에게 지혜가 필요할 때 하나님이 주실 것을 믿어라.

하나님의 지혜에 초점을 맞춰라

걱정할 게 많은 시대에 살다 보니, 시편 기자의 말이 아주 절실하게 와 닿는다. 다윗은 당면한 모든 어려움을 생각하면 쉽게 걱정할 수 있었지만, 그는 거듭거듭, 자신의 생각을 하나님의 선하심에 맞추었다. 하나님을 향한 다윗의 필사적 부르짖음을 읽고 날것 그대로인 그의 감정을 들을 때, 그가 인간적으로 마음이 무거울 때가 비일비재했다는 것을 알 수 있다. 다윗은 어려운 상황을 자주 만났다. 걱정과 불안을 낳을 법한 거절, 실망, 배신, 그리고 숱한 감정과 싸웠다. 그러나 하나님과 그분의 지혜를 의지하기로 선택했고, 그 결과는 시편 31편 15절이 보여주듯이 전적으로 하나님께 내어 맡기는 삶이었다.

"나의 앞날이 주의 손에 있사오니."

우리 모두 이 진리 가운데 쉼을 얻을 수 있다면!

궁리를 그치고 삶을 하나님의 손에 의탁해야 할 순간들이 있다. 우리는 우리 삶의 이야기를 전체적으로 알지 못하며 그분이 무대 뒤에서 무엇을 하고 계시는지 알지 못한다. 우리에게 앞뒤가 맞지 않는 것이 하나님께는 완벽하게 맞는다. 우리가 하나님을 신뢰하고 그분의 말씀을 순종하며 지혜를 구하면 걱정은 떠나간다. 안식과 평안이 걱정을 대신한다. 그러니 당신의 어려움이나 환경이 어떻든, 하나님의 도움으로 걱정에 이별을 고하고 다시 걱정을 부르지 말라.

걱정 버리기 처방전

중심 잡힌 삶을 훈련하라. 하나님을 우선순위로 두고, 기도하는 시간을 가지며, 자유롭게 지혜를 구하라.

문제해결자가 되어라. 당신이 걱정하는 상황마다 278쪽의 문제해결 지침을 적용하라.

해결책이 있다는 확신 :

실제 문제에 집중하기 :

문제를 정의하기 :

기도하며 해결책 찾기 :

해결책 선택, 결정하기 :

자신의 해결책 적용하기 :

평가하기(혹은 다른 방법 시도하기) :

지혜를 갈망한다면, 하나님께 지혜를 구하라. 성경을 따라 기도하라.
잠언 3장 13-23절을 묵상하라.

> 지혜를 얻은 자와 명철을 얻은 자는 복이 있나니 이는 지혜를
> 얻는 것이 은을 얻는 것보다 낫고 그 이익이 정금보다 나음이니
> 라 지혜는 진주보다 귀하니 네가 사모하는 모든 것으로도 이에
> 비교할 수 없도다 그의 오른손에는 장수가 있고 그의 왼손에는
> 부귀가 있나니 그 길은 즐거운 길이요 그의 지름길은 다 평강이
> 니라 지혜는 그 얻은 자에게 생명나무라 지혜를 가진 자는 복되
> 도다 여호와께서는 지혜로 땅에 터를 놓으셨으며 명철로 하늘
> 을 견고히 세우셨고 그의 지식으로 깊은 바다를 갈라지게 하셨
> 으며 공중에서 이슬이 내리게 하셨느니라 내 아들아 완전한 지
> 혜와 근신을 지키고 이것들이 네 눈앞에서 떠나지 말게 하라 그
> 리하면 그것이 네 영혼의 생명이 되며 네 목에 장식이 되리니 네
> 가 네 길을 평안히 행하겠고 네 발이 거치지 아니하겠으며

하나님의 명령에 순종하고, 그분을 경외하며, 당신에게 필요한 것을
구하라. 담대하게 구하고, 하나님이 그분의 말씀대로 행하실 것을 믿
어라.

걱정을 다스려라

인정한다. 이 책을 쓰면서 깊은 도전을 받았다. 걱정은 오랫동안 내 삶의 일부였고, 나는 걱정으로 밤잠을 못 이루고 필요한 에너지를 빼앗겼다. 지금도 걱정이 완전히 없지는 않지만, 날마다 걱정을 다스리며 산다. 날마다 생각을 사로잡고, 하나님을 신뢰하고 그분의 약속을 믿으라고 나를 일깨운다. 당신도 이 여정에 나와 함께하길 바란다.

걱정이나 불안과 싸운다고 해서 죄책감을 느끼지 말라. 여기에 은혜가 있다. 은혜가 그리스도를 더 닮도록 우리를 자극한다. 그러면 우리는 그 은혜에 반응해 우리 안에서 역사하시는 성령의 능력으로 우리를 바꿔달라고 하나님께 구한다. 우리는 은혜의 역사를 통해 이런 변화를 성취한다. 걱정을 들이지 않도록 도와달라고 하나님께 기도하라. 겸손하게 자신의 약함을 인정하고, 당신을 바꾸는 그분의 능력을 받아들여라.

이 책을 쓰면서 나는 깊이 걱정할 만한 상황들을 만났다. 많은 밤을 하나님께 울부짖었고 내 걱정을 십자가 밑에 가져다놓았다. 시편 124편이 나의 노래가 되었다.

그러나 그분은 내 곁에 계시며, 당신 곁에도 계신다. 하나님은 수고하고 무거운 짐을 진 당신을 부르신다. 자신에게 오라고, 그러면 쉼을 주겠다고 하신다.

하나님이 빚으시도록 당신을 드리라

이 책을 한 장씩 읽으면서 당신의 삶에서 걱정이 살아서 일하는 부분들을 하나씩 해결하는 데 힘쓰기 바란다. 희망을 붙들고, 최선을 다해 하나님을 신뢰하라. 하나님을 신뢰하기 힘들 때, 당신의 불신앙을 도와달라고 하나님께 구하라. 이 점에서 예수님은 그분께 부르짖는 자들에게 큰 연민을 보이셨다.

하나님은 당신의 처지를 아시며(시 56:8), 당신의 곤경을 돌아보신다(시 103:13,14). 무엇보다도, 당신과 당신의 처지를 바꾸실 수 있다(엡 3:20). 그러나 갈라디아서 3장 3절은 변화가 자기 노력으로 이뤄지지 않는다는 것을 일깨운다. 하나님이 당신을 빚으시게 하고, 당신의 걱정을 어떻게 하시는지 보라. 당신의 진보에 관해 듣고 싶고, 당신의 피드백은 언제든 환영이다. 부담 없이 내게 이메일을 보내거나 나의 웹사이트나 페이스북에 글을 남겨주기 바란다.

우리 삶에서 확실한 것은 하나님뿐이다. 상투적인 말로 하자면, 삶은 쉽지 않다. 그러나 주님은 "나의 멍에는 쉽고 내 짐은 가볍다"고 하신다. 내가 해마다 역사상 가장 아름답고 감동적인 음악, 헨델의 〈메시아〉에 참여하는 동안 이 말씀이 노래가 되어 울려 퍼진다. 이 말씀의 진리는 강력하다.

내 삶의 짐을 주님의 쉼으로

하나님은 염려를 그분께 맡기라고 하신다. 매일 그분의 선하심을 되새기고, 걱정을 그분께 맡겨버려라. 그분의 은혜를 받아들여라. 하나님이 다스리시며 모든 것이 합력하여 당신에게 선을 이루게 하신다는 확신을 갖고 걸어가라. 하나님은 당신의 마음을 아시며, 당신에게 평안과 쉼을 주실 것이다.

그리스도를 본받아 살려면 겟세마네 동산을 들여다보면 된다. 예수님은 곧 죽으실 것을 아셨기에 고통 중에 눈물과 간구와 중보와 기도로 하나님 앞에 엎드리셨다. 모든 것을 다 생각해보았다. 마지막이 가까웠고, 마태복음 26장 39절에서 예수님은 이렇게 결론 내리셨다.

나의 원대로 마시옵고 아버지의 원대로 하옵소서

걱정이 문을 두드리면, 절대 안으로 들이지 말라. 그 대신, 예수님이 하신 기도를 하라. "나의 원대로 마시옵고 아버지의 원대로 하옵소서. 나는 어떻게 할 수 없습니다. 나는 짓눌렸습니다. 그러나 당신은 전능하신 하나님이시기에, 내가 당신 안에서 쉼을 얻을 수 있습니다. 당신께 맡기오니, 당신이 원하시는 때에 당신이 원하시는 대로 하소서. 당신은 나의 아버지이며 나는 당신의 자녀입니다."

당신을 사랑하는 분에게 내어 맡기고, 그분께 이 삶의 짐을 벗어드려라. 당신의 걱정을 그분이 주시는 쉼과 맞바꾸어라.

하나님과 우리 주 예수를 앎으로 은혜와 평강이 너희에게 더욱 많을지어다 그의 신기한 능력으로 생명과 경건에 속한 모든 것을 우리에게 주셨으니 이는 자기의 영광과 덕으로써 우리를 부르신 이를 앎으로 말미암음이라 벧후 1:2,3

걱정 WORRY

신명기 31:8 여호와 그가 네 앞에서 가시며 너와 함께하사 너를 떠나지 아니하시며 버리지 아니하시리니 너는 두려워하지 말라 놀라지 말라

시편 9:10 여호와여 주의 이름을 아는 자는 주를 의지하오리니 이는 주를 찾는 자들을 버리지 아니하심이니이다

시편 23:1-6 여호와는 나의 목자시니 내게 부족함이 없으리로다 그가 나를 푸른 풀밭에 누이시며 쉴 만한 물가로 인도하시는도다 내 영혼을 소생시키시고 자기 이름을 위하여 의의 길로 인도하시는도다 내가 사망의 음침한 골짜기로 다닐지라도 해를 두려워하지 않을 것은 주께서 나와 함께하심이라 주의 지팡이와 막대기가 나를 안위하시나이다 주께서 내 원수의 목전에서 내게 상을 차려 주시고 기름을 내 머리에 부으셨으니 내 잔이 넘치나이다 내 평생에 선하심과 인자하심이 반드시 나를 따르리니 내가 여호와의 집에 영원히 살리로다

시편 32:7 주는 나의 은신처이오니 환난에서 나를 보호하시고 구원의 노래로 나를 두르시리이다(셀라)

시편 34:4 내가 여호와께 간구하매 내게 응답하시고 내 모든 두려움에서 나를 건지셨도다

시편 42:5 내 영혼아 네가 어찌하여 낙심하며 어찌하여 내 속에서 불안해 하는

가 너는 하나님께 소망을 두라 그가 나타나 도우심으로 말미암아 내가 여전히 찬송하리로다

시편 46:1 하나님은 우리의 피난처시요 힘이시니 환난 중에 만날 큰 도움이시라

시편 50:15 환난 날에 나를 부르라 내가 너를 건지리니 네가 나를 영화롭게 하리로다

시편 54:4 하나님은 나를 돕는 이시며 주께서는 내 생명을 붙들어주시는 이시니이다

시편 56:3 내가 두려워하는 날에는 내가 주를 의지하리이다

시편 94:19 내 속에 근심이 많을 때에 주의 위안이 내 영혼을 즐겁게 하시나이다

시편 112:7,8 그는 흉한 소문을 두려워하지 아니함이여 여호와를 의뢰하고 그의 마음을 굳게 정하였도다 그의 마음이 견고하여 두려워하지 아니할 것이라 그의 대적들이 받는 보응을 마침내 보리로다

시편 124:8 우리의 도움은 천지를 지으신 여호와의 이름에 있도다

시편 139:23 하나님이여 나를 살피사 내 마음을 아시며 나를 시험하사 내 뜻을 아옵소서

잠언 12:25 근심이 사람의 마음에 있으면 그것으로 번뇌하게 되나 선한 말은 그것을 즐겁게 하느니라

마태복음 6:25-27 그러므로 내가 너희에게 이르노니 목숨을 위하여 무엇을 먹

을까 무엇을 마실까 몸을 위하여 무엇을 입을까 염려하지 말라 목숨이 음식보다 중하지 아니하며 몸이 의복보다 중하지 아니하냐 공중의 새를 보라 심지도 않고 거두지도 않고 창고에 모아들이지도 아니하되 너희 하늘 아버지께서 기르시나니 너희는 이것들보다 귀하지 아니하냐 너희 중에 누가 염려함으로 그 키를 한 자라도 더할 수 있겠느냐

마태복음 6:28-34 또 너희가 어찌 의복을 위하여 염려하느냐 들의 백합화가 어떻게 자라는가 생각하여 보라 수고도 아니하고 길쌈도 아니하느니라 그러나 내가 너희에게 말하노니 솔로몬의 모든 영광으로도 입은 것이 이 꽃 하나만 같지 못하였느니라 오늘 있다가 내일 아궁이에 던져지는 들풀도 하나님이 이렇게 입히시거든 하물며 너희일까보냐 믿음이 작은 자들아 그러므로 염려하여 이르기를 무엇을 먹을까 무엇을 마실까 무엇을 입을까 하지 말라 이는 다 이방인들이 구하는 것이라 너희 하늘 아버지께서 이 모든 것이 너희에게 있어야 할 줄을 아시느니라 그런즉 너희는 먼저 그의 나라와 그의 의를 구하라 그리하면 이 모든 것을 너희에게 더하시리라 그러므로 내일 일을 위하여 염려하지 말라 내일 일은 내일이 염려할 것이요 한 날의 괴로움은 그날로 족하니라

마태복음 11:28 수고하고 무거운 짐 진 자들아 다 내게로 오라 내가 너희를 쉬게 하리라

마가복음 11:23 내가 진실로 너희에게 이르노니 누구든지 이 산더러 들리어 바다에 던져지라 하며 그 말하는 것이 이루어질 줄 믿고 마음에 의심하지 아니하면 그대로 되리라

누가복음 12:25-27 또 너희 중에 누가 염려함으로 그 키를 한 자라도 더할 수 있느냐 그런즉 가장 작은 일도 하지 못하면서 어찌 다른 일들을 염려하느냐 백합화를 생각하여 보라 실도 만들지 않고 짜지도 아니하느니라 그러나 내가 너

희에게 말하노니 솔로몬의 모든 영광으로도 입은 것이 이 꽃 하나만큼 훌륭하
지 못하였느니라

로마서 12:2 너희는 이 세대를 본받지 말고 오직 마음을 새롭게 함으로 변화를
받아 하나님의 선하시고 기뻐하시고 온전하신 뜻이 무엇인지 분별하도록 하라

고린도후서 10:4,5 우리의 싸우는 무기는 육신에 속한 것이 아니요 오직 어떤 견
고한 진도 무너뜨리는 하나님의 능력이라 모든 이론을 무너뜨리며 하나님 아는
것을 대적하여 높아진 것을 다 무너뜨리고 모든 생각을 사로잡아 그리스도에게
복종하게 하니

고린도후서 12:9 나에게 이르시기를 내 은혜가 네게 족하도다 이는 내 능력이
약한 데서 온전하여짐이라 하신지라 그러므로 도리어 크게 기뻐함으로 나의 여
러 약한 것들에 대하여 자랑하리니 이는 그리스도의 능력이 내게 머물게 하려 함
이라

빌립보서 4:6,7 아무것도 염려하지 말고 다만 모든 일에 기도와 간구로, 너희
구할 것을 감사함으로 하나님께 아뢰라 그리하면 모든 지각에 뛰어난 하나님
의 평강이 그리스도 예수 안에서 너희 마음과 생각을 지키시리라

빌립보서 4:19 나의 하나님이 그리스도 예수 안에서 영광 가운데 그 풍성한 대
로 너희 모든 쓸 것을 채우시리라

베드로전서 5:6,7 그러므로 하나님의 능하신 손 아래에서 겸손하라 때가 되면
너희를 높이시리라 너희 염려를 다 주께 맡기라 이는 그가 너희를 돌보심이라

요한일서 4:18,19 사랑 안에 두려움이 없고 온전한 사랑이 두려움을 내쫓나니

두려움에는 형벌이 있음이라 두려워하는 자는 사랑 안에서 온전히 이루지 못하였느니라 우리가 사랑함은 그가 먼저 우리를 사랑하셨음이라

시편 4:8 내가 평안히 눕고 자기도 하리니 나를 안전히 살게 하시는 이는 오직 여호와이시니이다

시편 8:4 사람이 무엇이기에 주께서 그를 생각하시며 인자가 무엇이기에 주께서 그를 돌보시나이까

시편 28:7 여호와는 나의 힘과 나의 방패이시니 내 마음이 그를 의지하여 도움을 얻었도다 그러므로 내 마음이 크게 기뻐하며 내 노래로 그를 찬송하리로다

시편 37:7 하나님 앞에 고요히 머물고 그분 앞에서 기도하여라. 출세의 사다리를 오르는 자들, 남을 밀치며 정상에 오르는 자들 때문에 괴로워하지 마라

시편 46:10 너희는 가만히 있어 내가 하나님 됨을 알지어다 내가 뭇 나라 중에서 높임을 받으리라 내가 세계 중에서 높임을 받으리라

시편 4:4,5 불평하려거든 해라. 다만 빈정대지는 마라. 입을 다물고, 네 마음의 소리에 귀 기울여라. 하나님의 법정에 호소하고 그분의 평결을 기다려라

마태복음 11:28-30 수고하고 무거운 짐 진 자들아 다 내게로 오라 내가 너희를 쉬게 하리라 나는 마음이 온유하고 겸손하니 나의 멍에를 메고 내게 배우라 그리하면 너희 마음이 쉼을 얻으리니 이는 내 멍에는 쉽고 내 짐은 가벼움이라 하시니라

고린도후서 3:5 우리가 무슨 일이든지 우리에게서 난 것 같이 스스로 만족할 것이 아니니 우리의 만족은 오직 하나님으로부터 나느니라

고린도후서 10:4,5 우리의 싸우는 무기는 육신에 속한 것이 아니요 오직 어떤 견고한 진도 무너뜨리는 하나님의 능력이라 모든 이론을 무너뜨리며 하나님 아는 것을 대적하여 높아진 것을 다 무너뜨리고 모든 생각을 사로잡아 그리스도에게 복종하게 하니

고린도후서 12:9 나에게 이르시기를 내 은혜가 네게 족하도다 이는 내 능력이 약한 데서 온전하여짐이라 하신지라 그러므로 도리어 크게 기뻐함으로 나의 여러 약한 것들에 대하여 자랑하리니 이는 그리스도의 능력이 내게 머물게 하려 함이라

빌립보서 4:7 그리하면 모든 지각에 뛰어난 하나님의 평강이 그리스도 예수 안에서 너희 마음과 생각을 지키시리라

빌립보서 4:11-13 내가 궁핍하므로 말하는 것이 아니니라 어떠한 형편에든지 나는 자족하기를 배웠노니 나는 비천에 처할 줄도 알고 풍부에 처할 줄도 알아 모든 일 곧 배부름과 배고픔과 풍부와 궁핍에도 처할 줄 아는 일체의 비결을 배웠노라 내게 능력 주시는 자 안에서 내가 모든 것을 할 수 있느니라

빌립보서 4:19 나의 하나님이 그리스도 예수 안에서 영광 가운데 그 풍성한 대로 너희 모든 쓸 것을 채우시리라

디모데전서 6:6-10 그러나 자족하는 마음이 있으면 경건은 큰 이익이 되느니라 우리가 세상에 아무것도 가지고 온 것이 없으매 또한 아무것도 가지고 가지 못하리니 우리가 먹을 것과 입을 것이 있은즉 족한 줄로 알 것이니라 부하려 하는 자들은 시험과 올무와 여러 가지 어리석고 해로운 욕심에 떨어지나니 곧 사람

으로 파멸과 멸망에 빠지게 하는 것이라 돈을 사랑함이 일만 악의 뿌리가 되나
니 이것을 탐내는 자들은 미혹을 받아 믿음에서 떠나 많은 근심으로써 자기를
찔렀도다

베드로전서 1:3 우리 주 예수 그리스도의 아버지 하나님을 찬송하리로다 그의
많으신 긍휼대로 예수 그리스도를 죽은 자 가운데서 부활하게 하심으로 말미
암아 우리를 거듭나게 하사 산 소망이 있게 하시며

지혜 WISDOM

잠언 1:7 여호와를 경외하는 것이 지식의 근본이거늘 미련한 자는 지혜와 훈계
를 멸시하느니라

잠언 2:6 대저 여호와는 지혜를 주시며 지식과 명철을 그 입에서 내심이며

잠언 2:12 악한 자의 길과 패역을 말하는 자에게서 건져 내리라

잠언 3:5-8 너는 마음을 다하여 여호와를 신뢰하고 네 명철을 의지하지 말라
너는 범사에 그를 인정하라 그리하면 네 길을 지도하시리라 스스로 지혜롭게
여기지 말지어다 여호와를 경외하며 악을 떠날지어다 이것이 네 몸에 양약이 되
어 네 골수를 윤택하게 하리라

잠언 3:13-23 지혜를 얻은 자와 명철을 얻은 자는 복이 있나니 이는 지혜를 얻
는 것이 은을 얻는 것보다 낫고 그 이익이 정금보다 나음이니라 지혜는 진주보
다 귀하니 네가 사모하는 모든 것으로도 이에 비교할 수 없도다 그의 오른손에
는 장수가 있고 그의 왼손에는 부귀가 있나니 그 길은 즐거운 길이요 그의 지름
길은 다 평강이니라 지혜는 그 얻은 자에게 생명 나무라 지혜를 가진 자는 복되

도다 여호와께서는 지혜로 땅에 터를 놓으셨으며 명철로 하늘을 견고히 세우셨고 그의 지식으로 깊은 바다를 갈라지게 하셨으며 공중에서 이슬이 내리게 하셨느니라 내 아들아 완전한 지혜와 근신을 지키고 이것들이 네 눈앞에서 떠나지 말게 하라 그리하면 그것이 네 영혼의 생명이 되며 네 목에 장식이 되리니 네가 네 길을 평안히 행하겠고 네 발이 거치지 아니하겠으며

잠언 9:10-12 여호와를 경외하는 것이 지혜의 근본이요 거룩하신 자를 아는 것이 명철이니라 나 지혜로 말미암아 네 날이 많아질 것이요 네 생명의 해가 네게 더하리라 네가 만일 지혜로우면 그 지혜가 네게 유익할 것이나 네가 만일 거만하면 너 홀로 해를 당하리라

잠언 17:24 지혜는 명철한 자 앞에 있거늘 미련한 자는 눈을 땅 끝에 두느니라

야고보서 1:5,6 너희 중에 누구든지 지혜가 부족하거든 모든 사람에게 후히 주시고 꾸짖지 아니하시는 하나님께 구하라 그리하면 주시리라 오직 믿음으로 구하고 조금도 의심하지 말라 의심하는 자는 마치 바람에 밀려 요동하는 바다 물결 같으니

야고보서 3:17 오직 위로부터 난 지혜는 첫째 성결하고 다음에 화평하고 관용하고 양순하며 긍휼과 선한 열매가 가득하고 편견과 거짓이 없나니

미
주

1장

1. Webster's 1828 Dictionary, s.v. "worry."

2. Edward Hallowell, "Fighting life's 'What Ifs': Why we worry, fuss and fret more than we need to," Psychology Today, November 1997, www.psychologytoday.com/articles/199711/fighting-lifeswhat-ifs.

2장

1. Melinda Beck, "When Fretting is in your DNA: Overcoming the worry gene," Wall Street Journal, January 15, 2008, online edition, http://online.wsj.com/article/SB120035992325490045.html, accessed March 10, 2010.

2. Stefan Hofmann et al., "The Worried Mind: Autonomic and Prefrontal Activation During Worrying," Emotion 5, no. 4 (2005): 464.

3. Tina Lonsdorf et al., "Genetic Gating of Human Fear Learning and Extinction: Possible Implications for Gene-Environment Interaction in Anxiety Disorder," Psychological Science 20, no. 2(2009): http://pss.sagepub.com/content/20/2/198.

3장

1. Thomas Borkovec, Holly Hazlett-Stevens, and M.L. Diaz, "The Role of Positive Beliefs About Worry in Generalized Anxiety Disorders and its Treatment," Clinical Psychology and Psychotherapy 6 (1999): 126-138.

4장

1. J. M. Stavosky and T.D. Borkovec, "The Phenomenon of Worry: Theory, Research, Treatment and its Implications for Women," Women and Therapy 6, (1988): 77-95.

2. Stavosky and Borkovec, 87.

3. W.R. Gove, "Mental Illness and Psychiatric Treatment Among Women," Psychology of Women Quarterly 4 (1980): 345-362.

4. Melisa Robichaud, Michel Dugas, and Michael Conway, "Gender Differences in Worry and Associated Cognitive-Behavioral Variables," Journal of Anxiety Disorders 17, no. 5 (2003): 501-516.

5. Wendy-Jo Wood, Michael Conway, and Michel Dugas, "Perceived Worry and Gender Differences: Do People Perceive Women as Worrying More than Men?" (presented at the annual convention of the Canadian Psychological Association, Ottawa, Ontario, June 2000).

6. Robichaud et al.: 501-516.

7. Holly Hazlett-Stevens, Women Who Worry Too Much (Oakland, California: New Harbinger Publications. 《걱정으로 잠 못 드는 그녀에게》, 송연석 옮김(랜덤하우스코리아, 2006).

8. WebMD, "How worry affects your body," www.webmd.com/balance/how-worrying-affectsyour-body?page=2.

9. Jos Brosschot, William Gerin, and Julian F. Thayer, "The Perseverative Cognition Hypothesis: A Review of Worry, Prolonged Stress-Related Physiological Activation, and Health," Journal of Psychosomatic Research 60, no.2 (2006): 113-124.

10. S.R. Vrana, B.N. Cuthbert, and P.J. Lang, "Fear imagery and text processing," Psychophysiology 23 (1986): 247-253.

11. Brosschot et al.: 113-124.

12. Suzanne Pieper, Jos Brosschot, Rien van der Leeden, and Julian Thayer, "Cardiac Effects of Momentary Assessed Worry Episodes and Stressful events," Psychosomatic Medicine 69 (2007), www.psychosomaticmedicine.org/cgi/content/full/69/9/901?ck=nck.

13. Laura Kubzansky et al., "Is Worrying Bad for Your Heart? A Prospective Study of Worry and Coronary Heart Disease in the Normative Aging Study," Circulation 95, no. 4 (1997): 818-824.

14. Daniel Mroczek, Avron Spiro III, and Nicholas Turiano, "Do Health Behaviors Explain the Effect of Neuroticism on Mortality? Longitudinal Findings from the VA Normative Aging Study," Journal of Research in Personality 43, no. 4 (2009): 653.

15. Thomas D. Borkovec and S. Hu, "The Effect of Worry on Cardiovascular Response to Phobic Imagery," Behaviour Research and Therapy 28 (1990): 69-73.

16. Ellen Michaud, Sleep to be Sexy, Smart and Slim (Pleasantville, NY: Readers' Digest Books, 2008).

17. Maria Essig, "Insomnia: Improving Your Sleep," WebMD 2010, www.webmd.com/sleep-disorders/how-to-set-up-a-healthy-sleep-environment, accessed March 17, 2010.

18. Andrew Parrott and N.J. Garnham, "Comparative Mood States and Cognitive Skills of Cigarette Smokers, Deprived Smokers and Nonsmokers," Human Psychopharmacology 13 (1998): 367-376.

19. John Hughes, "Tobacco Withdrawal in Self-Quitters," Journal of Consulting and Clinical Psychology 60 (1992): 689-697.

20. American Psychiatric Association, Diagnostic and Statistical Manual of Mental Disorders: DSMIV-TR (Washington, DC: American Psychiatric Association, 2000), 433-436.

5장

1. Eugene Peterson, A Long Obedience in the Same Direction (Downers Grove, IL:

Intervarsity Press, 2000), 86-87. 《한 길 가는 순례자》, 김유리 옮김(IVP, 2001).

2. The New Testament Greek Lexicon, www.studylight.org/lex/grk/view.cgi?number=3309.

3. Andrew Newberg et al. "Cerebral blood flow during meditative prayer: Preliminary findings and methodological issues," Perceptual and Motor Skills 97 (2003): 625-630.

4. Matthew Henry's Commentary in the Whole Bible, Complete and Unabridged in One Volume (Chicago: Moody Press, 1966), Psalm 55:22.

6장

1. Siamek Khodarahimi and Nnamdi Pole, "Cognitive Behavior Therapy and Worry Reduction in an Outpatient with Generalized Anxiety Disorder," Clinical Psychology and Psychotherapy 6(2009): 297.

2. Daniel Wegner et al., "Paradoxical Effects of Thought Suppression," Journal of Personality and Social Psychology 53, no. 1 (July 1987): 5-13.

7장

1. Luanne Bradley, "Toxic Nail Salons: Why Your Nail Polish Color Could be the Next Agent Orange," Personal Health AlterNet, April 21, 2010, www.alternet.org/health/146547/toxic_nail_salons:_why_your_nail_polish_color_could_be_the_next_agent_orange/.

2. Bradley.

3. Anahad O'Connor, "The Claim: Salons' UV Nail Lights can Cause Skin Cancer," New York Times Online, August 2, 2010, www.nytimes.com/2010/08/03/health/03real.html.

4. Robert Baan et al., "Carcinogenicity of some aromatic amines, organic dyes, and related exposures," Lancet Oncology 9, no. 4 (2008): 322-323.

5. Yawei Zhang et al., "Personal hair dye use may increase the risk of non-Hodgkin lymphoma subtypes," American Journal of Epidemiology 167, no. 11 (2008): 1321-1331.

6. American Cancer Society, "Learn About Cancer," www.cancer.org/Cancer/CancerCauses/OtherCarcinogens/MedicalTreatments/radiation-exposure-and-cancer.

7. Anna Short, "US infertility statistics," http://ezinearticles.com/?US-Infertility-Statistics&id=4651989, accessed September 11, 2010.

8장

1. Northwestern National Life survey, " Employee burnout: America's newest epidemic," (Minneapolis, MN: Northwestern National Life Insurance Company, 1991).

2. Bureau of Labor Statistics, " Tabular data, 1992-96: Number and percentage distribution of nonfatal occupational injuries and illnesses involving days away from work, by nature of injury or illness and number of days away from work," 1996, accessed 1998.

3. Daniel Mroczek, Avron Spiro III, and Nicholas A. Turiano, "Do Health Behaviors Explain the Effect of Neuroticism on Mortality? Longitudinal Findings from the VA Normative Aging Study," Journal of Research in Personality 43, no. 4 (2009): 653.

4. Jeffrey Edwards, "Person-Job Fit: A Conceptual Integration, Literature Review, and Methodological Critique," in C.L. Cooper and I.T. Robertson, eds., International Review of Industrial and Organizational Psychology (New York: Wiley, 1991), vol. 6, 283-357.

5. Ed Diener, John Helliwell, and Daniel Kahneman, International Differences in Well-Being (NewYork: Oxford University Press, 2010), 400-402.

6. Avue Technologies Corporation, "Taking the Helm: Attracting the Next Generation of Federal Leaders," copyright 2010 by the Senior Executives Association and Avue Technologies Corporation, www.seniorexecs.org/fileadmin/user_upload/Professional_Development/Research/Taking_the_Helm/Executive_Summary.pdf, accessed June 14, 2010.

9장

1. Pew Research Center, "Are We Happy Yet?" February 6, 2006, http://pewresearch.org/pubs/301/are-we-happy-yet, survey data Oct18-Nov 9, 2006, accessed June 17, 2010.

2. Reader's Digest survey, "Poll: Money worries world's greatest cause of stress," September 30, 2009, www.cnn.com/2009/WORLD/americas/09/30/stress.survey.money/index.html, accessed June 17, 2010.

3. Frank Newport, Gallup poll, "Worries about money peak with forty-somethings," February 27, 2009, www.gallup.com/poll/116131/worry-money-peaks-forty-somethings.aspx.

4. Newport.

5. Karen Pine, Sheconomics (Terra Alta, WV: Headline Book Publisher, 2009).

6. User Interface Engineering, "What causes customers to buy on impulse?" E-commerce whitepaper, www.uie.com/publications/whitepapers/ImpulseBuying.pdf, accessed July 2, 2010.

7. Annette Elton, "I'll take that, too: Increasing impulse buys," www.giftshopmag.com/2008/spring/unique_giftware/increasing_impulse_buys.

8. Rosemary Black, "The power of money: Just touching and thinking about it can make us feel better, research finds," New York Daily News, August 6, 2009 www.nydailynews.com/lifestyle/health/2009/07/28/2009-07-28_the_power_of_money_just_touching_and_thinking_about_it_can_make_us_feel_better_r.html, accessed July 6, 2010.

9. ScienceDaily. "University of Rochester: Achieving Fame, Wealth and Beauty Are Psychological Dead Ends, Study Says," 2009, May 19, www.sciencedaily.com / releases/2009/05/090514111402 .htm, accessed August 19, 2010.

11장

1. Meher McArthur, Reading Buddhist Art: An Illustrated Guide to Buddhist Signs and Symbols (New York: Thames & Hudson, 2004), 149.

걱정 없는 삶

초판 1쇄 발행	2018년 10월 26일
지은이	린다 민틀
옮긴이	전의우
펴낸이	여진구
책임편집	안수경, 최현수
편집	김아진, 이영주, 김윤향
책임디자인	노지현 | 마영애, 조아라

기획 · 홍보	김영하	**해외저작권**	기은혜
마케팅	김상순, 강성민, 허병용	**마케팅지원**	최영배, 정나영
제작	조영석, 정도봉	**경영지원**	김혜경, 김경희

이슬비전도학교	최경식	**303비전성경암송학교**	박정숙
303비전장학회 & 303비전꿈나무장학회	여운학		

펴낸곳   규장

주소   06770 서울시 서초구 매헌로 16길 20(양재2동) 규장선교센터
전화   02)578-0003   팩스   02)578-7332
이메일   kyujang0691@gmail.com   홈페이지   www.kyujang.com
페이스북   facebook.com/kyujangbook   인스타그램   instagram.com/kyujang_com
카카오스토리   story.kakao.com/kyujangbook
등록일   1978.8.14. 제1-22

ⓒ 한국어 판권은 규장에 있습니다.
이 출판물은 저작권법에 의해 보호를 받는 저작물이므로 무단 전재와 무단 복제를 할 수 없습니다.

책값   뒤표지에 있습니다.
ISBN   978-89-6097-555-2   03230

규 | 장 | 수 | 칙

1. 기도로 기획하고 기도로 제작한다.
2. 오직 그리스도의 성품을 사모하는 독자가 원하고 필요로 하는 책만을 출판한다.
3. 한 활자 한 문장에 온 정성을 쏟는다.
4. 성실과 정확을 생명으로 삼고 일한다.
5. 긍정적이며 적극적인 신앙과 신행일치에의 안내자의 사명을 다한다.
6. 충고와 조언을 항상 감사로 경청한다.
7. 지상목표는 문서선교에 있다.

하나님을 사랑하는 자 곧 그의 뜻대로 부르심을 입은 자들에게는 모든 것이 合力하여 善을 이루느니라(롬 8:28)

규장은 문서를 통해 복음전파와 신앙교육에 주력하는 국제적 출판사들의 협의체인 복음주의출판협회(E.C.P.A:Evangelical Christian Publishers Association)의 출판정신에 동참하는 회원(Associate Member)입니다.